模拟法庭实验教材

主　编　董　雷　张　虹
副主编　陈翰丹　黄孟苏　李　超
参　编　胡碧玮　胡海华　黄　威　谭　浩

ZHEJIANG UNIVERSITY PRESS
浙江大学出版社

图书在版编目(CIP)数据

模拟法庭实验教材/ 董雷,张虹主编.—杭州:浙
江大学出版社,2016.5(2023.7重印)
ISBN 978-7-308-15431-4

Ⅰ.①模… Ⅱ.①董…②张… Ⅲ.①审判—案
例—中国—高等学校—教材 Ⅳ.①D925.05

中国版本图书馆 CIP 数据核字(2015)第 301983 号

模拟法庭实验教材

主编 董 雷 张 虹

责任编辑	徐 霞	
责任校对	杨利军 陈 园	
封面设计	续设计	
出版发行	浙江大学出版社	
	(杭州市天目山路 148 号 邮政编码 310007)	
	(网址:http://www.zjupress.com)	
排 版	杭州林智广告有限公司	
印 刷	广东虎彩云印刷有限公司绍兴分公司	
开 本	710mm×1000mm 1/16	
印 张	14	
字 数	244 千	
版 印 次	2016 年 5 月第 1 版 2023 年 7 月第 8 次印刷	
书 号	ISBN 978-7-308-15431-4	
定 价	39.00 元	

前　言

　　模拟法庭实验教材为浙江省财政项目"温州医科大学文科综合实验平台"的系列实验教材之一。

　　全书共分为七章,第一章模拟法庭概述,主要介绍了模拟法庭的概念、模拟法庭应具备的条件及模拟法庭教学活动的环节;第二章至七章分别对刑事、民事及行政案件的一审、二审进行了介绍,包括各类案件的庭审程序及注意事项、示范案例及庭审操作示范、相关法律文书写作及卷宗整理等内容,为方便开展模拟法庭活动,第二、四、五、六章增加了实验案例供大家选择使用;附录收录了部分与法庭审判活动密切相关的规定、规范,以方便大家查阅。

　　本实验教材可供高等院校法学专业学生使用,也可供其他学习者及研究人员参考。本实验教材通过对法庭审判活动的介绍及模拟,帮助法学专业学生提升案例分析能力、熟悉法庭审判的完整过程、学习法庭审判活动中法官和检察官及律师的庭审技能、锻炼庭审中的语言表达能力、培养常用法律文书的写作能力、了解案件结案后法院和律师事务所的卷宗归档要求、养成良好的庭审礼仪等。

　　本实验教材共七章,第一章由董雷撰写;第二章由张虹撰写;第三章由黄威、胡碧玮撰写;第四章由李超撰写;第五章由胡海华、谭浩撰写;第六章由陈翰丹撰写;第七章由黄孟苏撰写。

　　由于编者水平有限,书中疏漏与不妥之处在所难免,敬请有关专家和读者批评指正。

编　者

2016 年 4 月

Contents   目 录

第一章

模拟法庭概述

☞ **实验教学目的**

    1. 掌握模拟法庭的基本环节。

    2. 掌握模拟法庭卷宗归档的重要意义。

    3. 熟悉法庭审判活动区的布置。

☞ **实验教学内容**

    1. 布置模拟法庭审判区。

    2. 演练模拟法庭案例准备及角色分配。

    法学教育是教育体系的重要组成部分,以培养法律专业人才为其最主要的目的。我国已建立涵盖法学学士、法律硕士、法学硕士、法学博士的多层次法学教育体系。大学本科和法律硕士教育倾向于培养应用型法律人才,法学硕士和法学博士则以培养学术型法律人才为主。但是,在大学本科与法律硕士培养中普遍存在"重理论、轻实践"的情况,这与其应用型人才的培养目标严重不符。随着大学教育改革的不断深入,多数高校已经认识到模拟法庭在法学实践性教学中的重要作用,有些高校把"模拟法庭"设置为法学专业的限制性选修课程。

    模拟法庭可以简单地理解为模拟人民法院的法庭审判活动。根据其目的不同可以分为教学型、科研型、比赛型和法制教育型,其中教学型模拟法庭是模拟法庭的主要类型和最常见形式。本书的模拟法庭是指教学型模拟法庭。

第一节 模拟法庭的概念

模拟法庭是在教师指导下,模拟法庭参与人员(主要是学生)根据预先选定的案例分别扮演不同的法庭角色,以模拟法庭审判为核心,通过模拟法庭审判、法律文书写作、审判后综合评价分析等活动,培养学生分析问题、解决问题的能力,是一种集理论、实践与思想于一体的法学教学活动。它具有以下特点:

(1) 教学活动的实践性。模拟法庭教学要求学生在老师的指导下积极承担和扮演各种诉讼角色,把自己掌握的法学理论知识运用于法庭仿真审判的全过程,学生要亲身参与案例选择、角色分配、查阅数据、法律文书写作、庭审语言表达及辩论等各环节,具有强烈的实践性。

(2) 学生参与的主体性。模拟法庭教学打破了传统的以教师讲授为中心的教学模式,学生在模拟法庭教学中成为主要参与者与创造者,在扮演各种诉讼角色的过程中完成学习,同时也可以发现问题并培养其解决问题的能力。教师成为学习的组织者、引导者和答疑者。

(3) 法庭审判的模拟性。模拟法庭与法院审判活动区别就在于其“模拟性”,法官、检察官、律师、当事人及其他诉讼参与人具有很强的角色扮演性。法官、检察官、律师等法律职业者角色不应该是“演员”,而应以相对真实的身份参与到模拟法庭活动中。当事人及其他诉讼参与人的表演性比较强,要按照模拟法庭事先选定的案例及脚本演好自己的角色,可以渲染气氛,但不能随意发挥甚至更改案件情节。为了使每位同学在模拟法庭中得到均等的体会与锻炼,以上两类角色的扮演者在不同的模拟法庭活动中要互换。

(4) 能力培养的综合性。在模拟法庭教学实践中,最容易陷入走过场的“话剧式”表演误区,把模拟法庭变成有法律情节的“舞台剧”,虽然此活动对学生丰富课余生活、锻炼交际与表达能力也有所裨益,但没有达到模拟法庭的教学目的。

模拟法庭是一种综合性很强的实践教学活动,其对学生能力培养的综合性表现在:第一,培养学生相互合作、语言表达和人际沟通等综合素质与能力;第二,培养学生利用法学专业知识分析案例、解决实际法律问题的能力;第三,培养学生高尚的法律情操和良好的职业素养。

第二节　模拟法庭的条件

模拟法庭教学与传统课堂教学相比有较大区别,要具备一些特殊条件,一般包括制度保障、师资队伍、场所设施和审判活动区布置四个方面。

一、制度保障

为落实《教育部关于进一步深化本科教学改革　全面提高教学质量的若干意见》中的各项规定,各高校应将模拟法庭作为重要的实践性教学环节列入法学本科教学计划,设置一定的学分,保障模拟法庭教学的顺利开展,提高师生对模拟法庭教学的积极性。由于模拟法庭教学存在时间安排相对灵活、占用课外时间较多、成绩考核方式比较特殊等特点,所以学校在教学规范化管理、教师工作量考核、学生成绩评定等方面也要有与其相适应的制度安排。

二、师资队伍

模拟法庭教学的综合性要求指导老师具有相应的综合能力,不能简单地认为诉讼法学老师都能胜任模拟法庭指导老师。模拟法庭涉及语言举止礼仪、实体法、程序法、法律文书写作、司法实务等多方面内容,最好有目的地培养具有丰富实践经验的做兼职律师的教师担任模拟法庭指导老师,不断壮大模拟法庭师资队伍。

三、场所设施

有中国特色的司法审判活动形式多样,法庭设置也比较灵活,为方便群众,法院可以在农村的田间地头开庭审判。模拟法庭对场所更没有特殊要求,在模拟法庭教学活动中只要严肃认真、各环节完备,就能达到实践性教学的基本要求。但是,随着高校办学条件的改善,建设设备齐全、功能完备的仿真法庭实验室能更好地开展模拟法庭教学活动。

较完备的模拟法庭实验室应当具备以下条件:①面积适当,除安排面积适当的审判区外,学校可以根据自己的办学规模以旁听区座位的数量确定实验室面积的大小;②设施及室内布置,实验室应配备国徽、审判用桌椅、法槌等设施,场景布置应当等同于正规法庭(具体安排见本节"四、审判活动区布置");③其他设施,包括专门服装(包括法官袍、检察官服、法警制服、律师袍)、计算机、录音录像设备、多媒体播放设备等;④配套用房,如果条件允许可以安排档案室、小型会议室等。

四、审判活动区布置

根据《最高人民法院关于法庭的名称、审判活动区布置和国徽悬挂问题的通知》的规定，法庭由审判活动区和旁听区组成，以审判活动区为主，保证审判活动能够依法顺利进行。

人民法院开庭审理刑事案件时，其审判人员、公诉人员、辩护人员及被告人的位置安排，暂仍按最高人民法院、最高人民检察院"法（司）发〔1985〕11号"文件的规定执行（见图1-1）。

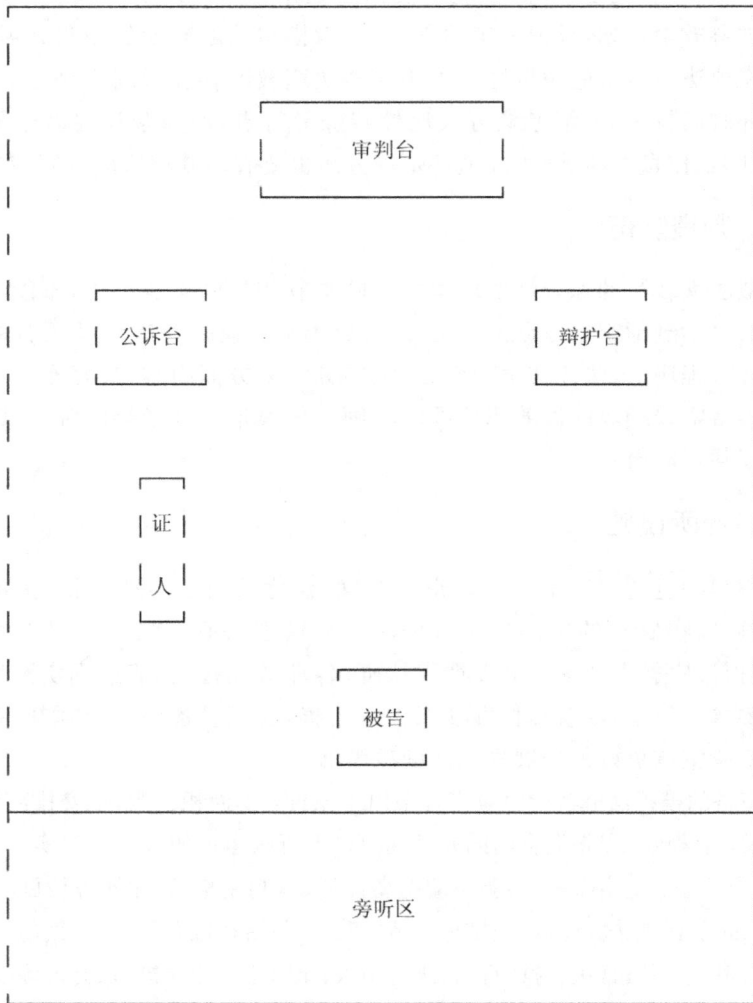

图1-1 刑事案件审判活动区布置示意

人民法院开庭审理民事、经济、海事、行政案件时,审判活动区按下列规定布置:

审判活动区正中前方设置法台,法台的面积应满足审判活动的需要,高度为20～60厘米。法台上设置法桌、法椅,为审判人员席位。审判长的座位在国徽下正中处,审判员或陪审员分坐两边。法桌、法椅的造型应庄重、大方,颜色应和法台及法庭内的总体色调相适应,力求严肃、庄重、和谐。法台右前方为书记员座位,同法台成45°角,书记员座位应比审判人员座位底20～40厘米。审判台左前方为证人、鉴定人位置,同法台成45°角(见图1-2和图1-3)。

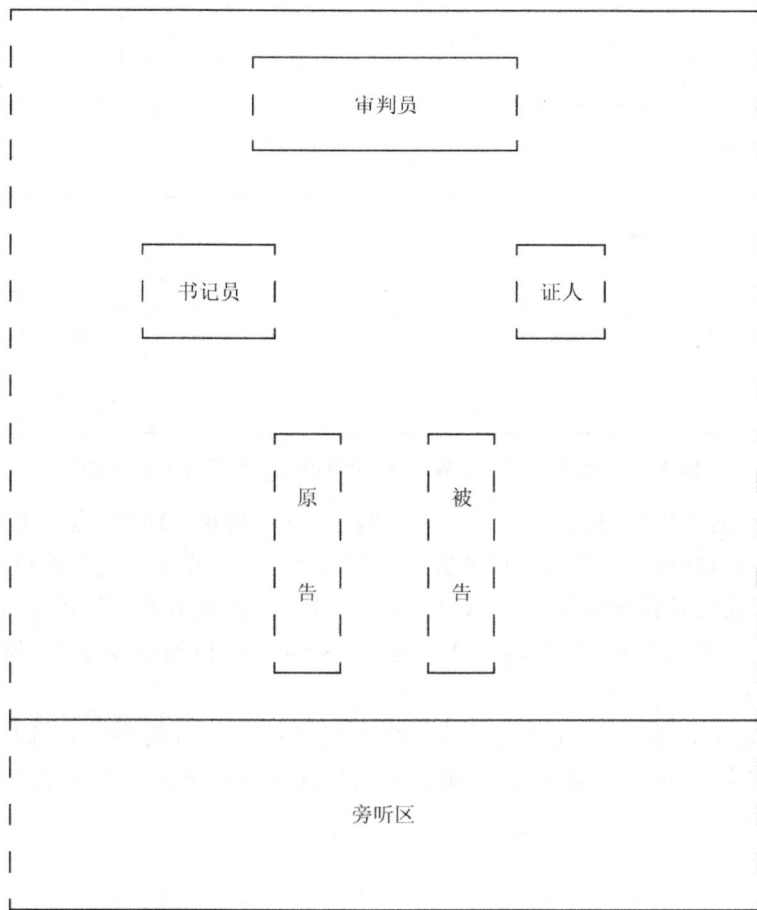

图1-2 民事、经济、海事、行政案件审判活动区布置示意(A)

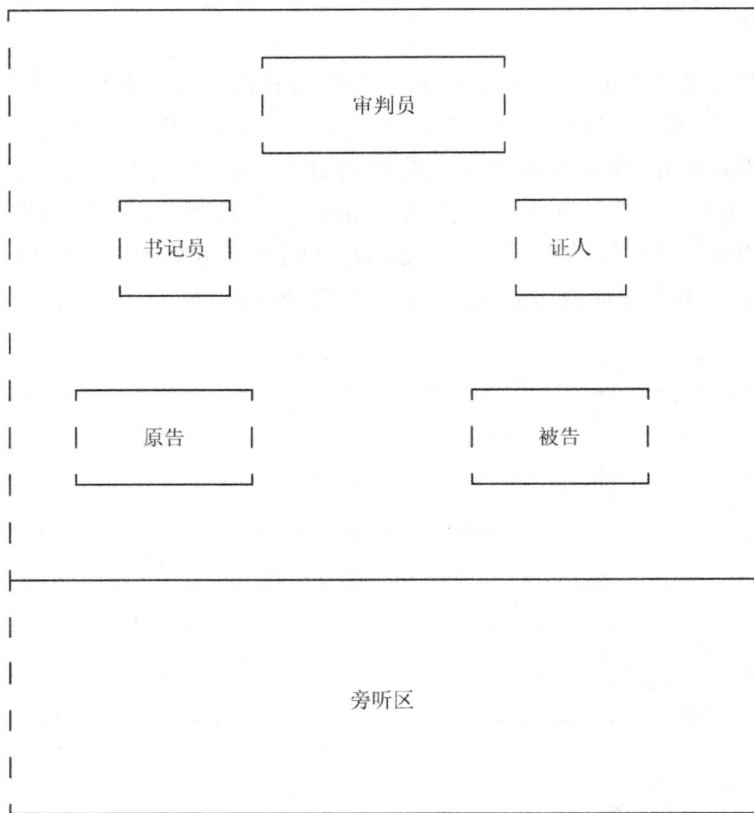

图 1-3 民事、经济、海事、行政案件审判活动区布置示意(B)

法台前方设原、被告及诉讼代理人座位,分两侧相对而坐,右边为原告座位,左边为被告座位,两者之间相隔不少于 100 厘米,若当事人及诉讼代理人较多,可前后设置两排座位(见图 1-2);也可使双方当事人平行而坐,面向审判台,右边为原告座位,左边为被告座位,两者之间相隔不少于 50 厘米(见图 1-3)。

有条件的地方,可以将书记员的座位设置在法台前面正中处,同法台成 90°角,紧靠法台,面向法台左面,其座位高度比审判员座位低 20~40 厘米(见图 1-4)。

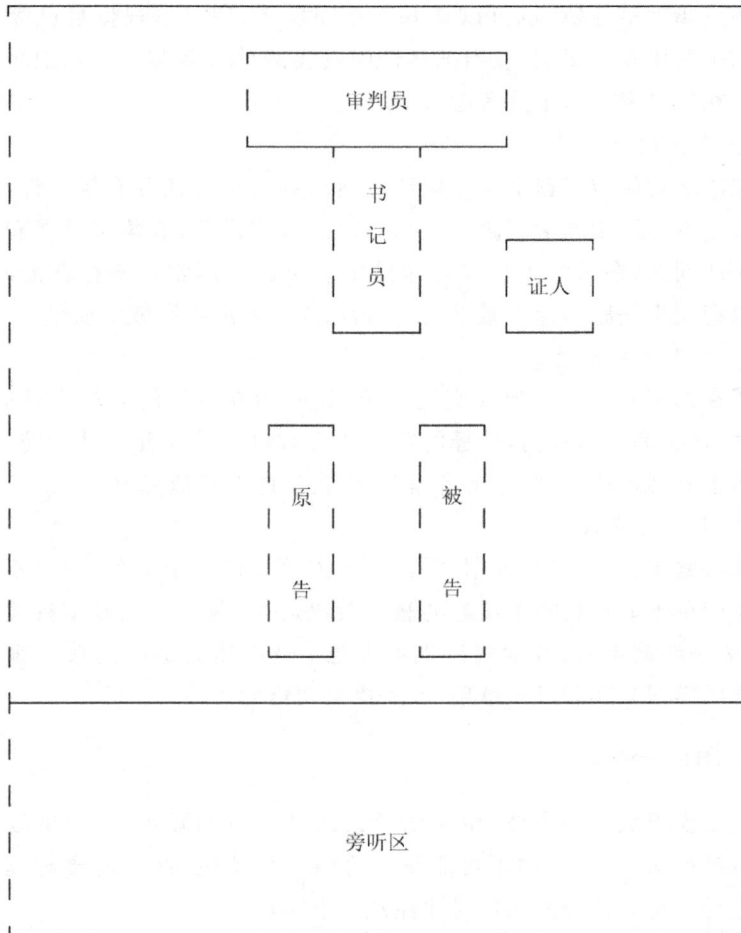

图 1 - 4 民事、经济、海事、行政案件审判活动区布置示意(C)

第三节 模拟法庭的环节

模拟法庭是一种综合性的教学活动,参加模拟法庭活动的师生要完成大量工作,可以把这些工作分为案例准备、角色分配、模拟庭审、文书制作、总结评议、卷宗归档六个环节。

一、案例准备

案例准备是模拟法庭的一个重要环节。模拟法庭案例可以来源于各级人民法院或律师事务所,也可以来源于新闻媒体,还可以根据自己需要进行编写。如果使用真实案例,应当把案件中真实的单位名称、人名、地名等信息虚拟化。在选择案例时主要考虑以下因素。

（一）案例的针对性

模拟法庭案例应根据本次模拟法庭活动的目标和任务有针对性地选取,具体应考虑参与同学的学习阶段、课程开设、课程进程,有争议或者有待讨论的相关法律问题,在教学工作或者考试中总结出的同学普遍存在的问题等。这样可以把模拟法庭与课堂教学紧密结合,能更好地提高教学质量。

（二）案例的可辩性

为了在模拟庭审环节形成真正对抗,让同学在激烈的对抗中检验所学、培养能力、体会庭审的魅力,选择的案例要具有可辩性和开放性的特点,使双方在事实上有话可说、在法律上有据可查、在法理上有理可辩。

（三）案例的复杂性

模拟法庭案例的案情、证据、诉讼参与人等不能过于简单,但也不宜太复杂。过于简单不能达到模拟法庭的教学效果,过于复杂会使庭审持续时间太长,法律关系纠缠不清,教学效果也不理想。选取难易适中的典型案例可以激发同学的学习兴趣和求知欲望,取得事半功倍的效果。

二、角色分配

学生是模拟法庭的主体,由于受诉讼角色数量的限制,一个班级的全体同学进行模拟法庭教学时,不可能每人扮演一个角色,这就需要对模拟法庭的角色进行分配。在分配角色时要注意以下两点。

（一）角色分组

为了能使每位同学都有机会参与到模拟法庭中来,应当对班级中的同学进行分组。每组承担模拟法庭中的一个主要角色,如模拟原告组,全体组员一起分析讨论案情、查阅资料、准备相关法律文书等,在模拟庭审环节按照庭审需要由部分同学出庭。

在刑事案例模拟法庭中,分为模拟审判组、模拟控诉组、模拟辩护组和综合组。模拟审判组出庭人员包括合议庭人员 3 名、书记员 1 名;模拟控诉组出庭人员可以包括公诉人两名、被害人或其诉讼代理人,附带民事诉讼案件还可以有附带民事诉讼原告及其代理人;模拟辩护组出庭人员根据案件被告人数量确定,被告人 1～3 人,每位被告人辩护律师 1～2 名,附带民事诉讼还可以有附带民事诉讼被告人及其代理人;综合组出庭人员包括法警、证人、鉴定人等,出庭人数根据案情需要确定。每组中未出庭的其他同学协助出庭同学工作。

在民事案例和行政案例模拟法庭中,可以将学生分为模拟审判组、模拟原告组、模拟被告组和综合组。模拟审判组出庭人员包括合议庭成员 3 名、书记员 1 名;模拟原告组出庭人员可以有原告 1~2 名、每位原告代理人 1~2 名;模拟被告组出庭人员可以有被告 1~2 名、每位被告代理人 1~2 名;综合组出庭人员包括法警、第三人及其代理人、证人、鉴定人等,出庭人数根据案情需要确定。每组中未出庭的其他同学协助出庭同学工作。

（二）角色轮换

对学生进行分组后,不同的组别承担模拟法庭不同角色,而模拟法庭不同角色扮演不同的法律职业者。为了保证每位同学在模拟法庭中都有机会体验不同的法律职业,锻炼其较全面的司法实务能力,在对学生分组时要注意轮换。

三、模拟庭审

模拟庭审是模拟法庭的核心环节,在此过程中要严格遵守各诉讼程序相关法律,模拟真实的法庭庭审。模拟庭审包括模拟法庭开庭前准备和开庭审理两个阶段。

（一）开庭前准备阶段

开庭前要做好的准备工作与法院开庭是一样的,主要有以下几个方面:①庭审材料准备。参加模拟法庭的同学在确定各角色的分工后,应准备相应的材料。材料包括:民事案件与行政案件原告方的起诉状、被告方的答辩状、双方代理人的代理词;刑事案件公诉人的起诉书、辩护人的辩护词、被告人的发言、被害人的陈述、附带民事诉讼当事人的起诉状和代理词;合议庭人员的庭审提纲;证人的证人证言和鉴定人的鉴定结论等。②文书送达。相关文书的送达不但是诉讼当事人的诉讼权利的保障,也是各诉讼参与人按时到庭参加诉讼的前提。相关文书送达可以保证模拟法庭活动的真实性和程序完整性。模拟审判组要依法将起诉状副本和举证通知书送达对方当事人。举证通知书要载明举证责任的分担、举证的事项和逾期举证的法律后果等。③庭前证据交换。证据交换可以使当事人彼此了解对方证据,防止证据突袭,尽快确定双方争议焦点,保障庭审活动顺利进行。

（二）开庭审理阶段

开庭审理是模拟法庭的重要环节,应该注意以下几个方面的问题:①严格遵守庭审程序。开庭审理要严格遵守和模拟法院的庭审活动,应严格执行民事、刑事、行政三大诉讼法及最高人民法院关于庭审的相关规定,在逼真的庭审环境中锻炼学生的综合能力。②保证庭审过程的完整性与连续性。一方面,在庭审过程中,指导老师是一个特殊的"旁听者",应做好记录,为庭审结束后的点评和考核工作做准备,不应打断庭审过程;另一方面,庭审要严格按照事前确定的案例脚本进行,不能随意发挥,如突然提出原告或被告不适格、管辖异议、申请回避、对鉴定结论进行重新鉴定、对证据真伪进行鉴定、终止审理及延期审理等申请,对以上问题可以事前在案例脚本中设计为不申请或申请理由不充分当庭驳回,以保证模拟法庭的顺利进行。

四、文书制作

诉讼文书制作不是模拟法庭的独立环节,它贯穿模拟法庭的始终,如起诉状、庭审笔录、裁判文书分别完成于庭审的前、中、后。本书之所以将诉讼文书制作当作模拟法庭的一个环节,主旨在于强调其重要性。

模拟法庭要达到良好教学效果必须保证其各环节的完整性。诉讼文书制作容易被大家忽略,以至于模拟法庭结束后,没有留下任何文字性的资料,不能充分发挥模拟法庭的教学作用。诉讼文书制作的重要性在于:第一,督促检查学生参与模拟法庭的情况;第二,培养法律文书写作能力;第三,作为学生模拟法庭成绩评定的依据之一。

五、总结评议

在模拟庭审结束后,指导老师要组织大家进行总结与评议。总结与评议可以在模拟法庭的现场进行,也可以结合学生提交的诉讼文书事后集中进行。总结评议方式一般有以下三种:

(一)旁听学生评议

模拟法庭是法学专业在校内开展的较大型的实践教学活动,其他班级、年级,甚至其他专业的学生有时也会旁听模拟法庭庭审。在现场评议时,可以邀请他们进行点评,一方面可以提高旁听同学的积极性,另一方面也便于同学互帮互学、共同提高。

在司法庭审中,对旁听人员是有限制的,如证人、鉴定人不得参加旁听。但是在模拟法庭中,为方便大家互相学习,可以让扮演证人的同学在模拟法庭内"旁听",考虑到诉讼程序法的严肃性,最好在模拟法庭内划出有"证人等待室"字样的区域,证人在该区域内"旁听"。

（二）参加同学评议

模拟法庭结束后，参加同学既可以对自己小组进行自我评价、自我剖析，也可以对其他小组的表现进行分析与评议，还可以对案情进行分析等。

（三）指导老师总结评议

指导老师总结评议一般安排在最后进行，老师评议既要肯定成绩，对表现优秀的学生提出表扬；又要指出不足，提出改进意见。总结评议内容主要包括：态度是否认真，各小组准备是否充分；模拟庭审程序是否合法、规范；言谈举止是否得体；专业知识、技能运用是否娴熟；文书写作是否规范；法律职业道德、素养是否具备等。

六、卷宗归档

卷宗归档是模拟法庭最后一个环节。学生要将模拟法庭过程中形成的各种诉讼文书按照要求，分类整理并集中存放。

（一）卷宗归档的意义

卷宗归档的意义如下：第一，培养学生严谨的司法工作态度；第二，锻炼学生的实务操作能力，熟悉司法工作的流程；第三，为今后教学积累资料。

（二）卷宗归档的要求

卷宗归档要做到以下三个统一：第一，统一案号，方便检索；第二，统一卷宗材料的纸张；第三，统一卷宗材料的归档顺序、装订规则等。

（三）卷宗归档的方式

在司法实务中，检察院、法院、律师事务所在案件结案后都有卷宗归档的要求。参与模拟法庭的模拟检察院、模拟法院、模拟律师事务所也要分别进行卷宗归档。检察院卷宗主要由侦查阶段材料组成，本书不做介绍。模拟法院卷宗归档的具体要求详见本教材后面各章。

模拟律师事务所的卷宗归档顺序如下：

刑事卷：①委托代理协议；②委托书或指定书；③阅卷笔录；④会见被告人、委托人、证人笔录；⑤调查材料；⑥承办人提出的辩护或代理意见；⑦起诉书、上诉书；⑧辩护词或代理词；⑨出庭通知书及庭审笔录；⑩裁定书、判决书、上诉书、抗诉书；⑪上诉书、抗诉书；⑫办案小结。

民事代理卷：①委托代理协议；②授权委托书；③起诉书、上诉书或答辩状；④阅卷笔录；⑤会见当事人谈话笔录；⑥调查材料（证人证言、书证）；⑦承办律师代理意见；⑧代理词；⑨出庭通知书；⑩庭审笔录；⑪判决书、裁定书、调解书、上诉书；⑫办案小结。

法律顾问卷：①聘请法律顾问协议；②聘方基本情况介绍材料；③办理各类法律事务（如起草规章、审查合同、参与谈判、代理解决纠纷、提供法律建议或法律意见、咨询或代书等）的记录和有关材料；④协议存续、中止、终止的情况；⑤工作小结。

其他非诉讼法律业务卷：①委托代理协议；②授权委托书；③与委托人谈话笔录；④委托人提供的证据材料；⑤调查材料；⑥律师出具的法律意见，或草拟的法律文书、办理具体法律事务活动的记录等；⑦工作小结。

☞ **实验思考题**

1. 模拟法庭教学在法学教育中的重要意义有哪些？
2. 模拟法庭卷宗归档的重要性有哪些？
3. 你如何看待模拟法庭庭审后的评议？

第二章

刑事一审普通程序

☞ **实验教学目的**

1. 掌握刑事一审普通程序开庭审理的主要环节和流程。
2. 掌握刑事主要诉讼司法文书的书写。
3. 培养庭审表达和应变技能。

☞ **实验教学内容**

书写司法文书,演练刑事一审诉讼程序。

第一节　庭审程序及注意事项

第一审普通程序是指人民法院对人民检察院提起公诉的刑事案件进行第一次审判所应遵循的程序规则的总称。刑事诉讼第一审普通程序的任务,就是在公诉人、被告人和其他诉讼参与人的参加下,审查核对各种证据,查清案件的全部事实,并根据刑事法律的规定,依法对被告人是否有罪、应否受到刑罚以及如何处罚作出裁决。强调普通程序的目的在于和简易程序相区别。根据《中华人民共和国刑事诉讼法》(以下简称《刑事诉讼法》)的相关规定,刑事第一审普通程序包括法庭审判之前的程序和法庭审判程序两个环节。

一、法庭审判前程序

法庭审判前程序又称为庭前程序,是指人民检察院向人民法院提起公诉之后到人民法院开庭审判之前,人民法院进行的各种审判准备工作。庭前程序有广义和狭义之分：广义的庭前程序包含立案、侦查、公诉等一系列程序；而狭义的庭前程序仅仅指人民检察院提起公诉后、人民法院开庭之前的阶段。这里的庭前程序指狭义的程序。庭前程序的核心是为开庭做准备，其包含两方面的工作：一是对公诉案件的审查；二是开庭审判前的准备。

（一）对公诉案件的审查及注意事项

对公诉案件的审查，是指人民法院受理人民检察院的起诉以后所进行的初步审查程序。审查须注意三方面事项：一是审查的内容；二是审查的方法；三是审查后的处理决定。

1. 审查的内容

《刑事诉讼法》第 181 条规定："人民法院对提起公诉的案件进行审查后，对于起诉书中有明确的指控犯罪事实的，应当决定开庭审判。"根据这一规定，对公诉案件的审查，主要围绕起诉书是否有明确的指控犯罪事实进行，不再审查是否附有证据目录、证人名单和主要证据复印件。其具体内容，根据《最高人民法院关于适用〈中华人民共和国刑事诉讼法〉的解释》（以下简称《刑诉法解释》）第 180 条的规定，对公诉案件的审查包括：①是否属于本院管辖；②起诉书是否写明被告人的身份，是否受过或者正在接受刑事处罚，被采取强制措施的种类、羁押地点、犯罪的时间、地点、手段、后果以及其他可能影响定罪量刑的情节；③是否移送证明指控犯罪事实的证据材料，包括采取技术侦察措施的批准决定和所收集的证据材料；④是否查封、扣押、冻结被告人的违法所得或者其他涉案财物，并附证明相关财物依法应当追缴的证据材料；⑤是否列明被害人的姓名、住址、联系方式，是否附有证人、鉴定人名单，是否申请法庭通知证人、鉴定人、有专门知识的人出庭，并列明有关人员的姓名、性别、年龄、职业、住址、联系方式，是否附有需要保护的证人、鉴定人、被害人名单；⑥当事人已委托辩护人、诉讼代理人，或者已接受法律援助的，是否列明辩护人和诉讼代理人的姓名、住址、联系方式；⑦是否提起附带民事诉讼，提起附带民事诉讼的，是否列明附带民事诉讼当事人的姓名、住址、联系方式，是否附有相关证据材料；⑧侦查、审查起诉程序的各种法律手续和诉讼文书是否齐全；⑨有无《刑事诉讼法》第 15 条第 2 项至第 6 项规定的不追究刑事责任的情形。

2. 审查的方法

人民法院在收到人民检察院的起诉书后，应当指定审判员对上述内容进行审查。为保证人民法院的中立性，防止因为进行这些工作而对案件产生预断力，审查的方法只能采取书面审查的方法，即只能审查人民检察院提交的起诉书和移送的有关材料,而不得提审被告人和做证据调查工作。

3. 审查后的处理

根据《刑诉诉讼法》第181条的规定,人民法院对提起公诉的案件进行审查后,对于起诉书中有明确的指控犯罪事实的,应当决定开庭审判。

根据《刑诉法解释》第181条第1款的规定,案件经审查后,应当根据不同情况分别处理:①属于告诉才处理的案件,应当退回人民检察院,并告知被害人有权提起自诉;②不属于本院管辖或者被告人不在案的,应当退回人民检察院;③不符合《刑诉法解释》第180条第2项至第8项规定之一,需要补充材料的,应当通知人民检察院在3日内补送;④依照《刑事诉讼法》第195条第3项规定宣告被告人无罪后,人民检察院根据新的事实、证据重新起诉的,应当依法受理;⑤依照《刑事法解释》第242条规定裁定准许撤诉的案件,没有新的事实、证据,重新起诉的,应当退回人民检察院;⑥符合《刑事诉讼法》第15条第2项至第6项规定情形的,应当裁定终止审理或者退回人民检察院;⑦被告人真实身份不明,但符合《刑事诉讼法》第158条第2款规定的,应当依法受理。

(二)开庭前的准备及注意事项

根据《刑事诉讼法》第182条的规定以及审判工作的实际需要,人民法院决定开庭后,须进行下列准备工作:

(1)确定合议庭的组成人员。根据《刑事诉讼法》第182条的规定,人民法院适用普通程序审判第一审案件,应当组成合议庭进行。因此,决定开庭审判后,对于适用普通程序的案件,应当首先确定合议庭的组成人员。合议庭设审判长1人。审判长是审判活动的具体组织者和指挥者,由院长或庭长指定审判员1人担任。院长或庭长自己参加审判案件时,由院长或庭长自己担任审判长。人民陪审员一般未受过专业法律训练,而且也不具备法庭审判的经验,所以不能担任审判长。在组成合议庭的同时,还应当确定法庭的书记员,负责审判的记录工作,并办理与审判有关的其他事项。

(2)将人民检察院的起诉书副本最迟在开庭10日以前送达被告人及其辩护人;对于被告人未委托辩护人的,告知被告人可以委托辩护人,或者在必要的时候指定承担法律援助义务的律师为其提供辩护。

(3)将开庭的时间、地点在开庭3日以前通知人民检察院。根据《刑事诉讼法》的规定,人民法院审判公诉案件,除适用简易程序外,人民检察院均应派员出庭支持公诉。将开庭的时间、地点在开庭3日以前通知人民检察院,有利于承办案件的检察员做好出庭支持公诉的准备。

（4）传唤、通知当事人、诉讼参与人参加诉讼。传唤当事人，通知辩护人、诉讼代理人、证人、鉴定人和翻译人员，传票和通知书最迟在开庭 3 日以前送达。

（5）公告案由，保障公开审判。公开审判的案件，在开庭 3 日以前先期公布案由、被告人姓名、开庭时间和地点。

开庭前所进行的上述各项准备活动的情况，应当进行笔录，由审判人员和书记员签名。

二、法庭审判程序

法庭审判程序，简称庭审程序，是指人民法院在公诉人、当事人以及其他诉讼参与人的直接参加下，当庭核实证据材料，查明案件事实，听取辩论意见，确定被告人是否有罪、犯有何罪、应否判处刑罚、处以何种刑罚，并依法作出判决的诉讼程序。法庭审判程序由庭审预备，法庭调查，法庭辩论，被告人员最后的陈述，评议、裁决和宣判五个阶段组成。

（一）庭审预备及其注意事项

庭审预备是法庭审理的开始，其任务是为实体审理做好程序上的准备。《刑事诉讼法》第 185 条规定了该阶段的程序要求。

1. 书记员的工作

开庭审理前，书记员应当依次进行下列工作：查明公诉人、当事人、证人及其他诉讼参与人是否已经到庭；宣读法庭规则；请公诉人、辩护人入庭；请审判长、审判员（人民陪审员）入庭；审判人员就座后，当庭向审判长报告开庭前的准备工作已经就绪。

2. 审判长的工作

审判长的工作如下：①宣布开庭，传被告人到庭后，应当查明被告人的下列情况：姓名、出生年月、民族、出生地、文化程度、职业、住址；是否曾受到过法律处分及处分的种类、时间；是否被采取强制措施及强制措施的种类、时间；是否收到人民检察院起诉书副本及收到的日期；有附带民事诉讼的，附带民事诉讼被告人收到民事诉状的日期。②审判长宣布案件的来源、起诉的案由、附带民事诉讼原告人和被告人的姓名（名称）及是否公开审理。对于不公开审理的案件，应当当庭宣布不公开审理的理由。③审判长宣布合议庭组成人员、书记员、公诉人、辩护人、鉴定人和翻译人员的名单。④审判长应当告知当事人、法定代理人在法庭审理过程中依法享有下列诉讼权利：可以申请合议庭组成人员、书记员、公诉人、鉴定人和翻译人员回避；可以提出证据，申请通知新的证人到庭、调取新的证据、重新鉴定或者勘验和检查;被告人可以自行辩护;被告人可以在法庭辩论终结后作最后的陈述。⑤审判长分别询问当事人、法定代理人是否申请回避,申请何人回避和申请回避的理由。如果当事人、法定代理人申请回避,合议庭认为符合法定情形的,应当依照有关回避的规定处理;认为不符合法定情形的,应当当庭驳回,继续法庭审理。

　　(二)法庭调查及其注意事项

　　法庭调查是法庭审判的重要阶段。根据《刑事诉讼法》第 181 条至 193 条的规定,法庭调查主要是在审判长的主持下,由控辩双方进行讯问、发问、举证、质证等活动。必要时,审判人员也可以讯问被告人、证人、鉴定人和调查核实证据。具体步骤如下:

　　1. 宣读起诉书和听取被害人陈诉

　　审判长宣布进行法庭调查后,首先由公诉人宣读起诉书。有附带民事诉讼的,再由附带民事诉讼原告人或其法定代理人、诉讼代理人宣读附带民事起诉状。通过宣读起诉书,一方面,向法庭阐明公诉案件犯罪事实即法庭调查的范围和被告人应负刑事责任的事实根据与法律依据;另一方面,也可以使旁听群众了解案情,更深入地观察法庭审判的过程。如果该案有数名被告人,宣读起诉书时应同时在场。

　　在审判长的主持下,被告人、被害人可以就起诉书指控的犯罪事实分别进行陈述。被告人如果承认公诉人的指控,则应当对自己的犯罪行为进行陈述;被告人如果不承认公诉人的指控,则应允许被告人提出自己无罪的意见;同时,被害人也可以针对起诉书中指控的犯罪,陈述自己受害的过程以及有关的诉讼请求。

　　2. 调查当事人

　　(1)公诉人讯问被告人。被告人、被害人就指控的犯罪事实发表意见后,由公诉人讯问被告人。公诉人通过讯问被告人,可以揭露和证实犯罪,反驳被告人的辩解,需注意的问题是:被告人犯数罪的,应当根据罪行轻重、作案时间先后逐个讯问。

　　(2)公诉人讯问被告人后,被害人、附带民事诉讼的原告人和辩护人、诉讼代理人,经审判长许可,可以向被告人发问。被害人和附带民事诉讼原告人及其诉讼代理人发问的目的,一方面是证实起诉书的指控,另一方面是对公诉人未能抓住的要害问题甚至遗漏的重要事实、情节进行补充,防止被告人逃脱罪责。辩护人的发问是为辩护做准备,重点在于问清能够证明被告人无罪、罪轻或者减轻、免除其刑事责任的事实、情节。对起诉书中指控不清的事实,辩护人也可以发问,以便让被告人澄清事实。

（3）在公诉人讯问被告人之后或者其他诉讼参与人对被告人发问后,审判人员对案件事实有疑问的,也可以讯问被告人。

3. 询问证人、鉴定人和出示、宣读未到庭的证人的证言笔录、鉴定人的鉴定意见、勘验笔录和其他作为证据的文书

（1）对指控的每一起案件事实,经审判长准许,公诉人、被害人及其诉讼代理人、附带民事诉讼的原告人及其诉讼代理人可提请审判长传唤证人、鉴定人以及勘验和检查笔录制作人出庭作证,或者出示证据,宣读未到庭的被害人、证人、鉴定人以及勘验和检查笔录制作人的书面陈述、证言、鉴定意见及勘验和检查笔录等。

（2）被告人、辩护人、法定代理人经审判长准许,可以在起诉一方举证、提供证据后,分别提请传唤证人、鉴定人出庭作证,或者出示证据,宣读未到庭的证人的书面证言、鉴定人的鉴定意见。审判人员认为有必要时,可以询问证人、鉴定人。

（3）控辩双方要求证人出庭作证,向法庭展示物证、书证、视听资料等证据,应当向审判长说明准备证明的事实,审判长同意的,即传唤证人或者准许出示证据;审判长认为与案件无关或者明显重复、不必要的证据,可以不予准许。

（4）证人应当出庭作证。《刑事诉讼法》第187条规定:①公诉人、当事人或者辩护人、诉讼代理人对证人证言有异议,且该证人证言对案件定罪量刑有重大影响,人民法院认为证人有必要出庭作证的,证人应当出庭作证。②人民警察就其执行职务时目击的犯罪情况作为证人出庭作证,人民法院认为证人有必要出庭作证的,证人应当出庭作证。③公诉人、当事人或者辩护人、诉讼代理人对鉴定意见有异议,人民法院认为鉴定人有必要出庭作证的,鉴定人应当出庭作证。经人民法院通知,鉴定人拒不出庭作证的,鉴定意见不得作为定案的根据。④经人民法院通知,证人没有正当理由不出庭作证的,人民法院可以强制其到庭,但是被告人的配偶、父母、子女除外。⑤证人没有正当理由拒绝出庭或者出庭后拒绝作证的,予以训诫,情节严重的,经院长批准,处以10日以下的拘留。被处罚人对拘留决定不服的,可以向上一级人民法院申请复议。复议期间不停止执行。

（5）质证。向证人发问,应当先由提请传唤的一方进行;发问完毕后,对方经审判长准许,也可以发问。询问证人应当遵循以下规则:①发问的内容应当与案件的事实相关;②不得以诱导方式提问;③不得威胁证人;④不得损

害证人的人格尊严。前款规定也适用于对被告人、被害人、附带民事诉讼原告人和被告人、鉴定人的讯问、发问或者询问。

（6）鉴定人应当出庭宣读鉴定意见，但经人民法院准许不出庭的除外。鉴定人到庭后，审判人员应当先核实鉴定人的身份、与当事人及本案的关系，告知鉴定人应当如实提供鉴定意见和有意作虚假鉴定要负的法律责任。鉴定人说明鉴定意见前，应当在如实说明鉴定意见的保证书上签名。向鉴定人发问，应当先由要求传唤的一方进行；发问完毕后，对方经审判长准许，也可以发问。公诉人、当事人和辩护人、诉讼代理人可以申请法庭通知有专门知识的人出庭，就鉴定人作出的鉴定意见提出意见。有专门知识的人出庭适用鉴定人的有关规定。

（7）向证人和鉴定人发问应当分别进行。证人、鉴定人经控辩双方发问或者审判人员询问后，审判长应当让其退庭。证人、鉴定人不得旁听本案的审理。

（8）审判长对于向证人、鉴定人发问的内容与本案无关或者发问的方式不当的，应当制止。对于控辩双方认为对方发问的内容与本案无关或者发问的方式不当并提出异议的，审判长应当判明情况予以支持或者驳回。

（9）当庭出示的证据、宣读的证人证言、鉴定意见以及勘验和检查笔录等，在出示、宣读后，应将原件移交法庭。对于确实无法当庭移交的，应当要求出示、宣读证据的一方在休庭后3日内移交。对于公诉人在法庭上宣读、播放未到庭证人的证言的，如果该证人提供过不同的证言，法庭应当要求公诉人将该证人的全部证言在休庭后3日内移交。人民法院审查上述证据材料，发现与庭审调查认定的案件事实有重大出入，可能影响正确裁判的，应当决定恢复法庭调查。

（10）公诉人对于搜查、勘验、检查等侦查活动中形成的笔录存在争议，需要负责侦查的人员以及搜查、勘验、检查等活动的见证人出庭陈述有关情况的，可以建议合议庭通知其出庭。

4. 调查物证、书证、视听资料、电子数据等

（1）当庭出示的物证、书证、视听资料等证据，应当先由出示证据的一方就所出示的证据的来源、特征等作必要的说明，然后由另一方进行辨认，发表意见。控辩双方可以互相质问、辩论。

（2）公诉人向法庭出示物证，应当对该物证所要证明的内容、获取情况作概括的说明，并向当事人、证人等问明物证的主要特征，让其辨认。宣读书证应当对书证所要证明的内容、获取情况作概括的说明，向当事人、证人问明书

证的主要特征,并让其辨认。对该书证进行技术鉴定的,应当宣读鉴定书。

(3) 对控诉方出示的物证,辩护律师应注意从以下方面质证:①物证的真伪;②物证与本案的联系;③物证与其他证据的联系;④物证要证明的问题;⑤取得物证的程序是否合法。

(4) 在控诉方举证完毕后,辩护律师应向法庭申请对本方证据进行举证。辩护律师举证时,应向法庭说明证据的形式、内容、来源以及所要证明的问题,并特别注意以下方面:①物证、书证、视听资料来源的合法性;②证人证言、被告人陈述、鉴定意见取得的程序的合法性;③证据内容的真实性;④证据与案件以及证据之间的联系。对本方的举证,控诉方提出异议的,辩护律师应当有针对性地进行辩论,维护本方证据的可信性。

5. 法庭调查、核实证据

(1) 在法庭调查过程中,合议庭对于证据有疑问的,可以宣布休庭,对该证据进行调查核实。人民法院调查核实证据时,可以进行勘验、检查、扣押、鉴定、查询和冻结,必要时,可以通知检察人员、辩护人到场。

(2) 在法庭审理过程中,合议庭对证据有疑问或人民法院根据辩护人、被告人的申请,向人民检察院调取在侦查、审查起诉中收集的有关被告人无罪或者罪轻的证据材料时,人民检察院应当自收到人民法院要求调取证据材料决定书后 3 日内移交。如果没有此材料,应当向人民法院说明情况。在法庭审理过程中,合议庭对证据有疑问并在休庭后进行勘验、检查、扣押、鉴定、查询和冻结的,人民检察院应当依法进行监督,发现上述活动有违法情况的,应当提出纠正意见。

(3) 人民法院根据律师申请收集、调取的证据或者合议庭休庭后自行调查取得的证据,必须经过庭审辨认、质证才能决定是否作为判决的依据。未经庭审辨认、质证直接采纳为判决依据的,人民检察院应当提出纠正意见;作出判决的,应当依法提出抗诉。

6. 对开庭前获得的新证据新情况的调查

(1) 法庭审理过程中,当事人和辩护人、诉讼代理人有权申请通知新的证人到庭,调取新的物证,申请重新鉴定或勘验,法庭对上述申请应当作出是否同意的决定。

(2) 公诉人要求出示开庭前送交人民法院案卷记载以外的证据,辩护方提出异议的,审判长如认为该证据确有出示的必要,可以允许出示。如果辩护方提出对新的证据做必要准备时,可以宣布休庭,并根据具体情况确定辩护方做必要准备的时间。确定的时间期满后,应当继续开庭审理。

（3）当事人和辩护人申请通知新的证人到庭，调取新的证据，申请重新鉴定或者勘验的，应当提供证人的姓名、证据的存放地点，说明所要证明的案件事实，要求重新鉴定或者勘验的理由。审判人员根据具体情况，认为可能影响案件事实认定的，应当同意该申请，并宣布延期审理；不同意的，应当告知理由并继续审理。依照前述规定，延期审理的时间不得超过1个月，延期审理的时间不计入审限。

（三）法庭辩论及其注意事项

法庭辩论是指控辩双方在审判长的主持之下，依据法庭调查中已经调查的证据按照有关法律规定，围绕证据的证明力和被告人是否有罪、所犯何罪、罪责轻重、应否处刑和如何处罚等问题进行辩论。《刑事诉讼法》第193条第2款规定："经审判长许可，公诉人、当事人和辩护人、诉讼代理人可以对证据和案件情况发表意见并且可以互相辩论。"法庭辩论是诉讼中的辩论原则以及被告人行使辩护权的重要体现。《刑事诉讼法》第193条第1款规定："法庭审理过程中，对与定罪、量刑有关的事实、证据都应当进行调查、辩论。"具体程序如下：

（1）在法庭审理中，经审判长许可，公诉人可以逐一对正在调查的证据和案件情况、被告人的量刑等问题发表意见，并同被告人、辩护人进行辩论。证据调查结束时，公诉人应当发表总结性意见。法庭辩论中，公诉人与被害人、诉讼代理人意见不一致的，公诉人应当认真听取被害人、诉讼代理人的意见，并阐明自己的意见和理由。合议庭认为本案事实已经调查清楚，应当由审判长宣布法庭调查结束，开始就全案事实、证据、适用法律等问题进行法庭辩论。

（2）法庭辩论应在审判长的主持下，按照以下顺序进行：①公诉人发言；②被害人及其诉讼代理人发言；③被告人自行辩护；④辩护人辩护；⑤控辩双方进行辩论。

附带民事诉讼部分的辩论应当在刑事诉讼部分的辩论结束后进行，先由附带民事诉讼原告人及其诉讼代理人发言，然后由被告人及其诉讼代理人答辩。

（3）在法庭辩论过程中，审判长对于控辩双方与案件无关、重复或者互相指责的发言应当制止。在法庭辩论过程中，如果合议庭发现新的事实，认为有必要进行调查时，审判长可以宣布暂停辩论，恢复法庭调查，待该事实查清后继续法庭辩论。

（4）对于辩护人依照有关规定当庭拒绝继续为被告人进行辩护的，合议庭应当准许。如果被告人要求另行委托辩护人，合议庭应当宣布延期审理，由被告人另行委托辩护人或者由人民法院为其另行指定辩护律师。

被告人当庭拒绝辩护人为其辩护,要求另行委托辩护人的,应当同意,并宣布延期审理。被告人要求人民法院另行指定辩护律师,合议庭同意的,应当宣布延期审理,重新开庭后,被告人再次当庭拒绝重新委托的辩护人或者人民法院指定的辩护律师为其辩护的,合议庭应当分别视情形作出处理:①被告人是成年人的,可以准许。但被告人不得再另行委托辩护人,人民法院也不再另行指定辩护律师,被告人可以自行辩护。②被告人具有《刑诉法解释》第 36 条规定情形之一的,不予准许。依照《刑诉法解释》第 164 条和第 165 条的第 1 款、第 2 款规定另行委托、指定辩护人或者辩护律师的,自案件宣布延期审理之日起至第 10 日止,准备辩护时间不计入审限。

(5)控诉方发表控诉意见后,经审判长许可,辩护律师发表辩护意见。辩护意见应针对控诉方的指控,从事实是否清楚、证据是否确实充分、适用法律是否准确无误、诉讼程序是否合法等不同方面进行分析论证,并提出关于案件定罪量刑的意见和理由。为被告人作无罪辩护,应主要从以下方面进行:

①控诉方指控的证据不足,不能认定被告人有罪。

②控诉方或辩护方提供的证据,能证明属于下述情况,依据法律应当认定被告人无罪的:被告人行为情节显著轻微,危害不大,不认为是犯罪;被告人行为系合法行为;被告人没有实施控诉方指控的犯罪行为。

③其他依法认定被告人无罪的情况。为被告人作有罪辩护,应着重从案件定性和对被告人从轻、减轻或者免除处罚等方面进行。

(四)被告人最后陈述及其注意事项

《刑事诉讼法》第 193 条第 3 款规定:"审判长在宣布辩论终结后,被告人有最后陈述的权利。"这是被告人一项重要的诉讼权利。合议庭应当保证被告人充分行使最后陈述的权利。如果被告人在最后陈述中多次重复自己的意见,审判长可以制止;如果陈述内容是蔑视法庭、公诉人,损害他人及社会公共利益或者与本案无关的,应当制止;在公开审理的案件中,被告人员最后陈述的内容涉及国家秘密或者个人隐私的,也应当制止。被告人在最后陈述中提出了新的事实、证据,合议庭认为可能影响正确裁判的,应当恢复法庭调查;如果被告人提出新的辩解理由,合议庭认为确有必要的,可以恢复法庭辩论。

(五)评议、裁决和宣判及其注意事项

1. 评议

被告人最后陈述后,审判长应当宣布休庭,由合议庭进行评议。合议庭评议,就是合议庭全体成员共同对案件事实的认定和法律的适用进行全面的讨论、评判并作出处理决定的诉讼活动。评议的任务,就是根据已经提出的证据,认定案件事实和对案件作出处理决定,包括对附带民事诉讼和赃款、赃物进行处理。

评议活动应当秘密进行,即评议的过程和评议笔录对外一律不公开,不允许当事人、其他诉讼参与人和其他人旁听、查阅。评议由审判长主持,合议庭成员享有平等的权利。评议应先经过讨论,然后用投票表决的方式对认定事实和适用法律作出决定。表决以简单多数决定,但少数人的意见应记入评议笔录。合议庭应当根据已经查明的事实、证据和有关法律规定,并在充分考虑控辩双方意见的基础上,进行评议,确定被告人是否有罪,应否追究刑事责任,构成何罪,应否处以刑罚,判处何种刑罚,有无从重、从轻、减轻或者免除处罚的情节,附带民事诉讼如何解决,赃款赃物如何处理等,并依法作出判决。

2. 裁决

根据《刑事诉讼法》第 195 条和《刑诉法解释》第 241 条的规定,人民法院应当根据案件的具体情况,分别作出以下裁判:①起诉指控的事实清楚,证据确实、充分,依据法律认定被告人的罪名成立的,应当作出有罪判决。②起诉指控的事实清楚,证据确实、充分,指控的罪名与人民法院审理认定的罪名不一致的,应当作出有罪判决。③案件事实清楚,证据确实、充分,依据法律认定被告人无罪的,应当判决宣告被告人无罪。④证据不足,不能认定被告人有罪的,应当以证据不足,指控的犯罪不能成立,判决宣告被告人无罪。⑤案件事实部分清楚,证据确实、充分的,应当依法作出有罪或者无罪的判决;事实不清,证据不足部分,依法不予认定。⑥被告人因不满 16 周岁,不予刑事处罚的,应当判决宣告被告人不负刑事责任。⑦被告人是精神病人,在不能辨认或者不能控制自己行为的时候造成危害结果,不予刑事处罚的,应当判决宣告被告人不负刑事责任。⑧犯罪已过追诉时效期限,并且不是必须追诉或者经特赦令免除刑罚的,应当裁定终止审理。⑨被告人死亡的,应当裁定终止审理;对于根据已查明的案件事实和认定的证据材料,能够确认被告人无罪的,应当判决宣告被告人无罪。

3. 宣判

评议结束后,进入法庭宣判阶段。宣判分为当庭宣判和定期宣判两种形式。当庭宣判,是指法庭审理完毕,合议庭利用休庭后的短暂时间,退庭进行评议并作出判决后,立即复庭,由审判长口头宣告判决主文或主要内容的活动。当庭宣告判决的,应当在 5 日以内将判决书送达当事人及其法定代理人、诉讼代理人,提起公诉的人民检察院,被告人的辩护人、近亲属等。定期宣判,是指人民法院经过法庭审理后另行确定日期宣告判决的诉讼活动。定期宣判的,应当在宣判后立即将判决书送达上述人员和机关。

判决书应当由审判人员和书记员署名,地方各级人民法院在宣告第一审判决、裁定时,应当明确告知有关人员不服本判决有上诉权,并在判决书中写明上诉的法院和期限。

无论案件是否公开审理,宣判一律公开进行。《刑事诉讼法》第196条规定,无论是公开审判还是不公开审判的案件,宣告判决均公开进行。

第二节　示范案例及庭审操作示范

一、示范案例

被告人:吴宁友(化名),男,××××年××月××日出生,个体户。因涉嫌贪污罪,于1998年8月15日被逮捕。

被告人:陈莲(化名),女,××××年××月××日出生,原系陕西省铜川市××区信用社川口业务处主任。因涉嫌窝藏罪,于1998年8月19日被逮捕。

1998年7月月初,中国人民银行陕西省铜川市分行营业部出纳彭大生(化名,在逃),多次找被告人吴宁友商议盗窃彭与另一出纳共同管理的保险柜内的现金,吴未同意。后彭大生多次约吴吃饭、喝酒,做吴的工作,并把自己的作案计划、安排告诉吴,同时还几次让吴看自己掌管的钥匙。吴同意作案后,彭即向吴宁友要了一把中号螺丝刀和一只蛇皮袋放在自己的办公桌内,又用事先准备好的钢锭条,将业务部的钢筋护窗栏锯断,为作案后逃离现场做准备。7月23日上午10时许,彭将吴带至铜川市分行业务部熟悉地形,并暗示了存放现金的保险柜和开启保险柜的另一把钥匙的存放地点。7月27日晚,彭找到被告人吴,告知其近日提款40万元存放保险柜的情况,并详细告诉吴宁友作案的时间与步骤、开启保险柜的方法及进出路线等。

7月30日上午7时,彭将被告人吴带进该分行营业部套间,藏在自己保管的大壁柜内。其他工作人员上班后,彭与另一出纳从金库提回现金40万元,放进保险柜内的顶层。10时许,本市邮政财务科取走现金10万元。10时30分左右,彭进入套间向被告人吴指认了放款的保险柜,后与其他本行职员聊天。10时40分,彭乘其他工作人员外出吃饭离开办公室之际,打开壁柜将自己保管的一把保险柜钥匙交给吴,并告知人都走了,自己会离开业务部去吃饭。被告人吴撬开另一出纳员的办公桌抽屉,取出另一把保险柜钥匙,然后利用两把钥匙打开保险柜,将 30 万元人民币装入蛇皮袋里,又在办公室将彭等人的办公桌撬开,然后从后窗翻出办公室逃离现场。

8 月 1 日晚,彭将作案经过告诉了其妻陈莲,让陈通知吴带款在本市青年旅社等候。8 月 2 日中午,被告人陈找到了吴,讲了彭的要求。当日下午,吴依彭的要求到了青年旅社。8 月 3 日见面后,两人一同来到吴家,吴拿出蛇皮袋说钱都在里面。彭要吴一起逃走,吴不同意,彭即给吴留下 3 万元,然后携带其余赃款潜逃。破案后,从被告人吴家中起获赃款 3 万元。

陕西省铜川市人民检察院以被告人吴宁友犯贪污罪、被告人陈莲犯窝藏罪,向铜川市中级人民法院提起公诉。

二、开庭准备

(一)对公诉案件的审查

铜川市中级人民法院对铜川市人民检察院提起的吴宁友贪污并陈莲窝藏一案立案审查后,认为起诉书中有明确的指控犯罪事实,决定开庭审判。

(二)开庭前的准备

在决定开庭审判后,铜川市中级人民法院依法进行了以下开庭前的准备工作:①决定由审判员刘加琛、万丽娟、李近农依法组成合议庭,由刘加琛担任审判长;②在开庭 10 日以前,将人民检察院的起诉书副本送达了被告人吴宁友和陈莲;③将开庭的时间、地点在开庭 3 日以前通知铜川市人民检察院;④在开庭 3 日以前,将传唤被告人吴宁友和陈莲的传票分别送达看守所,向辩护人、证人、鉴定人送达出庭的通知书;⑤在开庭 3 日以前先期公布案由、被告人姓名、开庭的时间和地点。上述活动均写入了笔录,由主审法官李近农和书记员肖中楠签名。主审法官李近农还拟就了法庭审理提纲。(本案所涉人名皆为化名)

三、庭审操作示例

(一)开庭

时间:1998 年 12 月 1 日 9 时。

地点:铜川市中级人民法院第一刑事审判庭内。

书记员:(依法查明公诉人和辩护人的到庭情况,然后对着话筒)请安静!现在宣读法庭纪律。(略停一下)①法庭内要保持安静,不得鼓掌、喧哗和实施其他妨害审判活动的行为,禁止抽烟;②开庭过程中不得随便走动和进入审判区;③未经法庭允许不得录音、录像和摄影;④未经法庭允许不得发言、提问；⑤所有诉讼参与人以及旁听人员必须关闭手机等所有的通信设备。对违反法庭规则的人，将视具体情况分别予以警告、训诫、没收录音录像和摄影器材、责令退出法庭、罚款、拘留直至追究刑事责任。

书记员：全体起立。

书记员：请审判长、审判员入庭！

审判长：坐下。

书记员：报告审判长，被告人吴宁友贪污并被告人陈莲窝藏一案的公诉人和辩护人已到庭。法庭准备工作就绪，可以开庭。报告完毕。

审判长：铜川市中级人民法院公开审理被告人吴宁友贪污并被告人陈莲窝藏一案，现在开庭！

审判长：传本案第一被告人吴宁友到庭！

（第一被告人吴宁友由两位法警带到被告席，站着）

审判长：被告人吴宁友，男，××××年××月××日出生，汉族，初中文化，个体户，住铜川市第三纺织厂宿舍，未受过刑事处罚。1998 年 8 月 10 日因涉嫌盗窃、贪污犯罪被铜川市公安局刑事拘留，同月 14 日经铜川市人民检察院批准，次日被执行逮捕。现羁押于铜川市第一看守所。

审判长：被告人吴宁友，以上关于你个人的情况是否属实？

第一被告人：属实。

审判长：被告人吴宁友，你是何时收到起诉书副本的？

第一被告人：1998 年 11 月 19 日。

审判长：坐下。

审判长：传本案第二被告人陈莲到庭！

（第二被告人陈莲由两位女法警带到被告席，站着）

审判长：被告人陈莲，女，××××年××月××日出生，汉族，高中文化，原系陕西省铜川市城区信用社川口业务处主任，住铜川市××区信用社家属宿舍。因涉嫌窝藏犯罪，于 1998 年 8 月 15 日被铜川市公安局刑事拘留，同月 18 日经铜川市人民检察院批准，次日被执行逮捕。现羁押于铜川市第一看守所。

审判长：被告人陈莲，以上关于你个人的情况是否属实？

第二被告人：属实。

审判长：被告人陈莲，你是何时收到起诉书副本的？

第二被告人：1998 年 11 月 19 日。

审判长：陕西省铜川市中级人民法院刑事审判庭今天在此依法公开开庭

审理铜川市人民检察院依法提起公诉的吴宁友贪污并陈莲窝藏一案。

审判长：本案由本院审判员刘加琛、万丽娟和李近农依法组成合议庭，由审判员刘加琛担任审判长，书记员肖中楠担任本庭记录。铜川市人民检察院指派检察员刘建国、张当归、谢园到庭支持公诉。陕西省铜牙律师事务所律师马崇，接受委托担任本案被告人吴宁友的辩护人。铜川市天平律师事务所律师刘银柱，接受委托担任本案被告人陈莲的辩护人。鉴定人柳同也按通知到庭。（以上人名皆为化名）

审判长：在庭审过程中，被告人及其辩护人依法享有下列诉讼权利：①可以申请合议庭组成人员、书记员、公诉人、鉴定人回避；②可以提出证据，申请通知新的证人到庭，调取新的证据，重新鉴定或者勘验、检查；③被告人可以自行辩护；④被告人可以在法庭辩论终结后作最后的陈述。

审判长：以上权利，被告人和辩护人，是否都听清楚了？

（第一被告人、第二被告人及其各自的辩护人都表示听清楚了）

审判长：被告人吴宁友，你是否申请回避？

第一被告人：不申请。

审判长：被告人陈莲，你是否申请回避？

第二被告人：不申请。

审判长：下面进行法庭调查。

（二）法庭调查

审判长：现在进行当庭陈述。首先由公诉人宣读起诉书。

公诉人刘：陕西省铜川市人民检察院起诉书。铜检刑诉〔1998〕第308号。被告人吴宁友，男……现羁押于铜川市第一看守所。被告人陈莲，女……现羁押于铜川市第一看守所。被告人吴宁友贪污、被告人陈莲窝藏一案，由铜川市公安局侦查终结，于1998年9月10日移送本院审查起诉。现查明：1998年7月月初，被告人吴宁友与中国人民银行陕西省铜川市分行业务部出纳彭大生（在逃），按照事先的约定盗窃彭大生与另一出纳共同管理的保险柜内的现金。7月30日上午7时，被告人吴宁友在彭大生的掩护下，溜进该行业务部套间，藏在彭大生保管的大壁柜内。10时40分左右，被告人吴宁友乘彭大生与其他工作人员外出吃饭离开办公室之际，撬开另一出纳员的办公桌抽屉，取出保险柜的一把钥匙，并同彭大生给他的另一把保险柜钥匙，打开保险柜盗走现金30万元人民币。为了制造假象，吴宁友又将彭大生等人的办公桌撬开，然后从后窗翻出办公室逃离现场。8月2日中午，被告人陈莲找到了被告人吴宁友，说彭大生要他带款在本市青年旅社等候。吴、彭见面以后,彭给吴留下 3 万元,其余款项由彭携带潜逃。破案后,从被告人吴宁友家中起获赃款 3 万元。上述犯罪事实有书证、物证、证人证言、鉴定结论以及被告人供述和辩解等证据佐证,事实清楚,证据确实充分,足以认定。本院确认:被告人吴宁友与身为国家银行出纳的彭大生勾结,利用彭大生的职务便利,窃取银行现金,数额特别巨大,其行为触犯了《中华人民共和国刑法》第382 条之规定,已构成贪污罪的共同犯罪。被告人陈莲的行为触犯了《中华人民共和国刑法》第 310 条之规定,已构成窝藏罪。为惩罚犯罪,保护国家公共财产不受侵犯,维护正常的社会秩序,依据《中华人民共和国刑事诉讼法》第141 条之规定,特将被告人吴宁友、陈莲提起公诉,请依法判处。此致铜川市中级人民法院。检察员,刘建国。1998 年 9 月 25 日。附移送案卷两册(内含证据目录、证人名单和主要证据复印件)。

审判长:被告人吴宁友,你对起诉书中指控的犯罪事实有何异议?

第一被告人:没有。

第一被告人的辩护人:审判长,我想询问我的当事人。

审判长:准许。但必须围绕本案事实进行。

第一被告人的辩护人:谢谢审判长。

第一被告人的辩护人:吴宁友,你与彭大生是什么关系?

第一被告人:朋友关系。

第一被告人的辩护人:彭大生是怎样要你去伙同贪污的?

第一被告人:他找了我好几次,说没有任何风险,并且说我之所以不愿干,是担心分配不均,对他彭大生不信任。

第一被告人的辩护人:为什么在分钱时你只拿了 3 万元?

第一被告人:我本来就不在乎钱的多少。

第一被告人的辩护人:分钱的时候,你跟彭大生说了什么?

第一被告人:我把他爱人陈莲的担心告诉他,说是不是把钱悄悄地补回去。

第一被告人的辩护人:彭大生怎么说?

第一被告人:他说顾不得那么多了。问我要多少钱,我说无所谓。他就留了 3 万元,把其他的钱都拿走了。

第一被告人的辩护人:(转向审判席)审判长,我的话问完了。

审判长:被告人陈莲,你对起诉书中指控的犯罪事实有何异议?

第二被告人:有,我去通知吴宁友,并劝说他们去投案自首,并不是想窝藏他们。

审判长：你陈述一下通知吴宁友的过程。

第二被告人：7 月 30 日晚上，我丈夫彭大生打电话回来说，他这两天都要值夜班，可能不能回来，要我自己去幼儿园接小孩。我问他有什么事，他说行里保险柜被偷了。第三天晚上，我丈夫回来了，我问他保险柜被盗的事怎样了，他笑了笑，说："如果盗保险柜的不是别人，而是我们自己人，你会怎么想？"我说："你别开玩笑，快告诉我。"他问我认不认识吴宁友，我说认识，难道是他干的不成。接着，我丈夫就把前两天保险柜被盗的事告诉了我。我当时吓蒙了，要他去投案自首。我丈夫很生气，说我不理解他为家里的一片好心。我说我能理解，但违法犯罪的钱我们一分也不能要。我丈夫说，问题是现在已经做了，没有回头路了。他生气地说："你去投案，去呀！杀了我的头，看你和儿子怎么办！"我吓哭了，我丈夫就跟我说："现在哭也没用。不如，明天你帮我去告诉一下吴宁友，我们见了面以后，再商量怎样把钱退回去，可能罪行会轻些。"于是，我就根据我丈夫的意思，第二天去找了吴宁友，把投案自首和悄悄把钱退回去的想法告诉了吴宁友。所以，我不是故意想窝藏他们，而是想怎样让他们减轻罪行，投案自首。

审判长：公诉人有没有话要问？

公诉人张：被告人陈莲，你去通知吴宁友的时候，知不知道 30 万元赃款的数目？

第二被告人：知道。

公诉人张：你是否想减轻他们的罪责？

第二被告人：想。

公诉人张：你有没有想过，怎样才能让别人不知道？

第二被告人的辩护人：审判长，我抗议公诉人在诱导我的当事人。

审判长：抗议有效。被告人可以不予回答。请公诉人注意讯问方式。

公诉人张：被告人陈莲，你见到吴宁友，是怎样跟他说的？

第二被告人：我说："你们闯了杀头的祸了，赶快想办法去自首吧。"

公诉人张：你这样说的时候，吴宁友如何回答？

第二被告人：他说他对钱本来就无所谓。不过也没有必要去退钱，相信彭大生会有办法。

公诉人张：你又怎么说？

第二被告人：我说："死到临头了，还说钱无所谓，你们两个自己看着办吧。再也不管你们了。"

公诉人张：后来怎么样了？

第二被告人：后来我就哭着走了。

公诉人张：你丈夫和吴宁友伙同贪污银行巨款的事，你与别人说过吗？

第二被告人：没有。

公诉人张：你为什么不向公安机关报案？

第二被告人：不敢。

审判员李：与彭大生在青年旅社碰面的话，是你告诉吴宁友的吗？

第二被告人：是的。

审判长：公诉人，你还有什么话要问吗？

公诉人张：没有了。

审判长：辩护人还有什么话要问的吗？

（第一被告人的辩护人和第二被告人的辩护人都摇头表示没有）

审判长：被告人陈莲，你还有什么要说的吗？

第二被告人：没有了。

审判长：当庭陈述完毕，下面进行当庭举证和质证。

审判员李：对证人和鉴定人发问，应当先由提请传唤的一方进行；发问完毕后，对方经本庭准许，也可以发问。但询问、讯问或者发问，应当遵守以下规则：①内容应当与案件的事实相关；②不得以诱导方式提问；③不得威胁被问话人；④不得损害被问话人的人格尊严。法庭调查中当庭出示的物证、书证、视听资料等，应当由出示证据的一方就所出示的证据的来源、特征等作必要的说明，然后由另一方进行辨认并发表意见。控辩双方可以互相质问、辩论。

审判员李：现在先由公诉方举证。

公诉人谢：审判长、审判员，我方在这里有 7 份证据材料需要向法庭出示。

公诉人谢：现在请传我方第一号证人向福生（化名）出庭作证。

审判员李：传证人向福生出庭。

（证人向福生在法警的带领下进入法庭，来到证人席）

法律提示：根据《刑事诉讼法》和《最高人民法院关于适用〈中华人民共和国刑事诉讼法〉的解释》，证人应当出庭作证。符合法定情形，经人民法院许可，证人可以不出庭。证人出庭时，审判人员应当先核实证人的身份、与当事人以及本案的关系，告知证人应当如实地提供证言和有意作伪证或者隐匿罪证要负的法律责任。证人作证前，应当在如实作证的保证书上签名。

审判员李：你的姓名是什么？什么职业？现在在哪里工作？住址在何处？

向福生：向福生。职业是保安。现在中国人民银行铜川市分行营业部负责门卫、保安工作。家住本市王益区桃园街道光明社区。

审判员李：证人向福生，根据我国法律规定，公民有作证的义务。你应该如实将你知道的情况向法庭陈述。对于与本案无关的问题，你有权拒绝回答。但如果作伪证，你将受到法律制裁。对此，你听清楚了吗？

向福生：听清楚了。

审判员李：现在请你在如实作证的保证书上签名。

审判员李：证人向福生，现在将你所知道的本案情况向法庭作如实陈述。

向福生：7月30日上午7时左右，还不到上班时间，营业部出纳彭大生就带着另一个人来到营业部，说是他的朋友。因为他们要到营业部工作间里去玩，我说按照规定，麻烦登记一下，彭大生不太高兴，但还是进行了登记，登记是由彭大生写的。

公诉人谢：登记簿上是怎么写的？

向福生："马胜利，男，本市邮政局财务科职员，前来洽谈业务事宜。"

公诉人谢：后来呢？

向福生：后来我就让他们进去了，大概在10点钟，邮政财务科的人来取钱，我以为登记的"马胜利"可能与来取钱的人是一起的，也就没有再问。

公诉人谢：业务部发生保险柜被盗，你是什么时候知道的？

向福生：大概中午12点，营业部的人吃完饭回来发现办公室被盗。

公诉人谢：报案后，公安机关向你了解情况没有？

向福生：了解了。

公诉人谢：你向公安机关汇报了吗？

向福生：汇报了。但公安机关当时没说什么，我也就不太在意。

公诉人谢：后来你是怎么知道该案侦破的？

向福生：大概过了一个星期，铜川市公安局通知我去指认犯罪嫌疑人。我到那里一看，那天登记的"马胜利"就是被抓住的吴宁友。

公诉人谢：向福生，你仔细看清楚了，案发当天与彭大生一起到营业部玩的那个人是否就是现在站在被告席上的吴宁友？

向福生：（仔细看了一下被告人吴宁友，很肯定地说）没错，就是他。

审判员李：第一被告人辩护方，你们有什么要问的吗？

第一被告人的辩护人：没有。

审判员李：请法警带证人向福生暂时退庭。

公诉人谢：请法庭传我方的第二号证人宋彩霞（化名）出庭作证。

审判员李:传证人宋彩霞出庭作证。

审判员李:你的姓名是什么?什么职业?现在哪里工作?住址在何处?

宋彩霞:宋彩霞。现为中国人民银行铜川市分行营业部出纳。住分行家属宿舍内。

审判员李:证人宋彩霞,根据我国法律规定,公民有作证的义务。你应该如实将你知道的情况向法庭陈述。对于与本案无关的问题,你有权拒绝回答。但如果作伪证,你将受到法律制裁。对此,你听清楚了吗?

宋彩霞:听清楚了。

审判员李:现在请你在如实作证的保证书上签名。

审判员李:(待宋彩霞在保证书上签了名后)证人宋彩霞,现在你将所知道的本案情况向法庭作如实陈述。

宋彩霞:7月30日上午上班后,我与另一出纳彭大生从金库提回现金40万元,放进保险柜内的顶层。10时许,本市邮政财务科取走现金10万元。10时40分左右,我、彭大生以及其他工作人员外出吃饭,彭大生最后锁的门。因为那天大家高兴,吃饭吃到中午12点多才回来,反正是早餐中餐一起吃的。回来才发现我和彭大生等人的办公桌都被撬了,保险柜打开,保险柜里的30万元人民币不翼而飞。

公诉人谢:当时现场的情况怎么样?

宋彩霞:办公室的门没有被弄坏,就是后面的窗子铁条被锯断,犯罪分子肯定是从后窗进来作案,然后又从后窗出去的。

公诉人谢:彭大生是负责什么的?

宋彩霞:我和彭大生每人负责保管一把保险柜的钥匙,我们都是分行营业部的出纳。

公诉人谢:彭大生平时表现怎么样?

宋彩霞:为人挺好的,就是有点怀才不遇,经常开玩笑说只有给别人点票子的命。

公诉人谢:他经常这样说吗?

宋彩霞:经常说,不过这也是干我们这一行的通病。彭大生与他老婆的关系也挺好的,他老婆经常到我们那里来找他……

审判长:证人宋彩霞,回答问题要简练,与案情无关的话不要说。

公诉人谢:彭大生案发当时的表现怎么样?

宋彩霞:跟我一样,非常紧张和害怕。我们两个的责任太大了。

公诉人谢:后来呢?

宋彩霞：后来，彭大生与我们马上报了案。公安机关进行了现场勘验，分别找我们谈话。我们的心情也不好，一直守在办公室随时等待问话。一直到8月1日晚上，公安机关说我们可以回家了。我才松了一口气。

公诉人谢：第二天彭大生来上班了没有？

宋彩霞：再也没有来过，后来听说他携款潜逃了，我们简直不敢相信。

公诉人谢：审判长、审判员，我的话问完了。

审判员李：被告人和辩护人，你们有话要问证人吗？

（第一被告人、第二被告人以及他们的辩护人都表示没有）

审判员李：请法警领证人宋彩霞暂时退庭。公诉方继续举证。

公诉人谢：现在出示我方的第三份证据材料——银行巨款被盗现场的勘查笔录。

审判员李：请公诉人宣读勘查笔录。

公诉人谢：铜川市公安局刑侦大队现场勘查笔录。1998年7月30日中午12时20分左右，我刑侦大队8值班室接到铜川市分行营业部保险柜被盗的报案电话，我队当即派人前往案发现场勘查。案发现场没有遭到破坏，出纳办公室的房门完好无损，办公室后窗的两根钢筋铁条被锯断并扳歪，现场发现有踏痕和模糊的鞋印，但钢筋护栏铁条被锯断处周围，没有发现明显的金属粉末。办公室的几个抽屉被撬，其中出纳彭大生和宋彩霞存放保险柜钥匙的抽屉被破坏得最为厉害。经现场认真搜索后，未发现其他物证。现场勘查于当日下午3时结束，提取了现场鞋印、被锯断的铁条、被撬的锁等物品，拍摄了现场照片20张，绘制了现场图2张，复印了当日资金进账的明细表，并询问了出纳彭大生、宋彩霞和保安向福生的有关情况，制作了现场笔录1份。在对现场的勘查和相关人员的询问后，经初步分析认为：该盗窃案是有预谋的，后窗铁条在案发前就已经被锯断。犯罪分子可能是男性，并且是单人作案。另据出纳宋彩霞反映当天的现金都是面值为100元的1990年版新钞，号码从××××至××××。其中邮政财务科提走的10万元没有记录号码。也就是说，被盗的30万元钞号是从记录钞号中除去邮政财务科提走的1000张钞票的号码。勘查人，铜川市刑侦大队副队长郑明，队员金石松、孙加委。现场见证人，宋彩霞、彭大生。现场记录人刘银河。1998年7月30日。

审判员李：被告人和辩护人，你们对刚才宣读的勘查笔录有何异议？

第一被告人的辩护人：没有。

（审判员李示意公诉人谢继续举证）

公诉人谢：现在出示我方的第四份证据材料——关于鞋印、锁痕和铁条锯痕的物证鉴定书。请法庭传鉴定人柳同出庭宣读物证鉴定书。

审判员李：传鉴定人柳同出庭宣读物证鉴定结论。

（鉴定人柳同在法警的带领下来到证人席，法庭对其核实身份、告知如实提供鉴定结论和作虚假鉴定要负的法律责任，并且要求其在如实说明鉴定结论的保证书上签名。具体操作与前述针对证人的方式同）

鉴定人柳同：物证鉴定书。根据铜川市公安刑侦大队先后送来的鞋印、锁痕、铁条锯痕和鞋样、中号螺丝刀、起子以及钢锯条的样本，本鉴定中心对其一一进行了仔细的鉴定，发现鞋印、锁痕、铁条锯痕和送来的鞋样、螺丝刀、起子及钢锯条样本基本相符。而且铁条断处的锯痕接口很好，没有折断崩碎的情况，如果不仔细观察，很难看出断痕。结论：送检的样本和鞋印、锁痕、铁条锯痕相符。锯断铁条系案前精心准备所为，不是案发当时所为。鉴定人，柳同。铜川市中级人民法院司法鉴定中心。1998 年 8 月 12 日。

公诉人谢：鉴定人，你鉴定的鞋印、锁痕和铁条锯痕，是从哪里来的？

鉴定人：是公安刑侦大队先后送来的现场勘查照片和提取的实物。

公诉人谢：刚才你说的"先后送来"是什么意思？

鉴定人：勘查照片、被撬坏的锁和断铁条是 8 月 3 日送来的，鞋样、螺丝刀和起子是 8 月 11 日送来的，据送样品来的同志说，案件基本可以告破了。

公诉人谢：你鉴定的鞋样、起子和螺丝刀就是这几件吗？

鉴定人：能将东西给我过目一下吗？

审判员李：请法警将公诉方出示的东西给鉴定人辨认。

鉴定人：是的，就是这些。

公诉人谢：审判长、审判员，我的话问完了。

第一被告人的辩护人：审判长、审判员，我想询问鉴定人几个问题。

审判员李：准许。

第一被告人的辩护人：请问鉴定人，你刚才开始时讲的"基本相符"，鉴定结论部分又讲"相符"，是否是前后矛盾？

公诉人张：抗议，辩护人在诱导鉴定人。

第一被告人的辩护人：我是在澄清事实，请法庭支持。

审判长：抗议无效。鉴定人必须回答。

鉴定人：这样说，是因为其中的鞋印在照片上看比较模糊，但大体轮廓和粗纹仍然清楚。后来结论中说相符，是根据鉴定经验和送检方提供的其他材料认定的。

第一被告人的辩护人：我的话问完了。

审判员李：其他被告人和辩护人，对鉴定结论还有什么异议吗？

（其他被告人和辩护人均回答：没有）

审判员李：请法警领鉴定人暂时退庭。公诉方继续举证。

公诉方谢：现在出示我方的第五份证据材料——从被告人吴宁友家中提取的鞋样、起子和螺丝刀。

审判员李：请法警将公诉方证据交第一被告人及其辩护人质证。

审判员李：被告人吴宁友，这些东西都是你的吗？

第一被告人：是的。

审判员李：第一被告人的辩护人，你对这些证据有什么异议吗？

第一被告人的辩护人：没有。

审判员李：请法警将上述物证交本庭书记员处登记。

公诉人谢：现在出示我方的第六份证据——从被告人吴宁友家中搜出的3万元现金钞样和装钱用的蛇皮袋。

（法警将现金钞样和袋子交由被告人吴宁友辨认）

公诉人谢：被告人吴宁友，这些现金钞样和蛇皮袋是不是从你家里搜出来的？

第一被告人：钱我不好说，袋子是我的。

公诉人谢：现在出示我方的第七份证据——两名被告人的供述和辩解。一份是第一被告人吴宁友的，另一份是第二被告人陈莲的。

审判员李：请公诉人宣读被告人的供述和辩解。

公诉人谢：被告人吴宁友的供述和辩解。我叫吴宁友……以上是我的整个作案经过，我现在很后悔听信彭大生的激将法，犯下了如此贪污大罪。但我在整个案件中处于被动地位，整个犯罪过程都是彭大生一手策划的，我错就错在哥们儿义气，不懂法律，所以，恳请司法机关对我予以宽大处理。吴宁友，1998年11月5日。

审判员李：被告人吴宁友，刚才的供述和辩解是否属实？

第一被告人：属实。

公诉人谢：被告人吴宁友，出纳办公室后窗的铁条是你锯断的吗？

第一被告人：不是，是彭大生。他提前两天就准备好了，并且告诉我万无一失。

公诉人谢：在你7月30日早晨进入营业部时，是否在登记簿上签了名？

第一被告人：我没有签，是彭大生签的。

公诉人谢：签的什么名字？

第一被告人：具体记不太清楚了，好像是，是马什么？

公诉人谢：马胜利？

第一被告人：是，好像是"马胜利"。

公诉人谢：你进入营业部后，藏在什么地方？

第一被告人：彭大生把我藏在一个大壁柜里。

公诉人谢：你是怎样找到保险柜钥匙的？

第一被告人：一把是彭大生临去吃饭的时候给的，并告诉我可以动手了。

公诉人谢：另一把呢？

第一被告人：另一把是我撬锁得来的。

公诉人谢：你怎么知道另一把钥匙在哪里呢？

第一被告人：是彭大生事先指示给我看过的。

公诉人谢：那你为什么还要撬彭大生的办公桌？

第一被告人：是彭大生事先交代的，说这样才能不让人怀疑。

公诉人谢：下面是被告人陈莲的供述和辩解。我叫陈莲……以上是我的整个作案经过，我因为不懂法律，不敢去司法机关举报我丈夫和吴宁友的贪污盗窃犯罪行为，还一厢情愿地去找吴宁友并告诉他们约定的见面地点。经过司法人员的工作，我认识到了自己行为的严重性，恳请司法机关看在我为维护家庭亲情的份上，对我从轻处罚。陈莲，1998 年 11 月 8 日。

审判员李：被告人陈莲，刚才公诉人宣读的供述和辩解，是否属实？

第二被告人：属实。

审判员李：公诉方，还有没有其他证据需要向本庭提供？

公诉人谢：没有了。

审判员万：公诉方举证完毕，现在由被告人和辩护方举证。先由第一被告人和辩护方举证。

第一被告人的辩护人：审判长、审判员，我方有两份证据可以表明我方当事人自始至终是处于作案的从属地位的。第一份证据是在逃犯罪嫌疑人彭大生在案发前写给吴宁友的短信，请法庭允许我宣读。

审判员万：准许。

第一被告人的辩护人：友哥，这个年头，干什么事都离不开钱，毕竟世上万物，钱才是第一"通货"。现在有机会发大财，关键需要你出手相助，因为别人我信不过。希望有机会与你再详细面谈。彭大生，1998 年 7 月 2 日。

审判员万：被告人吴宁友，信中的"友哥"是谁？

第一被告人：就是我。大家平时喜欢叫我"友哥"。

审判员万：公诉方对该证据有何异议？

公诉人张：没有。

第一被告人的辩护人：我方的第二份证据是第二被告人陈莲在 8 月 2 日见面时交给吴宁友的纸条。内容是："友哥，具体情况我老婆会跟你讲，你要么将钱给我老婆带回，要么想办法明天在青年旅社见面再说。彭。"

审判员万：公诉方对该纸条是否有异议？

公诉人张：有。这张纸条且不说其真实性如何，对本案的主从犯罪没有什么说服力。

审判员万：第二被告人陈莲，该纸条是否属实？

第二被告人：属实。

审判员万：被告人吴宁友，你是在什么情况下见到陈莲的？

第一被告人：她打电话约我的。

审判员万：陈莲有没有要你带上钱？

第一被告人：没有。考虑到安全问题，我就没带钱去。

审判员万：陈莲见到你怎么说？

第一被告人：没说什么，把纸条交给我后，只是哭。

审判员万：你怎么说？

第一被告人：我说了几句安慰的话，陈莲说"我不管你们的屁事"，说完就走了。

审判员万：被告人陈莲，第一被告人刚才说的情况是否属实？

第二被告人：属实。

审判员万：被告人陈莲，你有什么其他证据需要向本庭提供的吗？

第二被告人的辩护人：没有。

（三）法庭辩论

审判长：经过刚才的举证和质证，本庭对公诉方提供的七份证据材料的真实性、合法性和关联性予以认定。对第一被告方提供的两份证据材料的真实性和合法性予以认定，对于其与本案的关联程度和作用，暂不作认定。至此，法庭调查结束。现在进行法庭辩论。

审判长：法庭辩论拟在本庭主持下，按照下列顺序进行：①公诉人发言；②被告人自行辩护；③辩护人辩护；④控辩双方进行辩论。

审判长：现在先由公诉方发言。

公诉人刘：审判长、审判员，根据《中华人民共和国刑事诉讼法》第 153 条、第 160 条、第 165 条、第 169 条的规定，我们受铜川市人民检察院的指派，代表本院，以国家公诉人的身份，出席法庭支持公诉，并依法对刑事诉讼实行法律监督。现对本案证据和案件情况发表如下意见,请法庭予以考虑。根据刚才的法庭举证和质证,可以看出,被告人吴宁友与在逃犯罪嫌疑人彭大生合伙实施了这起盗窃贪污案;现场勘查笔录和证人宋彩霞的证言,足以认定在逃嫌疑人彭大生与人合伙犯罪,证实本案为一起有预谋的犯罪,并且可以发现门卫登记簿上的"马胜利"有较大嫌疑;证人向福生当庭指认的登记簿上的"马胜利"就是被告人吴宁友;鉴定结论也表明案发现场的鞋印、锁痕和后来在被告人吴宁友家中提取的鞋样、起子和螺丝刀相吻合;在被告人家中搜出的 3 万元现金钞样和蛇皮袋,也可以证实被告人就是本案的共犯之一。因为蛇皮袋在刚才的法庭调查中,已经被告人吴宁友指认,钞样的号码与案发当天的现金进账的钞票号码范围完全相符。被告人吴宁友对本案的犯罪事实亦供认不讳。至于被告人吴宁友的辩护律师提出的两份证据,不能证明其具有从犯的法定情节。我们认为,被告人吴宁友在本案中与彭大生系共同实行犯,没有主从之分,要说主犯和从犯,吴宁友本人也是主犯。对于被告人陈莲的窝藏犯罪行为,在公安机关的移送起诉意见书中多有涉及,该意见书称,公安机关对彭大生家采取搜查时,被告人陈莲故意拖延,干扰执法,致使犯罪嫌疑人彭大生逃脱,这一点,被告人陈莲在侦查阶段的供述和辩解中也供认不讳,加之刚才法庭调查中第一被告方提供的纸条也足以说明问题。可见,本案两名被告人的犯罪事实清楚、证据确实充分。综上所述,我们认为,依照《中华人民共和国刑法》第382条和第310条之规定,被告人吴宁友的行为已构成贪污罪,被告人陈莲的行为已构成窝藏罪;而两名被告人吴宁友和陈莲均不具备法定从轻处罚的情节。公诉人,刘建国。1998年12月1日。

审判长:现在由第一被告人吴宁友自行辩护。

第一被告人:审判长、审判员,我对自己的犯罪行为后悔不已。只是看在我一时糊涂的份上,要不是彭大生……

审判长:被告人吴宁友,只说你的观点或者新的看法,重复的话不要说。

第一被告人:我是从犯,要严惩彭大生,否则我不心甘。

审判长:你还有什么要补充的吗?

第一被告人:没有了。

审判长:现在由第一被告人的辩护人进行辩护发言。

第一被告人的辩护人:审判长、审判员,陕西省铜牙律师事务所接受被告人吴宁友的委托,指派我担任本案的辩护人。接受委托后,我对案件情况仔细地进行了了解,通过刚才的法庭调查,兹发表以下辩护意见,请法庭予以充分的考虑:首先,被告人吴宁友自始至终都是处于从属和被动的地位,其作用是次要和辅助的,是哥们儿义气和逞能思想在作怪。根据现行《中华人民共和国刑法》第 27 条的规定,对其应当从轻、减轻或者免除处罚。其次,被告人吴宁友在分钱时听凭给多少是多少的行为,足以说明他没有非法占有 30 万元人民币的意图,顶多只能对自己分得的 3 万元负刑事责任。以上事实,可由我方提供的两份证据材料及被告人侦查阶段的供述和辩解佐证。我的发言完了,谢谢!

审判长:现在由第二被告人陈莲自行辩护。

第二被告人:希望审判长、审判员从宽处罚。

审判长:你还有什么要补充的吗?

第二被告人:没有了。

审判长:现在由第二被告人的辩护人进行辩护发言。

第二被告人的辩护人:审判长、审判员,铜川市天平律师事务所接受被告人陈莲的委托,指派我担任本案的辩护人。我接受委托后,仔细查阅了案卷,经过与我的当事人谈话,加之通过刚才的法庭调查,发表以下辩护意见,请法庭予以充分考虑:我的当事人在本案中的行为实际上是一种典型的"知情不报",其违法性和错误性显然是不容否认的。但她并没有窝藏犯罪嫌疑人彭大生和转移赃款的意图,也没有实现窝藏的行为,虽然她受彭大生之托去找吴宁友,但她并不想管他们的事,可怜的女人,在这种情况下,只能是哭泣和沉默,一方面恨丈夫不争气,另一方面又没有胆量去报案,怀着一丝侥幸的心理,但愿丈夫的犯罪行为不被发现。在公安机关前来搜查的时候,我的当事人是不太主动配合,但也没有实施什么蛮横的阻碍行为,纯粹是出于一种自我保护的本能。试想为人妻者,又有谁能如此超然呢?如果我的当事人陈莲的这种行为就是窝藏罪的话,那么,所有天下犯罪人的家属都有可能构成窝藏罪。这样的法律又还有什么意义呢?……

审判长:辩护人,说话要简练,与本案无关的话不要说。

第二被告人的辩护人:好的。总之,我认为,被告人陈莲的行为不具备窝藏的故意,而且情节轻微,不足以构成窝藏罪,而且考虑到她的认识态度,请求法庭无罪释放或者免予刑事处罚。我的发言完了,谢谢!

审判长:现在进入自由辩论阶段。控辩双方可就刚才的发言,围绕全案的事实、证据、适用法律等问题进行辩论。重点放在:①被告人吴宁友在本案中是否是从犯,是否只要对分得的 3 万元赃款负刑事责任。②被告人陈莲的行为是否构成窝藏罪。控辩双方尽可能简要发言,多余的、重复的话就不要再说。禁止辩论过程中的人身攻击和起哄。

公诉人张：公诉方认为，本案中被告人吴宁友不是从犯，他和在逃犯罪嫌疑人合伙共同贪污没错，但并不是每个共同犯罪案件中都有主犯和从犯，本案中其实吴、彭二人都是实行犯罪行为的主犯。如果没有在逃犯罪嫌疑人彭大生的主要作用，就不能顺利达到内外结合窃取巨款的目的。但如果没有被告人吴宁友的撬锁开柜行为，30万元也不会自动到手。所以，本案中二人与其说是主从，不如说是互相配合，二者都是主犯。被告人吴宁友不具备法定从轻的从犯情节。

第一被告人的辩护人：按照公诉方这么看来，可以说每一个共同犯罪案件中都无所谓主从之分，因为每个共同犯罪人的行为都是独立实施的，别人无法替代，都是一种互相配合的关系。那么，《刑法》规定主犯和从犯就显得毫无意义。而事实情况并不是这样的，本案的被告人吴宁友，自始至终都处在从属和被动的地位，如果没有在逃犯罪嫌疑人彭大生的怂恿和安排，吴宁友就不可能有去窃取保险柜的意图，而且根本不可能得逞。而且值得注意的是，本案中的被告人吴宁友自始至终对30万元巨额现金没有丝毫的占有欲望，缺乏共同贪污的主观恶性。这个案件，其实换上别人照样能干成，不管是吴宁友还是别的什么刘宁友、李宁友、张宁友或者王宁友。但是，如果离开了彭大生，任凭是谁都难以成功，何况像本案这样轻而易举。所以，被告人吴宁友只能是从犯。不知道身为国家公诉人，连这点起码的常识都不了解，究竟做何感想！

审判长：辩护人，不能进行人身攻击，本庭对你提出警告！

第一被告人的辩护人：是。

审判长：你还有什么要说的吗？

第一被告人的辩护人：没有了。

公诉人张：公诉方同时还认为，被告人陈莲的行为构成了窝藏罪，其行为不仅仅是"知情不报"的问题。从她对公安机关搜查行动的不配合以及给被告人吴宁友送纸条的行为就足以认定。因为这两个行为是直接造成30万元现金被瓜分和犯罪嫌疑人彭大生逃脱后果的关键因素。

第二被告人的辩护人：我方当事人的行为其实只是出于一种人之常情的本能表现，并不具有窝藏赃款和犯罪嫌疑人的主观故意。如果对其追究窝藏犯罪，明显扩大了打击范围。所以，我方当事人陈莲的行为不符合窝藏罪的法定犯罪构成，不构成窝藏罪。

审判长：控辩双方还有什么要补充的吗？

（控辩双方均回答：没有）

审判长：鉴于控辩双方没有内容要补充，现在我宣布法庭辩论结束。

（四）被告人的最后陈述

审判长：根据《中华人民共和国刑事诉讼法》第 160 条之规定，法庭辩论终结后，被告人有最后陈述的权利。下面由被告人作最后陈述，先由第一被告人吴宁友陈述。

第一被告人：审判长、审判员，我为犯下的罪行而深感痛心，我现在唯一的想法，是希望人民政府能够早日将彭大生绳之以法，并且对我从宽处罚，否则我不甘心。这里，我再将整个犯罪的过程向法庭作最后的陈述，恳请法庭公正处理：今年 7 月月初，彭大生多次找我商议盗窃他与另一出纳共同管理的保险柜内的现金，我没同意。后彭大生多次约我吃饭、喝酒，做我的工作，并把他的计划、安排告诉我，说保证没事，我的任务就是去把钱拿出来而已，其他事情一律由他来摆平。他又说："友哥，你要是胆小怕事，或者担心我给你的份额太少，那就算了。我只是把你当真朋友，没想到你这么不中用，不把我当真朋友。"并且他几次让我看他掌管的钥匙。我碍于面子，只好同意。彭大生即向我要了一把中号螺丝刀和一只蛇皮口袋放在他自己的办公桌内，又用事先准备好的钢锯条，将业务部的钢筋护窗栏锯断。7 月 23 日上午，彭大生将我带至铜川市分行业务部熟悉地形，并暗示了存放现金的保险柜和开启保险柜的另一把钥匙的存放地点。7 月 27 日晚，彭大生找到我，告知我近日将提款 40 万元存放保险柜的情况，并详细告诉了我作案的时间、步骤、开启保险柜的方法及进出路线等。

7 月 30 日大清早，彭大生将我带进该行业务部套间，藏在自己保管的大壁柜内。后来，他进入套间向我指认了放款的保险柜，后与其他本行职员聊天。再后来，彭大生乘其他工作人员外出吃饭离开办公室之际，打开壁柜将自己保管的那把保险柜钥匙交给我，并告知人都走了，他跟着就离开业务部去吃饭了。我急忙撬开另一出纳员的办公桌抽屉，取出另外一把保险柜钥匙，打开保险柜将一大堆人民币装入蛇皮袋里，又在办公室将彭大生等人的办公桌撬开，然后从后窗翻出办公室逃离现场。

回到家里后，我仔细一看，足有几十万元，开始紧张起来。8 月 2 日中午，彭大生的爱人陈莲找到了我，把彭大生写的纸条给了我，她也很害怕，只是不停地哭。当日下午，我依彭大生的要求到了青年旅社。8 月 3 日见面后，我和彭大生一同来到我家，我拿出蛇皮袋说钱都在里面。彭大生要我一起逃走，我不同意。彭大生即给我留下 3 万元，然后携带其余赃款潜逃。我拿着这 3 万元钱，真是度日如年，后来公安机关到我家里搜出了这些钱，我反倒不担心了，现在心里只恨自己不争气，也恨彭大生将我引上这样一条犯罪的路。

我将上述经过向法庭陈述，是想让人们以我为鉴，不要逞一时英雄。同时,恳请法庭考虑我的从犯地位,给我宽大处理,有重新做人的机会。谢谢!

审判长:现在由第二被告人陈莲作最后陈述。

第二被告人:审判长、审判员,我在这个案件中是无辜的,我的丈夫彭大生平时与我的关系不错。他与吴宁友合伙贪污的事我开始一点也不知道。8月1日晚,他将作案经过告诉了我,我骂他不争气,放着好端端的日子不过,非要去犯罪。我丈夫求我,说他也是不得已,并要求我去找吴宁友,见面后再商量怎样办,现在事情已经出了,哭也没用。8月2日中午,我只好按我丈夫的要求找到了吴宁友,把他写的纸条给了吴宁友。吴宁友看我伤心,就劝我别哭。我说:"再也不管你们的屁事了。"至于公安机关来我家搜查,我是与他们发生了冲突,原因是公安局的一个小伙子态度蛮横,我心情不好,但我丈夫的逃跑我确实是没有料到的,也没有心思再去管他了。总之,我希望别人不要学我的样儿,要主动积极向政府报案,不要像我一样软弱和犹豫。我承认自己在本案中有重大错误,但我不至于构成犯罪,因为我从头到尾就没有想过怎样转移财产或者窝藏我丈夫。恳请法庭为我做主,对我从宽处理。谢谢!

(五)休庭评议

审判长:通过前面的法庭调查、法庭辩论和被告人的最后陈述,本案的事实争议不大,控辩双方的证据经过当庭举证和质证,本庭对公诉方的证据均予以采纳,对第一被告方提供的纸条和短信的真实性与合法性予以认定,但对其证明力暂不作认定。至此,本案的争议焦点有三:一是被告人是否属于从犯,具备法定从轻处罚的情节;二是被告人吴宁友是否只对他所分得的3万元赃款负刑事责任;三是被告人陈莲是否构成窝藏罪。

审判长:下面将休庭评议。本案实行定期宣判,具体时间另行通知。审理就到此为止。

审判长:请法警将两位被告人带出法庭重新羁押。

审判长:请控辩双方将当庭出示、宣读的证据,提交合议庭。

审判长:请书记员将法庭笔录交由证人阅读、补正并签名盖章。

审判长:休庭!

书记员:全体起立!

书记员:请审判长、审判员退庭。

书记员:请控辩双方与旁听人员退庭。

(六)定期宣判

(合议庭在宣告判决的前一天,公告了定期宣判的时间和地点,传唤了被告人并通知公诉人以及其他有关诉讼参与人参加)

时间：1998 年 12 月 25 日 9 时。

地点：铜川市中级人民法院第一刑事审判庭内。

书记员：全体起立！

书记员：请审判长、审判员到庭！

审判长：坐下。

书记员：报告审判长，被告人吴宁友贪污并被告人陈莲窝藏一案的公诉人和辩护人已到庭。法庭准备工作就绪，可以开庭。报告完毕。

审判长：铜川市中级人民法院公开审理被告人吴宁友贪污并被告人陈莲窝藏一案，现在继续开庭！

审判长：传本案第一被告人吴宁友到庭！

审判长：传本案第二被告人陈莲到庭！

审判长：本案经过法庭调查、法庭辩论、被告人员的当庭陈述以及后来的休庭评议，现在予以宣判。

审判长：铜川市人民检察院以铜检刑诉〔1998〕第 308 号起诉书，指控被告人吴宁友犯贪污罪、被告人陈莲犯窝藏罪，于 1998 年 9 月 25 日向本院提起公诉。本院依法组成合议庭，公开审理了本案。铜川市人民检察院指派检察员刘建国、张当归、谢园出庭支持公诉，辩护人马崇、刘金桂，证人宋彩霞、向福生，鉴定人柳同等到庭参加诉讼。现已审理终结。铜川市人民检察院指控被告人吴宁友与原中国人民银行陕西省铜川市分行业务部出纳彭大生（在逃），按照事先的约定盗窃彭大生与另一出纳共同管理的保险柜内的现金，然后通过熟悉地形、商量好详细的作案计划，于 7 月 30 日 10 时许，在彭大生的掩护和配合下，撬开另一出纳员的办公桌抽屉，取出保险柜的一把钥匙，并同彭大生给他的另一把保险柜钥匙，打开保险柜盗走 30 万元人民币。为了制造假象，吴宁友又在办公室将彭大生等人的办公桌撬开，然后从后窗翻出办公室逃离现场。破案后，从被告人吴宁友家中起获赃款 3 万元，其余 27 万元被犯罪嫌疑人彭大生携带潜逃。指控被告人陈莲明知其丈夫彭大生与被告人吴宁友伙同窃取银行巨额现金的情况下，为彭和吴牵线联系，转移赃款。检察院提供了上述犯罪事实的书证、物证、证人证言、鉴定结论以及被告人供述和辩解等证据佐证。

被告人吴宁友对自己的犯罪行为供认不讳，但辩称，自己并没有占有银行巨额现金的意图，只是受了彭大生的指使和怂恿，为了逞"英雄"和逞能而成了彭大生的替罪羊。被告人吴宁友的辩护人提出三点辩护意见，认为：①被告人吴宁友在本案中自始至终处于被动地位，系从犯；②被告人吴宁友的行为虽然构成贪污罪，根据罪责自负的原则，只应对其所拿的 3 万元赃款负刑事责任；③被告人吴宁友认罪态度较好，能主动交代所犯罪行，揭发同案犯彭大生的犯罪行径，请求法庭在量刑时予以考虑。

被告人陈莲对自己去找吴宁友的行为后悔不已，对指控的犯罪事实亦供认不讳，只是请求人民法院对其从轻处罚。被告人陈莲的辩护人认为，陈莲明知其丈夫与被告人吴宁友合伙盗窃了银行的巨额现金，仍然为他们带话和联络，其行为是违法的，但根据现行刑法关于窝藏罪的规定，陈莲并没有为彭大生和吴宁友转移财产和提供隐藏处所，彭大生携款潜逃时也没有与陈莲打招呼，而且在侦查机关来陈莲家进行搜查时陈莲主动交代了彭大生与吴宁友的犯罪情况。所以，被告人陈莲的行为只是一种知情不报和带话的违法行为，并不符合刑法关于窝藏罪的犯罪构成。对其不能以窝藏罪定罪和量刑。

经审理查明，1998年7月月初，中国人民银行陕西省铜川市分行业务部出纳彭大生（在逃），多次找被告人吴宁友商议盗窃彭与另一出纳共同管理的保险柜内的现金，吴未同意。后彭大生多次约吴吃饭、喝酒，做吴的工作，并把自己的作案计划、安排告诉吴，并且几次让吴看自己掌管的钥匙。吴宁友同意作案后，彭即向吴宁友要了一把中号螺丝刀和一只蛇皮口袋放在自己的办公桌内，又用事先准备好的钢锯条，将业务部的钢筋护窗锯断，为作案后逃离现场做准备。7月23日上午10时许，彭大生将吴宁友带至铜川市分行业务部熟悉地形，并暗示了存放现金的保险柜和开启保险柜的另一把钥匙的存放地点。7月27日晚，彭大生找到被告人吴宁友，告知其近日将提款40万元存放保险柜的情况，并详细告诉吴宁友作案的时间、步骤、开启保险柜的方法及进出路线等。

7月30日上午7时，彭大生将被告人吴宁友带进该行业务部套间，藏在自己保管的大壁柜内。其他工作人员上班后，彭大生与另一出纳从金库提回现金40万元，放进保险柜内的顶层。10时许，本市邮政财务科取走现金10万元。10时30分左右，彭进入套间向被告人吴宁友指示放款的保险柜，后与其他本行职员聊天。10时40分，彭大生乘其他工作人员外出吃饭离开办公室之际，打开壁柜将自己保管的保险柜钥匙交给吴宁友，并告知人都走了，自己即离开业务部去吃饭。被告人吴宁友撬开另一出纳员的办公桌抽屉，取出钥匙，打开保险柜，将30万元人民币装入旅行袋里，又在办公室将彭大生等人的办公桌撬开，然后从后窗翻出办公室逃离现场。8月1日晚，彭大生将作案经过告诉了其妻陈莲，让陈通知吴宁友带款在本市青年旅社等候。8月2日中午，被告人陈莲找到了吴，讲了彭的要求。当日下午，吴宁友依彭的要求到了青年旅社。8月3日见面后，二人一同来到吴宁友家，吴拿出蛇皮袋说钱都在里面。彭要吴一起逃走，吴不同意，彭即给吴留下3万元，然后携带其余赃款潜逃。破案后，从被告人吴宁友家中起获赃款 3 万元。以上事实,经过当庭举证、质证,控辩双方都没有异议,本院予以采纳。但对于第一被告人的辩护人辩护意见的第一点和第二点,本院不予采纳。因为第一被告人在整个盗窃过程中,虽然深受犯罪嫌疑人彭大生的影响,但其撬开另一出纳的抽屉、盗走 30 万元现金的行为,并不处于共同犯罪的从属和辅助地位,而是直接积极地实施了犯罪,其行为已符合主犯的犯罪构成。而且,30 万元都是吴宁友和彭大生共同窃取的,瓜分赃款只是一种犯罪已经构成情况下的后续行为,因而不能按照赃款的瓜分比例和多少来区分共同犯罪的主犯和从犯。对于第二被告人陈莲的辩护人的无罪辩护,根据我国现行刑法的规定和精神,所谓"知情不报",只是消极地不提供有关犯罪事实和犯罪分子的消息。但本案中,被告人主动积极地为被告人吴宁友和彭大生牵线带话,是本案中财产转移的关键行为。被告人陈莲的行为,已完全符合窝藏罪的犯罪构成。本院对于被告人陈莲的无罪辩护意见,不予采纳。

关于第一被告人吴宁友的犯罪行为定性问题,铜川市人民检察院和第一被告人的辩护人都认为是构成贪污罪的共同犯罪。理由是,在整个案件中,在逃犯罪嫌疑人彭大生利用经管银行现金的职务之便,授意、安排吴宁友盗窃巨额现金,且分得全部赃款的 90%。无论是采用共同犯罪应以主犯的犯罪性质认定罪名,还是根据《刑法》第 382 条第 3 款关于"与前两款所列人员勾结、伙同贪污的,以共犯论处"的规定,对第一被告人吴宁友的行为,都应认定为贪污罪。本院经审理查明,认为,在整个犯罪中,30 万元现金是被告人吴宁友单独窃取的,虽然彭大生对作案进行了周密的策划、带吴到其工作单位熟悉环境、为吴提供作案工具等,这仅是彭利用职务之便为吴实施盗窃制造条件,尚不足以取得现金。被告人吴宁友还必须撬得另一把保险柜钥匙才能取得现金。因此,对本案被告人吴宁友应以盗窃罪论处。

至于共同犯罪案件性质应以主犯的犯罪性质认定的说法,只是在新《刑法》实施以前"两高"《关于当前办理经济犯罪案件中具体应用法律的若干问题的解答(试行)》有所涉及,该解答指出:"内外勾结进行贪污或者盗窃活动的共同犯罪……应按其共同犯罪的基本特征定罪。共同犯罪的基本特征一般是由主犯犯罪的基本特征决定的。如果共同犯罪中主犯犯罪的基本特征是贪污,同案中不具有贪污罪主体身份的人,应以贪污罪的共犯论。如果共同犯罪中主犯犯罪的基本特征是盗窃,同案犯的国家工作人员不论是否利用职务上的便利,应以盗窃罪的共犯论处。"后来,全国人大常委会《关于惩治贪污罪贿赂罪的补充规定》(以下简称《补充规定》)则不再以主犯的犯罪性质来决定共同犯罪案件的性质,而是根据共同实行行为的性质来确定共同犯罪案件的性质。《补充规定》规定："与国家工作人员、集体经济组织工作人员或者其他经手、管理公共财物的人员勾结，伙同贪污的，以共犯论处。"但该《补充规定》已被后来的新刑法吸收而废止。现行《中华人民共和国刑法》第 382 条第 3 款"与前两款所列人员勾结，伙同贪污的，以共犯论处"的规定也没有将主犯的犯罪性质作为整个共同犯罪案件性质的依据，而关键要看共同犯罪是否是"伙同贪污"，也就是说，关键要看整个案件的共同故意和共同行为是否符合法定贪污罪的构成要件。可见，以主犯的犯罪性质来认定共同犯罪案件性质的说法已经被现行刑法所否定。本案中，虽然利用了在逃犯罪嫌疑人彭大生的职务便利，但这种便利只是提供了一种作案便利，如果没有被告人吴宁友单独的盗窃行为，30 万元银行巨额现金就不可能得到。何况，被告人吴宁友也不是什么从犯，其在整个案件中的作用一点也不亚于彭大生。总之，本案并非全部是利用彭大生的职务便利实施和完成的，不符合贪污共同犯罪的构成要件，因而不能定贪污罪。

综上所述，本院认为，铜川市人民检察院指控二被告人的犯罪事实清楚、证据充分，被告人陈莲的罪名成立，但对于被告人吴宁友指控的罪名不当。鉴于被告人陈莲的悔罪表现，可酌情从轻处罚。依照《中华人民共和国刑法》第 264 条第 1 项、第 310 条第 1 款、第 25 条第 1 款、第 26 条第 1 款、第 57 条第 1 款、第 72 条第 1 款的规定，特判决如下。

书记员：全体起立！

审判长：第一，被告人吴宁友犯盗窃罪，判处死刑，剥夺政治权利终身，并处没收财产人民币 1200 元；第二，被告人陈莲犯窝藏罪，判处有期徒刑 3 年，缓刑 4 年。本判决宣告后立即送达被告人、辩护人和提起公诉的人民检察院。如不服本判决，可在接到判决书的第 2 日起 10 日内，通过本院或者直接向陕西省高级人民法院提出上诉。书面上诉的，应当提交上诉状正本 1 份、副本 2 份。

书记员：请全体坐下。

审判长：控辩双方都听清楚了吗？

控辩双方：都听清楚了。

审判长：请法警将两位被告人带出法庭重新羁押。

审判长：请书记员将法庭笔录交由证人阅读、补正并签名盖章。

审判长：铜川市中级人民法院公开开庭审理被告人吴宁友贪污并被告人陈莲窝藏一案，现在审理完毕。现在我宣布：闭庭！

书记员：全体起立！

书记员：请审判长、审判员退庭。

书记员：请控辩双方与旁听人员退庭。

第三节　相关法律文书及卷宗整理

一、检察院起诉书

检察院起诉书的表述可参考如下格式：

××人民检察院起诉书

〔××××〕×字第××号

被告人的姓名、性别、年龄（出生年月日）、籍贯、民族、文化程度、单位、职务、住址、是否曾受过刑事处罚、被拘留或逮捕的年月日。

案由和案件来源。

犯罪事实和证据。

起诉的理由和法律根据。

此致

××人民法院

检察长（员）：×××（签章）

××××年××月××日

二、公诉意见书

公诉意见书的表述可参考如下格式：

××人民检察院公诉意见书

审判长、审判员（人民陪审员）：

根据《中华人民共和国刑事诉讼法》第××条的规定，我（们）受××人民检察院的指派，代表本院，以国家公诉人的身份，出席法庭支持公诉，并依法对刑事诉讼实行法律监督。现对本案证据和案件情况发表如下意见，请法庭注意。

（结合案情重点阐述以下问题：

第一，法庭调查的情况，概述法庭质证的情况、各证据的证明作用，并运用各证据之间的逻辑关系证明被告人的犯罪事实清楚，证据确实充分。

第二，根据被告人的犯罪事实、证据应适用的法律条款提出定罪及从重、加重、从轻、减轻处罚等意见。

第三,根据庭审情况,在揭露被告人犯罪行为的社会危害性的基础上,做必要的法制宣传和教育工作)

综上所述,起诉书认定本案被告人×××的犯罪事实清楚,证据确实充分,依法应当认定被告人有罪,并应(从重/加重/从轻/减轻)处罚。

公诉人:×××(签章)

××××年××月××日

三、辩护词、刑事代理词

(一)辩护词

法庭辩护词的主要结构:一般由前言、辩护理由、结束语三部分组成。

前言,主要有三项内容:一是申明辩护人的合法地位;二是讲辩护人在出庭前进行了哪些工作;三是讲辩护人对全案的基本看法。

辩护理由,是辩护词的核心内容,是辩护人为维护被告人的合法权益所要阐明的主旨,应该从被告人的行为事实出发,对照有关的法律规定,论证被告人无罪、罪轻或应该予以减轻甚至免除其刑事责任的意见和根据。因此,通常要围绕是否构成犯罪、属于何种罪名、有无从轻的法定条件以及诉讼程序是否合法等问题展开辩论和论述。

结束语,是对辩护词的归纳和小结,一般讲两个内容:一是辩护词的中心观点;二是向法庭提出对被告人的处理建议。

(二)刑事代理词

刑事代理词的主要结构:一般由前言、代理意见、结束语三部分组成。

前言,主要有三项内容:一是申明代理人的合法地位;二是讲出代理人在出庭前进行了哪些工作;三是讲明代理人对全案的基本看法。

代理意见,是刑事代理词的核心内容。刑事代理人为维护刑事被害人的合法权益,应该从被告人的行为事实出发,对照有关法律规定,论证被告人对被害人的侵害行为构成了犯罪,并提出追究被告人刑事责任的意见和根据。因此,通常要对被告人侵犯被害人合法权益的具体行为进行叙述,并围绕是否构成犯罪、属于何种罪名、有无从重的法定条件以及受到侵害的被害人的个人情况等问题展开论述,以配合和支持公诉。

结束语,是对上述代理意见的归纳和小结,一般讲两个观点:一是表明代理词的中心观点;二是向法庭提出与公诉词基本一致的对被告人的处理建议。

四、判决书

判决书的表述可参考如下格式：

××人民法院刑事判决书（一审公诉案件普通程序用）

〔××××〕×字第××号

公诉机关：××人民检察院

被告人：……（写明姓名、性别、出生年月日、民族、出生地、文化程度、职业或者工作单位和职务、住址和因本案所受强制措施情况等，现羁押处所）

辩护人：……（写明姓名、工作单位和职务）

××人民检察院以×检×诉〔××××〕××号起诉书指控被告人××犯××罪，于××××年××月××日向本院提起公诉。

本院依法组成合议庭，公开（或者不公开）开庭审理了本案。××人民检察院指派检察员×××出庭支持公诉，被害人×××及其法定代理人××× 、诉讼代理人×××，被告人×××及其法定代理人×××、辩护人××× 、证人×××，鉴定人×××，翻译人员×××等到庭参加诉讼。现已审理终结。

××人民检察院指控……（概述人民检察院指控被告人犯罪的事实、证据和适用法律的意见）

被告人×××辩称……（概述被告人对指控的犯罪事实予以供述、辩解、自行辩护的意见和有关证据）

辩护人×××提出的辩护意见是……（概述辩护人的辩护意见和有关证据）

经审理查明……（首先写明经庭审查明的事实；其次写明经举证、质证定案的证据及其来源；最后对控辩双方有异议的事实、证据进行分析认证）

本院认为……（根据查证属实的事实、证据和有关法律规定，论证公诉机关指控的犯罪是否成立，被告人的行为是否构成犯罪，犯的什么罪，应否从轻、减轻、免除处罚或者从重处罚。对于控辩双方关于适用法律方面的意见，应当有分析地表示是否予以采纳，并阐明理由）依照……（写明判决的法律依据）的规定，判决如下：

……〔写明判决结果。分三种情况：第一，定罪判刑的，表述为"一、被告人×××犯××罪，判处……（写明主刑、附加刑）（刑期从判决执行之日起计算。判决执行以前先行羁押的，羁押1日折抵刑期1日，即自××××年××

月××日起至××××年××月××日止）二、被告人×××……（写明决定追缴、退赔或者发还被害人、没收财物的名称、种类和数额）"。第二，定罪免刑的，表述为"被告人×××犯××罪，免予刑事处罚（如有追缴、退赔或者没收财物的，续写第二项）"。第三，宣告无罪的，无论是适用《中华人民共和国刑事诉讼法》第162条第（2）项还是第（3）项，均应表述为"被告人×××无罪"。]

如不服本判决，可在接到判决书的第2日起10日内，通过本院或者直接向××人民法院提出上诉。书面上诉的，应当提交上诉状正本1份、副本×份。

审判长：×××
审判员：×××
审判员：×××
××××年××月××日
（院印）

本件与原本核对无异。

书记员：×××

五、卷宗整理

开庭完毕后，诉讼相关法律文书应及时归档，装订成册，相关法律文书涉及控诉方的公诉意见书、被害人代理人的刑事代理词、辩护人的辩护词及法庭的刑事裁判书。书记员按照一定的顺序将本案的诉讼文书装订成册，经审判长签字后存档备查。

诉讼文书材料的排列顺序，总的要求是，按照诉讼程序的客观进程形成文书的时间顺序进行排列。刑事一审诉讼文书材料的排列顺序：①卷宗封面；②卷内目录；③案件移送书；④起诉书正本；⑤起诉书附件；⑥阅卷笔录；⑦准备庭笔录；⑧送达起诉书笔录；⑨审问笔录；⑩调查笔录或调查取证材料；⑪聘请、指定、委托辩护人的有关材料；⑫开庭前的通知、传票、提票等；⑬开庭公告；⑭审判庭审判笔录；⑮审判庭询问证人笔录；⑯辩护词、公诉词；⑰合议庭评议笔录；⑱案情报告；⑲审判委员会决议或记录；⑳判决书或裁定书、调解书原本和正本；㉑宣判笔录；㉒判决书和裁定书等送达回证；㉓抗诉书；㉔移送上诉案件报告或上诉案件移送书；㉕上级法院退卷函；㉖上级法院判决书或裁定书正本；㉗执行通知书存根和回执（释放证回执）；㉘赃、证物移送清单和处理手续材料；㉙备考表；㉚卷底。

卷宗材料装订成册的顺序如下：①卷宗封面；②卷内目录；③刑事起诉书；④判决目录；⑤公诉意见书；⑥代理词；⑦辩护词；⑧评议笔录；⑨判决书、裁定书；⑩卷底。

第四节　实验案例

一、实验案例一

案情：

被告人徐某，男，1994年11月3日出生，汉族，初中文化，农民，住辉县市薄壁镇某某村。因涉嫌故意杀人，于2010年10月19日被刑事拘留，因涉嫌犯抢劫罪，同年10月29日被逮捕。

被告人徐某因向被害人杜某借钱没有借到，而对杜某怀恨在心，产生了杀死杜某抢劫其财物的想法。2010年10月18日晚上，被告人徐某买了一把不锈钢小刀窜至辉县市城关镇西关村杜某开办的商业经营与家庭生活于一体的小百货商店。被告人徐某以买东西为由叫开店门后，趁杜某为其算账之际转到杜某身后，一手掐住杜某的脖子，一手将携带的不锈钢小刀插入杜某的后颈，因杜某反抗并大声呼救，被告人徐某逃离现场。杜某的损伤为轻伤。被告人徐某赔偿被害人杜某经济损失4000元，取得了被害人谅解。

二、实验案例二

案情：

被告人陈某与景某（另案处理）预谋销售假冒卷烟，景某在北京市朝阳区高碑店花园闸村、半壁店方家村分别设立办公室及两个烟库，用于销售假冒卷烟。1999年2月至5月间，陈某和景某又与吴某、方某、马某等人预谋由广州、福建等地，购买假冒卷烟并贩运来京销售。后吴某、方某等人将假冒的"三五"、"万宝路"、"红塔山"、"中华"等卷烟装入集装箱，经铁路、公路运输至北京市。马某负责接收假冒卷烟，并在北京广安门火车站货场调度员王建华（另案处理）的配合下将吴某等人用火车运到北京的假冒卷烟提出后，再用汽车运送到陈某及景某所指定的地点，由陈某和景某负责联系烟摊予以销售。其中，被告人陈某伙同他人共销售假冒卷烟金额661.5854万元；吴某销售假冒卷烟金额284.618万元；方某销售假冒卷烟金额19.26万元。马某帮助被告人吴某、方某等人将假冒卷烟运至被告人陈某、李某厂处，运送的假冒卷烟价值人民币 603.8783 万元。

1999 年 5 月,被告人李某、张某欲将被告人马某从铁路非法贩运至北京市的假冒"石林"、"金健"等卷烟 716 箱进行销售时,被查获。经北京市价格事务所鉴定,从李某、张某处收缴的假冒卷烟,共计价值人民币 34.511 万元。

经对案发后从陈某、马某、李某、张某等人处查获的卷烟进行鉴定,证实均为假冒他人注册商标的劣质卷烟。

三、实验案例三

案情:

某日,刘某在商场闲逛时,发现金店柜台内放有一条重 12 克、价值 3960 元的金项链,与自己所戴的镀金项链样式相同,遂产生以假换真的邪念。刘某假装以挑选项链为名,乘售货员不注意,用自己的镀金项链调换了上述纯金项链。次日,刘某将金项链卖掉,获赃款 2700 元。尔后,刘某又买得假金项链 5 条及涂改液等物品后,再次来到该商场金店,采用上述同样手段,以假换真换得一条重 10 克、价值 3300 元的金项链,前后共获得赃款 5200 元。案发后,刘某的认罪态度尚好,能积极退赃。其退交的金项链已发还被盗单位。

☞ **实验思考题**

1. 我国刑事一审普通程序中的开庭审理包括哪些诉讼阶段?
2. 刑事一审审判书主要包括哪些内容?
3. 如何整理卷宗?

第三章

刑事二审程序

☞ **实验教学目的**

1. 掌握刑事二审普通程序开庭审理的主要环节和流程。
2. 掌握刑事二审诉讼司法文书的书写。
3. 培养庭审表达和应变技能。

☞ **实验教学内容**

书写司法文书,演练刑事二审诉讼程序。

第一节 庭审程序及注意事项

第二审程序是指第一审人民法院的上一级人民法院对不服一审未生效的判决或裁定而提起上诉或抗诉的案件,依法进行重新审判的诉讼程序。第二审程序是审级制度的一部分,也是刑事诉讼中独立的一个阶段。启动第二审程序的诉讼行为包括上诉与抗诉。此外,第二审程序还应该受到上诉不加刑原则的限制。

一、提起上诉、抗诉的主体

（一）上诉人的范围

上诉是上诉人或其法定代理人不服地方各级人民法院的第一审判决、裁定,依法请求第一审人民法院的上一级人民法院对案件进行重新审理的诉讼活动。按照法律规定的精神,上诉人分为享有独立上诉权的人和享有不完全上诉权的人两类。根据《刑事诉讼法》第216条的规定,有权提出上诉的人有:被告人、自诉人及其法定代理人,经被告人同意的辩护人、近亲属,附带民事诉讼的当事人及其法定代理人。

1. 被告人、自诉人

被告人、自诉人在刑事诉讼中处于当事人的地位,人民法院的判决、裁定对他们具有最直接的利害关系。《刑事诉讼法》第216条第3款明确规定,"对被告人的上诉权,不得以任何借口加以剥夺",以此充分保障被告人、自诉人的上诉权。法律赋予他们独立的上诉权,只要他们在法定期限内提出上诉,即可启动二审程序,他们可以依据自己的意志行使上诉的权利,而不必经过任何人的同意。

2. 自诉人、被告人的法定代理人

法定代理制度是法律为保护无行为能力人和限制行为能力人的合法权益而设立的一种特殊制度。由于无行为能力人和限制行为能力人因年龄、认识等原因,难以充分维护自己的合法权益。为解决他们的诉讼权利行使的问题,法律特别设定由法定代理人维护其利益,并赋予法定代理人行使被代理人诉讼权利的权限。所以,自诉人、被告人的法定代理人因自诉人、被告人的上诉权利,而自然获得了独立的上诉权。法定代理人在行使上诉权时,不论自诉人、被告人是否同意,都不影响其上诉的法律效力。

3. 附带民事诉讼的当事人及其法定代理人

附带民事诉讼的当事人及其法定代理人依法享有独立的上诉权。根据《刑事诉讼法》第216条第2款的规定,他们行使权利的范围有限制,其只能就判决、裁定中的附带民事诉讼部分拥有上诉权。

4. 被告人的辩护人、近亲属

被告人的辩护人、近亲属享有不完全上诉权,他们提出上诉请求必须经过被告人的同意。这是因为,被告人的辩护人、近亲属的上诉行为属于帮助被告人行使上诉权的性质,他们的上诉应视为被告人的上诉,上诉的法律后果仍然由被告人承担,因此,他们的上诉行为不得与被告人的意志相违背。

(二)有权提起抗诉的机关

抗诉是地方各级人民检察院认为本级人民法院第一审的判决、裁定确有错误时,在法定期间内要求上一级人民法院对案件重新审理的诉讼活动。根据《刑事诉讼法》第217条的规定,有权按照第二审程序提出抗诉的只能是地方各级人民检察院。地方各级人民检察院如果认为本级人民法院的第一审判决、裁定确有错误的,有权向上一级人民法院提出抗诉。根据《刑事诉讼法》第218条的规定,地方各级人民检察院也可以基于被害人及其法定代理人的请求向上一级人民法院提出抗诉。

二、上诉、抗诉的理由

对于提出上诉的理由,《刑事诉讼法》没有规定任何限制性要求,上诉人只要不服第一审裁判,并在法定期限内提出了上诉请求,上诉就具有法律效力,第二审法院都应当审理。但为了使上诉更有说服力,更能使第二审法院明了其上诉的目的,上诉人也可以说明不服第一审判决的理由。至于上诉的理由是不是充分,都不影响上诉的成立。

根据《刑事诉讼法》第217条的规定,人民检察院必须是有充分、正确的理由认定第一审判决、裁定"确有错误"时,才能提起抗诉。作为我国的法律监督机关,在提出抗诉的时候,不仅要有明确的抗诉要求,还要明确说明抗诉理由。根据《人民检察院刑事诉讼规则》第397条的规定,人民检察院认为同级人民法院第一审判决、裁定有下列情形之一的,应当提起抗诉:①认定事实不清、证据不足的;②有确实、充分证据证明有罪而判无罪,或者无罪判有罪的;③重罪轻判,轻罪重判,适用刑罚明显不当的;④认定罪名不正确,一罪判数罪、数罪判一罪,影响量刑或者造成严重的社会影响的;⑤免除刑事处罚或者适用缓刑错误的;⑥人民法院在审理过程中严重违反法律规定的诉讼程序的。

三、上诉、抗诉的方式和程序

(一)上诉、抗诉的方式

根据《刑事诉讼法》第216条的规定,可以以书状或者口头的方式向上一级人民法院提出上诉。以书状方式提起上诉,即以提交上诉状的方式作出的上诉意思表示。以口头方式提出上诉,即上诉人向法院工作人员以口头明示的方法作出上诉意思表示的,人民法院应当制作笔录,由上诉人自行阅读后签名或盖章加以确认,或者由人民法院工作人员向上诉人宣读后,由其签名或盖章予以确认。

根据《刑事诉讼法》第221条的规定,地方各级人民检察院抗诉,只能以抗诉书的方式提出。这是因为,人民检察院是国家的法律监督机关,制作各种法律文件是其基本的业务工作,不存在能力上的障碍;而且以抗诉书的方式提出抗诉,也更能表明抗诉行为的严肃性。

(二)上诉、抗诉的程序

根据《刑事诉讼法》第200条的规定,上诉人上诉可以通过原审人民法院或者第二审法院两个途径提出。如果是通过原审人民法院提出上诉的,原审人民法院应当在3日以内将上诉状连同案卷、证据移送上一级人民法院,同时将上诉状副本送交同级人民检察院和对方当事人。如果直接通过第二审人民法院提出上诉,第二审人民法院应当在3日以内将上诉状交原审人民法院,原审人民法院将上诉状副本送交同级人民检察院和对方当事人,并将全部案卷、证据报送上一级人民法院。

地方各级人民检察院对同级人民法院第一审判决、裁定的抗诉,应当通过原审人民法院提出抗诉书,原审人民法院收到人民检察院抗诉书后,应当将抗诉书连同案卷、证据移送上一级人民法院,并且将抗诉书副本送交当事人,与此同时,人民检察院还必须将抗诉书抄送上一级人民检察院。上级人民检察院接到下级人民检察院抄送的抗诉书后,应就抗诉的理由和根据进行认真审核。如果认为抗诉不当,可直接向同级人民法院撤回下级人民检察院的这一抗诉,并且将撤回抗诉的情况通知下级人民检察院,下级人民检察院应当无条件执行。

四、上诉、抗诉的期限

对地方各级人民法院的第一审判决、裁定的上诉或者抗诉,应当在法定期限内提出。《刑事诉讼法》第219条规定:"不服判决的上诉和抗诉期限为十日,不服裁定的上诉和抗诉期限为五日。从接到判决书、裁定书的第二日起算。"附带民事诉讼判决或裁定的上诉和抗诉期限也按照刑事部分的上诉和抗诉期限确定。但如果附带民事诉讼是另行审判的,上诉、抗诉期限应当按照《中华人民共和国民事诉讼法》(以下简称《民事诉讼法》)规定的期限执行。

五、上诉、抗诉的撤回

撤回上诉或抗诉,实际上是上诉权、抗诉权行使的延续。因此,撤回上诉或抗诉在法律上应当是成立的,只是上诉人撤回上诉的行为和人民检察院撤回抗诉的行为,都必须在第二审人民法院作出裁判之前进行。

上诉人撤回上诉,如果是在法定的上诉期限内提出的,人民法院应当允许。如果撤回上诉的行为发生在上诉期满后,是否允许撤回,则需由第二审人民法院进行审查。第二审人民法院如果认为原判决认定事实清楚和适用法律正确、量刑适当的,应当裁定准许上诉人撤回上诉;如果原判决事实不清,证据不足,或者将无罪判为有罪、轻罪重判等,应当不准许撤回上诉,并按照上诉审程序进行审理。

　　人民检察院是代表国家行使抗诉权,是其法律监督职能的具体体现。人民检察院在提出抗诉后,如果认为抗诉有错误的,可以随时向人民法院撤回抗诉。如果人民检察院在抗诉期限内撤回抗诉的,第一审人民法院就不再需要向上一级人民法院移送案件了;如果是在抗诉期满后撤回抗诉的,第二审人民法院可以裁定准许,并通知第一审人民法院和当事人。

　　由于上诉或抗诉的提出,第一审裁判不能发生法律效力,其内容是否能够实施,需取决于第二审的结果。上诉和抗诉的撤回必然使这种不确定性发生变化。如果上诉、抗诉的撤回发生在上诉、抗诉期满以前的,第一审判决、裁定在上诉、抗诉期满之日起生效;如果上诉、抗诉的撤回发生在上诉、抗诉期满之后,第二审人民法院裁定准许的,第一审判决、裁定自第二审人民法院裁定书送达原上诉人或者抗诉的人民检察院之日起生效。

六、第二审程序的审判

　　(一)审判范围和全面审查原则

　　就目前而言,我国第二审程序采用的是全面审查原则。《刑事诉讼法》第222条规定:"第二审人民法院应当就第一审判决认定的事实和适用法律进行全面审查,不受上诉或者抗诉范围的限制。共同犯罪的案件只有部分被告人上诉的,应当对全案进行审查,一并处理。"其基本目的是要由不同主体在不同审级中从不同的角度对案件情况予以反复审查,从而纠正任何可能发生的错误,进而保证发现事实真相,以实现对案件的正确处理。同时,这也是强制性规定,排除了当事人的选择权,凸显了国家司法的强制性。

　　(二)全面审查的内容

　　(1)既要对原审裁判认定的事实进行审查,又要对法律的适用进行审查。

　　(2)既要对上诉、抗诉的部分进行审查,又要对未上诉、抗诉的部分进行审查。

　　(3)在共同犯罪的案件中,只有部分被告人上诉的,或者人民检察院只就第一审法院对部分被告人的判决提出抗诉的,第二审人民法院应当对全案进行审查,一并处理。既要对已经上诉的被告人的部分进行审查,又要对没有上诉的被告人的部分进行审查;既要对被提起上诉或抗诉的被告人的部分进行审查,也要对未被提起上诉或抗诉的被告人的问题进行审查。

　　共同犯罪的案件,如果提出上诉的被告人死亡,其他被告人没有上诉的,第二审人民法院仍应当对全案进行审查。死亡的被告人不构成犯罪的,应当宣告无罪;审查后认为构成犯罪的,应当宣布终止审理。对其他同案被告人仍应当作出判决或者裁定。

（4）既要对实体方面进行审查，又要对程序方面进行审查。

（5）对附带民事诉讼的上诉案件，不仅要审查民事部分，还要审查刑事部分。如果第一审判决的刑事部分并无不当，则第二审人民法院只需就附带民事诉讼部分作出处理。如果第一审判决附带民事部分事实清楚、适用法律正确的，应当以刑事附带民事裁定维持原判，驳回上诉、抗诉。

附带民事诉讼案件，只有附带民事诉讼的当事人和他们的法定代理人提出上诉的，第一审刑事部分的判决在上诉期满后即发生法律效力。应当送监执行的第一审刑事被告人是第二审附带民事诉讼被告人的，在第二审附带民事诉讼案件未审结之前，可以暂缓送监执行。

（三）第二审的审理方式

第二审的审理方式可以分为开庭审理和不开庭审理两种。

1. 开庭审理的方式

开庭审理，是指第二审人民法院审理上诉、抗诉案件，在检察人员和诉讼参与人直接参加下，进行法庭调查、法庭辩论，听取被告人最后陈述，然后进行评议和宣判的审理方式。根据《刑事诉讼法》第 223 条的规定，开庭审理的方式适用于以下四类案件：①被告人、自诉人及其法定代理人对第一审认定的事实、证据提出异议，可能影响定罪量刑的上诉案件；②被告人被判处死刑的案件；③人民检察院抗诉的案件；④其他应当开庭审理的案件。

按照《刑事诉讼法》第 231 条的规定："第二审人民法院审判上诉或者抗诉案件的程序，除本章已有规定的以外，参照第一审程序的规定进行。"其不同于第一审程序之处是：①法庭调查阶段，审判长或者审判员宣读第一审判决书、裁定书后，由上诉人陈述上诉理由或者由检察人员宣读抗诉书；如果是既有上诉又有抗诉的案件，先由检察人员宣读抗诉书，再由上诉人陈述上诉理由；法庭调查的重点是要针对上诉或者抗诉的理由，全面查清事实，核实证据。②法庭辩论阶段，上诉案件，应当先由上诉人、辩护人发言，再由检察人员发言；抗诉案件，应当先由检察人员发言，再由被告人、辩护人发言；既有上诉又有抗诉的案件，应当先由检察人员发言，再由上诉人、辩护人发言，然后依次进行辩论。③辩论终结后，上诉人（原审被告人）有权进行最后陈述。④共同犯罪案件，没有提出上诉的和没有对其判决提出抗诉的第一审被告人，应当参加法庭调查，并可以参加法庭辩论。⑤共同犯罪案件，没有提出上诉的和没有对其判决提出抗诉的第一审被告人，应当参加法庭调查，并可以参加法庭辩论。

2. 不开庭审理的方式

《刑事诉讼法》第223条第2款规定："第二审人民法院决定不开庭审理的,应当讯问被告人,听取其他当事人、辩护人、诉讼代理人的意见。"不开庭审理的方式,是第二审人民法院审理上诉、抗诉案件,经过阅卷,讯问被告人,听取其他当事人、辩护人、诉讼代理人的意见后,认为案件事实清楚,不开庭即作出判决或裁定的审理方式。也有人称为调查讯问的审理方式。

不开庭审理的方式,只适用于事实清楚的上诉案件。合议庭通过问卷,全面审查案件事实和相关证据,以便查明案件事实是否清楚,证据是否确实充分,第一审裁判适用法律是否正确,量刑是否恰当,诉讼程序是否合法。但不开庭审理并不是单纯的书面审理,合议庭必须讯问被告人,听取其他当事人、辩护人、诉讼代理人的意见后,经合议庭评议,如果认为案件事实与第一审认定的没有变化,证据确实充分的,即可以作出相应的处理决定。

七、审理后的处理

（一）对上诉、抗诉案件的处理

根据《刑事诉讼法》第225条和第227条的规定,第二审法院对上诉、抗诉的案件进行审理后按照不同情况作出不同的处理:

（1）用裁定驳回上诉、抗诉,维持原判。原判决认定事实和适用法律正确、量刑适当的,应当裁定驳回上诉或者抗诉,维持原判。

（2）用判决直接改判。改判有三种情形:①原判决认定事实没有错误,但适用法律有错误的,应当改判。②原判决认定事实没有错误,但量刑不当的,应当改判。③原判决事实不清楚或者证据不足,第二审法院能够自行查证的,可以在查清事实后改判。

（3）用裁定撤销原判,发回原审人民法院重新审判。撤销原判,发回重审的情形有两种:①原判决事实不清楚或者证据不足的,可以撤销原判,发回原审人民法院重新审判。②第一审人民法院违反法律规定的诉讼程序的,应当撤销原判,发回原审人民法院重新审判。违反法定程序的情形有:违反《刑事诉讼法》有关公开审判的规定的;违反回避制度的;剥夺或者限制了当事人的法定诉讼权利,可能影响公正审判的;审判组织的组成不合法的;其他违反法律规定的诉讼程序,可能影响公正审判的。

对于原审人民法院判决事实不清楚或者证据不足,第二审人民法院裁定撤销原判,发回原审人民法院重新审判的案件,原审人民法院作出判决后,被告人再次提出上诉或者人民检察院提出抗诉的,第二审人民法院应当依法作出判决或者裁定,不得再发回原审人民法院重新审判。

（二）对附带民事诉讼案件的处理

第二审人民法院对附带民事诉讼案件的处理,应当根据上诉、抗诉的不同情况,分别予以处理:

（1）第二审人民法院审理刑事附带民事诉讼的上诉、抗诉案件,对全案进行审查后,如果第一审判决的刑事部分并无不当,第二审人民法院只需就附带民事诉讼部分作出处理;如果第一审判决附带民事部分事实清楚、适用法律正确,应当以刑事附带民事裁定维持原判,驳回上诉、抗诉。第二审人民法院审理刑事附带民事上诉、抗诉案件,如果发现刑事和民事部分均有错误需依法改判的,应当一并改判。

（2）第二审人民法院审理对刑事部分提出的上诉、抗诉,附带民事诉讼部分已经发生法律效力的案件,如果发现第一审判决或者裁定中的民事部分确有错误,应当对民事部分按照审判监督程序予以纠正。

（3）第二审人民法院审理对附带民事诉讼部分提出的上诉、抗诉,刑事部分已经发生法律效力的案件,如果发现第一审判决或者裁定中的刑事部分确有错误,应当对刑事部分按照审判监督程序进行再审,并将附带民事诉讼部分与刑事部分一并审理。

（4）第二审人民法院对附带民事诉讼进行审理时,如果第一审民事原告人增加独立诉讼请求或者第一审民事被告人提出反诉的,第二审人民法院可以根据当事人自愿的原则就新增加的诉讼请求或者反诉进行调解,调解不成的,告知当事人另行起诉。

（三）对自诉案件的处理

第二审人民法院在审理当事人上诉的自诉案件时,可以对诉讼的双方进行调解,当事人也可以自行和解。调解结案的,第二审人民法院应当制作调解书,第一审判决、裁定即视为自动撤销;当事人自行和解的,由第二审人民法院裁定准许撤回自诉,并撤销第一审判决或者裁定。第二审人民法院对于调解结案或者当事人自行和解的自诉案件,被告人被采取强制措施的,应当立即予以解除。在第二审程序中,自诉案件的当事人提出反诉的,第二审人民法院应当告知其另行起诉。

八、上诉、抗诉案件的审判期限

根据《刑事诉讼法》第 232 条第 1 款的规定,第二审人民法院受理上诉、抗诉案件,应当在 2 个月以内审结。对于可能判处死刑的案件或者附带民事诉讼的案件,以及有本法第 156 条规定情形之一的,经省、自治区、直辖市高级人民法院批准或者决定,可以延长 2 个月;因特殊情况还需要延长的,报请最高人民法院批准。

第二节　示范案例及庭审操作示范

一、庭前准备工作

刑事诉讼第二审普通程序审理的公诉案件,由原审法院移送上诉法院受理。案件经二审法院立案庭立案登记后,于 2 日内将案件移送刑事审判庭审理。案件决定开庭审理的,合议庭应当在确定开庭日期后做好如下准备工作:

(1) 如被告人在押的,向看守所发送《换押票》,将被告人换为二审法院羁押。

(2) 在开庭 10 日前向检察院发送《阅卷通知书》,通知检察院派员阅卷。

(3) 确认被告人是否委托辩护人。如需为被告人指定辩护人的,应当在开庭 10 日前将指定辩护通知书和起诉书副本送交提供法律援助的机构。

(4) 在开庭 3 日前,将开庭通知书、开庭传票和出庭通知书分别送达检察机关、当事人和辩护人、法定代理人、证人、鉴定人、勘验检查笔录制作人、翻译人员等。公开审判的案件还应发布开庭公告。

(5) 控告方提供新证据的,开庭前向被告方开示。没有新证据的,二审案件一般不组织开庭前证据开示。开庭前,承办法官应当认真阅卷,制作《阅卷笔录》。其他合议庭成员阅卷时,可以就《阅卷笔录》和庭审提纲提出修改意见。审判长认为开庭前需要就案件的有关问题进行合议的,可以召集合议庭评议。

二、开庭准备和开庭宣布

(1) 开庭前准备。书记员应先期到达法庭,做好开庭前准备工作。

(2) 法官入庭和报告庭审前准备情况。准备工作就绪后书记员向审判长报告:法庭准备工作就绪,请审判长主持开庭。

(3) 核对确认出庭人员的身份。经核对出庭人员的身份并确认无异后,审判长即宣布:经法庭当庭核对确认,出庭的人员符合法律规定,准予参加本案的庭审活动。

（4）传唤被告人并查明情况。被告人到庭后，审判长查明被告人的情况。

（5）宣布开庭、案名、案件由来、审理程序和方式。

审判长先敲击法槌，然后庄严宣布：××人民法院现在开庭！

宣布案名：本案审理的是，抗诉机关（原公诉机关）××人民检察院（指控）原审被告人（上诉人）×××犯……罪一案。原一审案名中的"公诉机关"和"被告人"的称谓根据抗诉或上诉的情况确定。

宣告案由：……（抗诉机关或者上诉人）因本案，不服××人民法院于……（时间）作出的……（案号）判决，于……（时间）向本院提起抗诉（上诉）；本院于……（受理时间）受理本案。（有关延长审限等程序上的情节也可以一并说明）

宣告审理的方式和程序：依照《中华人民共和国刑事诉讼法》第三编第三章"第二审程序"的规定，本庭按照第二审程序，公开开庭审理本案。

如案件不公开开庭审理的，应当予以宣告并说明理由。

（6）介绍审判人员和公诉人。有翻译人员的，一并介绍和说明。

（7）征询申请回避意见。审判长逐一询问各方当事人：是否申请合议庭成员和书记员、检察人员回避，一旦当事人提出回避申请，应当要求其说明理由，并依照法定程序处理。有翻译人员的，一并征询当事人回避的意见。

（8）宣告庭审的阶段。

审判长宣布：庭审活动分为法庭调查、法庭辩论、被告人最后陈述、宣判四个阶段进行。

①宣布法庭调查和宣读原审判决书。主持人（审判长或者其他合议庭组成人员，以下同）宣布：现在进行法庭调查。如有必要，法庭可以告知法庭调查的顺序。

主持人宣布：首先宣读原审判决书。由法庭宣读原审判决书。法庭如认为没有必要宣读原审判决书的，也可以省略。

②控辩双方陈述。

主持人宣布：……（抗诉机关或者上诉人）宣读抗诉（上诉）书。如既有抗诉又有上诉的，首先由检察人员宣读抗诉书，再由上诉人宣读上诉书或者陈述上诉意见。

抗诉（上诉）书宣读完毕，由没有提起上诉的当事人或者没有提起抗诉的检察机关依次陈述或者答辩。

③讯问和发问。

经征询确认检察人员需要讯问被告人的，主持人宣布：由检察人员讯问被告人……

经征询确认被告人的辩护人要求向被告人发问的,主持人宣布:由辩护人发问。

经确认当事人之间要求向对方发问的,经法庭准许,主持人指示当事人发问。

法庭需要讯问被告人的也可以讯问被告人。

④庭审归纳小结。

法庭应当根据全案的事实和原判认定的事实,结合控辩双方的上诉或者抗诉的诉辩意见,归纳控辩双方对事实的争议情况,并确定法庭进一步调查的重点。在确定法庭进一步调查重点的基础上,对全案的事实逐一、有序地进行调查。

⑤当庭举证。

控辩双方根据当庭举证的具体要求当庭出示证据,并说明证据的来源、证明对象等。

⑥当庭质证。

举证方举证完毕,组织质证方质证。

⑦当庭认证。

经当庭举证、质证后,合议庭当庭或者休庭进行评议,对证据进行审查核实并作出认证结论。二审维持原判认定结论或者变更原判认定结论的,都应当说明理由。

⑧其他事项的调查。

控辩双方申请调查其他事实和审查其他证据的,经法庭评议许可后,组织当庭举证、质证。如果法庭经评议认为无调查或者审查必要的,可以驳回申请。

⑨宣布法庭调查结束。

经确认各方没有新的证据提供和其他事实需要调查后,主持人宣布:法庭调查结束。

三、法庭辩论

(1)宣布法庭辩论。主持人宣布:现在进行法庭辩论。主持人可以确定法庭辩论的范围:控辩双方应当主要围绕法律的具体适用问题展开辩论。主持人可以强调法庭辩论的规则:在法庭辩论中,辩论发言应当经法庭许可;注意用语文明,不得使用讽刺、侮辱的语言;语速要适中,以便法庭记录;发言的内容应当避免重复。

(2)对等辩论。主持人宣布:现在进行对等辩论。指示控辩双方依次进行辩论发言。一轮辩论结束,法庭可以根据实际情况决定是否进行下一轮辩论;如果进行下一轮辩论的,应当强调辩论发言的内容不宜重复。

(3)互相辩论。主持人宣布:现在进行互相辩论。控辩双方要求发表辩论意见的,经法庭许可,发表辩论意见。

(4)宣布法庭辩论结束。在确认各方辩论意见陈述完毕后,主持人即可宣布:法庭辩论结束。

四、被告人最后陈述

主持人宣布:现在由被告人作最后陈述。随即指示被告人陈述最后意见。合议庭成员应当认真、耐心听取被告人陈述,一般不宜打断其发言。

五、休庭、评议和宣判

(1)宣布休庭。审判长先宣布:现在休庭,然后敲击法槌。宣布休庭后应告知检察人员和当事人复庭的时间;如果决定不当庭宣判的,应当告知宣判的时间或者交代:宣判时间另行通知。

(2)评议。决定当庭宣判的,应于休庭后立即进行评议;择期宣判的,应在庭审结束后5个工作日内进行评议。评议后,合议庭应当依照规定的权限,及时对已经评议形成一致或者多数意见的案件作出判决或者裁定。

(3)法官入庭和宣布继续开庭。庭审准备就绪,书记员宣布:全体起立!请审判长、审判员(人民陪审员)入庭。待合议庭成员坐定后,书记员再宣布:请坐下。审判长敲击法槌后,即宣布:现在继续开庭。

(4)宣布评议结果。在审判长宣告裁判结果(主文)前,由书记员宣布:全体人员起立。宣读完毕,审判长敲击法槌;然后书记员宣布:请坐下。

(5)征询意见。宣判后,审判长依次询问检察人员和当事人:对本判决有何意见?检察人员和当事人陈述意见后,审判长指示书记员:请将检察人员和当事人的意见记录在案。

(6)交代诉权。当庭宣判的,审判长宣布:本判决(裁定)为终审判决(裁定)。书面文本的说明:除判决结果外,本判决的其他内容以书面文本为准。

(7)宣布闭庭。审判长宣布:庭审结束。现在宣布——闭庭!然后敲击法槌。书记员宣布:全体起立!待合议庭成员退庭后,书记员再宣布:散庭。检察人员、诉讼参与人和旁听人员退庭。

(8)审阅笔录。

第三节 相关法律文书及卷宗整理

一、上诉状

上诉状的表述可参考如下格式：

刑事上诉状

上诉人：……（写明基本情况）

被上诉人：……（写明基本情况）

上诉人……一案，××人民法院××××年××月××日〔××××〕×字第××号刑事……现因不服该××提出上诉。

上诉请求：

……（写明上诉人不服原审裁判，要求第二审人民法院部分或全部撤销原审裁判，或者要求变更原审裁判，或者要求第二审人民法院重新审判等）

上诉理由：（具体从以下几个方面着手）

1. 认定事实方面，具体提出原审裁判在认定事实上有哪些错误，并阐述否定或变更原审认定的事实根据和证据。

2. 适用法律方面，具体提出原审裁判在适用法律方面的错误及有关定性、量刑的不当之处，并论证原审裁判应予变更或撤销的事实依据和法律依据。

3. 诉讼程序方面，具体提出原审法院在审理案件、作出裁判的过程中有哪些违反诉讼程序之处，并指出纠正的法律依据。

此致

××人民法院

附：本上诉状副本×份。

上诉人：×××（签章）

××××年××月××日

二、人民检察院刑事抗诉书

（一）刑事抗诉书格式

刑事抗诉书的表述可参考如下格式：

××人民检察院刑事抗诉书

×检×刑抗〔××××〕××号

人民法院以××号刑事判决书（裁定书）对被告人×××,……一案判决（裁定）……本院依法审查后认为……该判决（裁定）确有错误,理由如下:

……（理由从认定事实错误、适用法律错误、程序违法等方面说明）

综上所述,……为维护司法公正,准确惩治犯罪,依据《中华人民共和国刑事诉讼法》第××条规定,特提出抗诉,请依法判处。

此致
××人民法院

××人民检察院

××××年××月××日

（院印）

附:1. 被告人×××现羁押于×××（或者现住×××）。

2. 新的证人名单或者证据目录。

（二）刑事抗诉书格式制作说明

二审程序适用的刑事抗诉书由首部、原审判决（裁定）情况、检察院审查意见和抗诉理由、结论性意见和要求、尾部、附注等组成。

（1）首部。注明所在省（自治区、直辖市）的名称,不能只写地区级市、县、区院名;如果是涉外案件,要冠以"中华人民共和国"字样。

（2）原审判决（裁定）情况。①不写被告人的基本情况。②案由,如果检、法两家认定罪名不一致时,应该分别表述。③如果侦查、起诉、审判阶段没有超时限等程序违法现象时,不必写明公安、检察与法院的办案经过,只简要写明法院判决、裁定的结果。

（3）检察院审查意见。这一部分的内容是检察机关对原判决（裁定）的审查意见,目的是明确指出原判决（裁定）的错误所在,告知二审法院,检察院抗诉的重点是什么。这部分要观点鲜明,简明扼要。

（4）检察院抗诉理由。针对事实确有错误、适用法律不当或审判程序严重违法等不同情况,述写抗诉理由:

①如果法院认定的事实有误,则要针对原审裁判的错误之处,提出纠正意见,强调抗诉的针对性。对于有多起"犯罪事实"的抗诉案件,只叙述原判决（裁定）认定事实不当的部分,认定没有错误的,可以只用肯定句"对……事实的认定无异议"来表述即可。突出检、法两家的争议重点,体现抗诉的

针对性。对于共同犯罪案件,也可以类似地处理,即只对原判决(裁定)漏定或错定的部分被告人犯罪事实作重点叙述,对其他被告人的犯罪事实可简写或者不写。关于"证据部分",应该在论述事实时有针对性地列举证据,说明证据的内容要点及其与犯罪事实的联系。刑事抗诉书中不能追诉起诉书中没有指控的犯罪事实。如有自首、立功等情节,应在抗诉书中予以论述。

②如果法院适用法律有误,主要针对犯罪行为的本质特征,论述应该如何认定行为性质,从而正确适用法律。要从引用罪状、量刑情节等方面分别论述。

③如果法院审判程序严重违法,抗诉书就应该主要根据《刑事诉讼法》及有关司法解释,逐个论述原审法院违反法定诉讼程序的事实表现,再写明影响公正判决的现实或可能性,最后阐述法律规定的正确诉讼程序。

(5)结论性意见、法律根据、决定和要求事项。刑事抗诉书中结论性意见应当简洁、明确。在要求事项部分,应写明"特提出抗诉,请依法判处"。

(6)尾部。署名方式,署检察院名称并盖院印。

(7)附注。对于未被羁押的原审被告人,应将住所或居所明确写明。证据目录和证人名单如果与起诉书相同可不另附。

三、二审刑事判决书

二审刑事判决书的表述可参考如下格式:

××人民法院刑事判决书
(以二审刑事改判为例)

〔××××〕×刑终字第××号

原公诉机关:××人民检察院

上诉人(原审被告人):……(写明姓名、性别、出生年月日、民族、籍贯、职业或工作单位和职务、住址和因本案所受强制措施情况等,现在何处)

辩护人:……(写明姓名、性别、工作单位和职务)

××人民法院审理被告人……(写明姓名和案由)一案,于××××年××月××日作出〔××××〕×刑初字第××号刑事判决。被告人×××不服,提出上诉。本院依法组成合议庭,公开(或不公开)开庭审理了本案。××人民检察院检察长(或检察员)×××出庭支持公诉,上诉人(原审被告人)×××及其辩护人×××、证人×××等到庭参加诉讼。本案现已审理终结(未开庭的改为:"本院依法组成合议庭审理了本案,现已审理终结")。

……(首先概述原判决的基本内容,其次写明上诉、辩护的主要意见,最后写明检察院在二审中提出的新意见)

经审理查明,……(写明原判决认定的事实、情节,哪些是正确的或者全部是正确的,通过分析主要证据加以确认;哪些是错误的或全部是错误的,否定的理由有哪些。如果上诉、辩护等对事实、情节提出异议,应予重点分析答复)

本院认为,……〔根据二审确认的事实、情节和有关法律规定,论证原审被告人是否犯罪,犯什么罪(一案多人的还应分清各被告人的地位、作用和刑事责任),应否从宽或从严处理。指出原判决的定罪量刑哪些正确、哪些错误,或者全部错误。对于上诉、辩护等关于适用法律、定罪量刑方面的意见和理由,应当有分析地表示采纳或者予以批驳〕依照……(写明判决所依据的法律条、款、项)的规定,判决如下:

……(写明判决结果)分两种情况:

第一,全部改判的,表述为:

一、撤销××人民法院〔××××〕×刑初字第××号刑事判决;

二、上诉人(原审被告人)×××,……(写明改判的内容)

第二,部分改判的,表述为:

一、维持××人民法院〔××××〕×刑初字第××号刑事判决的第××项,即……(写明维持的具体内容)

二、撤销××人民法院〔××××〕×刑初字第××号刑事判决的第××项,即……(写明撤销的具体内容)

审判长:×××

审判员:×××

审判员:×××

××××年××月××日

(院印)

本件与原本核对无异。

书记员:×××

四、二审刑事裁定书

二审刑事裁定书的表述可参考如下格式:

××人民法院刑事裁定书
（以二审刑事裁定发回重审为例）

〔××××〕×刑终字第××号

原公诉机关：××人民检察院

上诉人（原审被告人）：……（写明姓名、性别、出生年月日、民族、籍贯、职业或工作单位和职务、住址和因本案所受强制措施情况等，现在何处）

辩护人：……（写明姓名、性别、工作单位和职务）

××人民法院审理被告人……（写明姓名和案由）一案，于××××年××月××日作出〔××××〕×刑初字第××号刑事判决，认定被告人×××犯××罪，判处……（简写判处结果）被告人×××不服，以……（简写上诉的主要理由）为由，提出上诉。本院依法组成合议庭审理了本案（经过开庭审理的，还应写明庭审形式和到庭参加诉讼的人员）。

本院认为，……（简述原判事实不清，证据不足，或者严重违反法律程序的情况）依照……（写明裁定所依据的法律条、款、项）的规定，裁定如下：

一、撤销××人民法院〔××××〕×刑初字第××号刑事判决；

二、发回××人民法院重新重判。

审判长：×××

审判员：×××

审判员：×××

××××年××月××日

（院印）

本件与原本核对无异。

书记员：×××

五、卷宗整理

人民法院在收案以后，经办书记员应立即开始收集有关本案的各种诉讼文书材料，着手立卷工作。在案件办结以后，要认真检查全案的文书材料是否收集齐全，发现法律手续不完备的，应及时补齐或补救，去掉与本案无关的材料，再行排列整理。

刑事二审诉讼文书材料排列顺序：①卷宗封面；②卷内目录；③上诉或抗诉移送书；④一审法院判决书或裁定书；⑤上诉书、抗诉书；⑥答辩状；⑦一审案情综合报告；⑧阅卷笔录；⑨准备庭笔录；⑩审讯笔录；⑪调查笔录或调查取证材料;⑫开庭前的通知、传票、提票等;⑬审判庭审判笔录;⑭审判庭询问证人笔录;⑮案情综合报告;⑯合议庭评议笔录;⑰审判委员会决议或记录;⑱判决书或裁定书原本和正本;⑲宣判笔录;⑳退卷函;㉑送达回证;㉒执行通知书回执(释放证回执);㉓备考表;㉔卷底。

☞ **实验思考题**

1. 二审审判需要注意哪些事项?
2. 二审刑事判决书的书写主要包括哪些内容?
3. 卷宗如何整理?

第四章

民事一审普通程序

☞ **实验教学目的**

1. 掌握民事一审普通程序开庭审理的主要环节和流程。
2. 掌握民事一审诉讼司法文书的书写。
3. 培养庭审表达和应变技能。

☞ **实验教学内容**

书写司法文书,演练民事一审诉讼参与。

第一节　庭审程序及注意事项

《民事诉讼法》是公民、法人和其他组织进行民事诉讼活动和人民法院审理民事案件的基本规则,对及时解决民事纠纷、促进社会和谐稳定具有重要意义。民事一审普通程序是人民法院审理第一审民事案件通常适用的程序,它在整个民事诉讼程序中占有十分重要的地位,是整个民事审判程序的基础。

普通程序的基本阶段可以分为起诉与受理、审理前的准备、开庭审理三个阶段。

一、起诉与受理

起诉,是指自然人、法人或者其他组织认为自己所享有的或者依法由自己管理、支配的民事权益受到侵害或与他人发生争议,以自己的名义请求人民法院通过审判给予司法保护的诉讼行为。

根据我国《民事诉讼法》第 119 条的规定,起诉必须符合下列条件:

(1) 原告是与本案有直接利害关系的公民、法人和其他组织;

(2) 有明确的被告;

(3) 有具体的诉讼请求和事实、理由;

(4) 属于人民法院受理民事诉讼的范围和受诉人民法院管辖。

起诉应当向人民法院递交起诉状,并按照被告人数提出副本。

起诉状应当记明下列事项:①原告的姓名、性别、年龄、民族、职业、工作单位、住所、联系方式,法人或者其他组织的名称、住所和法定代表人或者主要负责人的姓名、职务、联系方式;②被告的姓名、性别、工作单位、住所等信息,法人或者其他组织的名称、住所等信息;③诉讼请求和所根据的事实与理由;④证据和证据来源,证人姓名和住所。对于书写起诉状确有困难的,法律规定可以口头起诉,由人民法院记入笔录,并告知对方当事人。

当事人起诉到人民法院的民事纠纷,适宜调解的,先行调解,但当事人拒绝调解的除外。

人民法院对符合《民事诉讼法》第 119 条的起诉,必须受理。民事诉讼中的受理,是指受诉人民法院经审查,认为原告的起诉符合法定条件,对案件予以立案审理的审判行为。人民法院对符合起诉条件的,应当在 7 日内立案,并通知当事人;不符合起诉条件的,应当在 7 日内作出裁定书,不予受理;原告对裁定不服的,可以在接到裁定之次日起 10 日内提起上诉。

根据《民事诉讼法》的有关规定,人民法院在审查起诉的过程中,如遇有下述特殊情况的案件,应依法作出是否受理的决定,并根据不同情况分别予以处理:

(1) 依照《中华人民共和国行政诉讼法》(以下简称《行政诉讼法》)的规定,属于行政诉讼受案范围的,告知原告提起行政诉讼;

(2) 依照法律规定,双方当事人达成书面仲裁协议申请仲裁、不得向人民法院起诉的,告知原告向仲裁机构申请仲裁;

(3) 依照法律规定,应当由其他机关处理的争议,告知原告向有关机关申请解决;

(4) 对不属于本院管辖的案件,告知原告向有管辖权的人民法院起诉;

(5) 对判决、裁定、调解书已经发生法律效力的案件,当事人又起诉的,告知原告申请再审,但人民法院准许撤诉的裁定除外;

(6) 依照法律规定,在一定期限内不得起诉的案件,在不得起诉的期限内起诉的,不予受理;

（7）判决不准离婚和调解和好的离婚案件,判决、调解维持收养关系的案件,没有新情况、新理由,原告在6个月内又起诉的,不予受理。

人民法院受理民事案件后,就产生以下法律后果:第一,人民法院取得了对该争议案件的审判权。第二,人民法院取得对该争议案件的排他管辖权,即其他法院不得重复受理案件,已受理案件的法院也不得将案件再移送给其他有管辖权的人民法院。第三,双方当事人取得相应的原、被告诉讼地位。第四,诉讼时效中断。实际上,诉讼时效从当事人起诉就开始中断。

二、审理前的准备

在我国,审理前的准备,一般是指原告的起诉被受理后,至正式的开庭审理之前,为使庭审顺利进行,审判人员与当事人依法所进行的一系列准备工作的总称。

审理前的准备是普通程序的重要组成部分,是正式开庭审理前法定的必经阶段。审理前的准备对于提高庭审效率,保证开庭审理集中而充实地进行具有重要的意义。

根据《民事诉讼法》第125条至第133条及有关司法解释的规定,审理前的准备工作主要包括以下几项内容。

（一）在法定期间内送达诉讼文书

人民法院应当在立案之日起5日内将起诉状副本发送被告,被告应当在收到之日起15日内提出答辩状。答辩状应当记明被告的姓名、性别、年龄、民族、职业、工作单位、住所、联系方式,法人或者其他组织的名称、住所和法定代表人或者主要负责人的姓名、职务、联系方式。人民法院应当在收到答辩状之日起5日内将答辩状副本发送原告。被告不提出答辩状的,不影响人民法院审理。

（二）告知当事人诉讼权利义务及合议庭的组成人员

人民法院对决定受理的案件,应当在受理案件通知书和应诉通知书中向当事人告知有关的诉讼权利义务,或者口头告知。

合议庭组成人员确定后,应当在3日内告知当事人。

（三）审阅诉讼材料,调查收集必要的证据

调查收集证据时,一般采取责令当事人提供证据,必要时也可以采取法院依职权调查收集证据的方式。

人民法院派出人员进行调查时,应当向被调查人出示证件。调查笔录经被调查人校阅后,由被调查人、调查人签名或者盖章。

人民法院在必要时可以委托外地人民法院调查。委托调查,必须提出明确的项目和要求。受委托人民法院可以主动补充调查。受委托人民法院收到委托书后,应当在 30 日内完成调查。因故不能完成的,应当在上述期限内函告委托人民法院。

(四)追加当事人

追加当事人是指在诉讼进行过程中,发现必须共同进行诉讼的当事人没有参加诉讼的,人民法院应当通知其参加诉讼。

(五)在举证时限内提交证据材料

举证时限是指当事人向人民法院提交证据的期限,逾期则丧失提交证据的权利,即证据失权。按照《最高人民法院关于民事诉讼证据的若干规定》(以下简称《证据规定》)第 33 条、第 34 条和第 36 条的要求,当事人应当在举证期限内向人民法院提交证据材料,当事人在举证期限内不提交的,视为放弃举证权利。举证期限可以由当事人协商一致,并经人民法院许可。由人民法院指定举证期限的,指定的期限不得少于 30 日,自当事人收到案件受理通知书和应诉通知书的次日起计算。当事人在举证期限内提交证据材料确有困难的,应当在举证期限内向人民法院申请延期举证,经人民法院许可,可以适当延长举证期限。当事人在延长的举证期限内提交证据材料仍有困难的,可以再次提出延期申请,是否准许由人民法院决定。对于当事人逾期提交的证据材料,人民法院审理时不组织质证,但对方当事人同意质证的除外。

(六)组织交换证据

人民法院对受理的案件,需要开庭审理的,通过要求当事人交换证据等方式,明确争议焦点。最高人民法院《证据规定》对审理前准备阶段的交换证据制度作出了相应的规定。

(1)在审理前准备阶段,经当事人申请,人民法院可以组织当事人在开庭审理前交换证据。人民法院对于证据较多或者复杂疑难的案件,应当组织当事人在答辩期届满后、开庭审理前交换证据。

(2)交换证据的时间可以由当事人协商一致并经人民法院认可,也可以由人民法院指定。人民法院组织当事人交换证据的,交换证据之日举证期限届满,当事人申请延期举证经人民法院准许的,证据交换日相应顺延。

(3)证据交换应当在审判人员的主持下进行。在证据交换的过程中,审判人员对当事人无异议的事实、证据应当记录在卷;对有异议的证据,按照需要证明的事实分类记录在卷,并记载异议的理由。通过证据交换,确定双方当事人争议的主要问题。

（4）证据交换一般不超过两次，但重大、疑难和案情特别复杂的案件，人民法院认为确有必要再次进行证据交换的除外。

三、开庭审理

开庭审理，是人民法院于确定的日期在当事人和其他诉讼参与人的参加下，依照法定的程序和形式，在法庭上对民事案件进行实体审理的诉讼活动。

开庭审理是整个民事诉讼的核心环节，也是普通程序中最主要的诉讼阶段，民事诉讼的基本原则与基本制度都要在开庭审理中得到贯彻和体现。同时，开庭审理也是人民法院行使审判权和当事人行使诉讼权利最集中、最重要的阶段。开庭审理的主要任务是，通过法庭调查和辩论，审查核实证据，查明案件事实，并在此基础上正确适用法律，确认当事人之间的权利义务关系，制裁民事违法行为，保护当事人的合法权益。

依照《最高人民法院关于民事经济审判方式改革问题的若干规定》（以下简称《审改规定》）第7条的要求，按普通程序审理的案件，开庭审理应当在答辩期届满并做好必要的准备工作后进行。当事人明确表示不提交答辩状，或者在答辩期届满前已经答辩，或者同意在答辩期间开庭的，也可以在答辩期限届满前开庭审理。

开庭审理阶段是人民法院作出最终裁判的基础和依据。为了使裁判获得正当性，必须对开庭审理的形式进行规范。通常情况下，开庭审理必须在法庭上以言词审理和直接审理的方式公开进行。首先，开庭审理必须采取法庭审理的形式，即开庭审理必须在法庭上进行。依据《最高人民法院关于严格执行公开审判制度的若干规定》（以下简称《公开审判规定》）第8条的要求，人民法院公开审理案件，庭审活动应当在审判法庭进行。需要巡回依法公开审理的，应当选择适当的场所进行。其次，开庭审理应以公开审理为原则，以不公开审理为例外。审判公开是《民事诉讼法》的一项基本制度。根据《民事诉讼法》第134条的规定，人民法院审理民事案件，除涉及国家秘密、个人隐私或法律另有规定的以外，应当公开进行。离婚案件，涉及商业秘密的案件，当事人申请不公开审理的，可以不公开审理。最后，开庭审理应当采取言词审理、直接审理的方式。言词审理，也称口头审理，是相对于书面审理的方式而言的，是指法院进行的证据调查程序和双方当事人的辩论程序必须以口头方式进行，否则不得作为判决的基础。直接审理，是相对于间接审理而言的，它是指作出裁判的法官必须直接参与当事人的辩论及证据调查，否则判决无效。言词审理与直接审理的方式要求一切证据都必须在法庭上由审判人员亲自接触,并赋予双方当事人以言词辩论方式对证据进行质证的机会才能作为定案的根据;法庭只有通过口头、直接的方式对案件进行了调查和辩论,所作出的裁判才具有法律上的效力。言词审理和直接审理,有助于法官查明事实,作出公正的裁判。

开庭审理必须严格依照法定程序来进行。根据《民事诉讼法》及相关司法解释的规定,普通程序中的开庭审理包括开庭准备、法庭调查、法庭辩论、合议庭评议以及宣告判决五个诉讼阶段。

（一）开庭准备

开庭准备是开庭审理的预备阶段,具体是指在事先确定的开庭日期到来时,在正式进入实体审理前,为了保证审理的顺利进行而应当由人民法院完成的准备工作。依照《民事诉讼法》及相关司法解释的规定,在开庭审理的准备阶段,人民法院应完成以下几项工作:

（1）向当事人和其他诉讼参与人送达开庭通知。人民法院审理民事案件,应当在开庭 3 日前通知当事人和其他诉讼参与人,以便于他们做好准备,按时出庭。开庭日期确定后,书记员应当在开庭 3 日前将传票送达当事人,将开庭通知书送达其他诉讼参与人。当事人或其他诉讼参与人在外地的,应留有必要的在途时间。

（2）开庭公告。公开审理的案件,人民法院应公告当事人姓名、案由和开庭的时间、地点,以便于群众旁听。

（3）查明当事人和其他诉讼参与人是否到庭,宣布法庭纪律。开庭审理前,书记员应当查明当事人和其他诉讼参与人是否到庭。当事人或其他诉讼参与人没有到庭的,应将情况及时报告审判长,并由合议庭确定是否需要延期审理或者中止诉讼。查明到庭人员后,书记员宣布当事人及其诉讼代理人入庭,并宣布法庭纪律。

（4）核对当事人,宣布案由和审判人员、书记员名单,告知当事人有关的诉讼权利义务,询问当事人是否提出回避申请。依照有关规定,书记员在宣布完法庭纪律后,即应宣布全体起立,请合议庭组成人员入庭。书记员向审判长报告当事人及其诉讼代理人的出庭情况。由审判长核对当事人及其诉讼代理人的身份,并询问各方当事人对于对方出庭人员有无异议。当事人的身份经审判长核对无误,且当事人对对方出庭人员没有异议,审判长宣布各方当事人及其诉讼代理人符合法律规定,可以参加本案诉讼。之后,由审判长宣布案由及开始审理,不公开审理的应当说明理由。此后,审判长宣布合议庭组成人员、书记员名单,告知当事人有关的诉讼权利义务,询问各方当事人是否申请回避。当事人提出回避申请的,合议庭应当宣布休庭。申请回避的理由不能成立的,由审判长在重新开庭时宣布予以驳回,记入笔录;理由成立,决定回避的,由审判长宣布延期审理。

在完成以上开庭准备工作后,审判长即应宣布进入法庭调查阶段。

（二）法庭调查

法庭调查是指人民法院依照法定程序,在法庭上向当事人和其他诉讼参与人审查核实各种证据的活动。

法庭调查是开庭审理的核心环节,标志着案件进入实质性审理阶段。法庭调查的主要任务是围绕双方当事人争议的事实,在双方当事人质证的基础上,审查核实证据,以逐步查明案件事实,为法庭辩论奠定基础。

根据《民事诉讼法》及相关司法解释的规定,法庭调查按下列顺序进行:

（1）当事人陈述。当事人陈述是法庭调查的第一步。当事人陈述按原告、被告、第三人的顺序依次进行。首先,由原告口头陈述事实或宣读起诉状,讲明具体诉讼请求和理由。其次,由被告口头陈述事实或宣读答辩状,对原告诉讼请求提出异议或反诉的,讲明具体请求和理由。最后,如果案件有第三人参加的,还要由第三人陈述或答辩。有独立请求权的第三人陈述诉讼请求和理由,无独立请求权的第三人针对原告、被告的陈述提出承认或者否认的答辩意见。原告或者被告还需对第三人的陈述进行答辩。当事人陈述完毕后,由审判长归纳本案争议焦点或者法庭调查重点,并征求当事人意见。

（2）当事人出示证据并相互质证。按照《民事诉讼法》和《证据规定》的要求,证据应当在法庭上出示,由当事人质证。未经质证的证据,不能作为认定案件事实的根据。

在法庭调查中,质证按原告、被告、第三人的顺序进行,即先由原告出示证据,被告、第三人与原告进行质证;然后由被告出示证据,原告、第三人与被告质证;最后由第三人出示证据,原告、被告与第三人质证。

在对各类证据进行质证时,应当遵守以下程序要求:

①证人作证。证人应当出庭作证,接受当事人的质询。当事人申请证人出庭作证应经人民法院许可。证人确有困难不能出庭的,经人民法院许可,可以提交书面证言或者视听资料或者通过双向视听传输技术手段作证。证人出庭作证时,法庭首先应查明证人的身份,并告知证人的诉讼权利义务,以及作伪证的法律后果。出庭作证的证人应当客观陈述其亲身感知的事实。证人作证后,应当征询各方当事人对证人证言的意见,审判人员和当事人可以对证人进行询问。询问证人不得使用威胁、侮辱及不适当引导证人的言语

和方式。证人不得旁听法庭审理;询问证人时,其他证人不得在场。人民法院认为有必要的,可以让证人进行对质。

②出示书证、物证和视听资料。无论是当事人提交的证据,还是受诉人民法院调查收集的证据,都应当在法庭上出示,并由当事人互相质证。涉及国家秘密、商业秘密和个人隐私或者法律规定的其他应当保密的证据,不得在开庭时公开质证。

对书证、物证、视听资料进行质证时,除特殊情况外,当事人有权要求出示证据的原件或者原物。

③宣读鉴定结论。对案件中涉及的专门性问题已经进行鉴定的,鉴定人应当出庭接受当事人质询。鉴定人出庭后,由鉴定人宣读鉴定结论,当事人可对此发表意见。经法庭许可,当事人可以向鉴定人发问。鉴定人确因特殊原因无法出庭的,鉴定结论可以由审判人员代为宣读;经人民法院准许,鉴定人可以书面答复当事人的质询。

另外,根据《证据规定》第61条,当事人可以向人民法院申请由1~2名具有专门知识的人员出庭就案件的专门性问题进行说明。人民法院准许其申请的,有关费用由提出申请的当事人负担。审判人员和当事人可以对出庭的具有专门知识的人员进行询问。经人民法院准许,可以由当事人各自申请的具有专门知识的人员就有关案件中的问题进行对质。具有专门知识的人员可以对鉴定人进行询问。

④宣读勘验笔录。受诉人民法院如果在审前调查中对有关物品或现场进行过勘验的,应当在法庭调查时宣读勘验笔录并出示相关材料。宣读勘验笔录后,由双方当事人发表意见。经法庭许可,当事人可以向勘验人发问。当事人要求重新进行勘验的,是否准许,由受诉人民法院决定。

在法庭调查过程中,应当注意以下几个问题:

第一,人民法院依照当事人申请调查收集的证据,作为申请的一方当事人提供的证据。人民法院依职权调查收集的证据应当在庭审时出示,听取当事人意见,并就调查收集证据的情况予以说明。

第二,案件有两个以上独立的诉讼请求的,当事人可以逐个出示证据进行质证。在法庭调查中,经审判长许可,当事人可以互相发问。审判人员可以询问当事人。

第三,经过庭审质证的证据,能够当即认定的,应当当即认定;当即不能认定的,可以休庭合议后予以认定。合议之后认为需要继续举证或者进行鉴定、勘验的,可以在下次开庭质证后认定。当事人在证据交换过程中认可并记录在卷的证据，经审判人员在庭审中说明后，可以作为认定案件事实的依据。

第四，当事人要求补充证据或者申请重新鉴定、勘验，人民法院认为确有必要的可以准许。补充的证据或者重新进行鉴定、勘验的结论，必须再次开庭质证。

第五，法庭决定再次开庭的，审判长应当对本次开庭情况进行小结，指出庭审已经确认的证据，并指明下次开庭调查的重点。第二次开庭时，只就未经调查的事项进行调查和审理，对已经调查、质证并已认定的证据不再重复审理。

法庭调查结束前，审判长应当就调查认定的事实和当事人争议的问题进行归纳总结。之后宣布法庭调查结束。

（三）法庭辩论

法庭辩论是在法庭调查的基础上，双方当事人就案件事实的认定和法律的适用进一步向法庭阐明自己的观点，反驳对方的主张，进行论证和辩驳的活动。法庭辩论的主要任务，是通过当事人及其诉讼代理人之间的口头辩论，以进一步查明案件事实，核实有关证据，分清是非责任，为最终的裁判奠定基础。法庭辩论按照下列顺序进行：

（1）原告及其诉讼代理人发言。

（2）被告及其诉讼代理人答辩。

（3）第三人及其诉讼代理人发言或答辩。

（4）互相辩论。

在法庭辩论过程中，应当注意以下几个问题：

第一，审判人员应当引导当事人围绕争议焦点进行辩论。当事人及其诉讼代理人的发言与本案无关或者重复未被法庭认定的事实，审判人员应当予以制止。

第二，一轮辩论结束后当事人要求继续辩论的，可以进行下一轮辩论。下一轮辩论不得重复第一轮辩论的内容。

第三，在法庭辩论中，如果发现新的事实需要进一步调查时，审判长可以宣布停止辩论，恢复法庭调查，待事实查清后再继续辩论。

第四，法庭辩论时，审判人员不得对案件性质、是非责任发表意见，不得与当事人辩论。

法庭辩论终结，由审判长按照原告、被告、第三人的顺序征询各方最后意见。

法庭辩论终结后,如有调解可能的,审判长在征得各方当事人同意后还可以进行调解。当庭达成调解协议的由审判长签发调解书。调解不成的,应及时判决。

(四)合议庭评议

法庭辩论终结,由审判长宣布休庭,案件进入合议庭评议阶段。合议庭评议的任务,就是依据法庭调查和法庭辩论的情况,就案件的性质、认定的事实、适用的法律、是非责任和处理结果等进行评议并作出结论。合议庭评议的结果应是以判决的方式确认当事人之间的权利义务关系。评议中如发现案件事实尚未查清,需要当事人补充证据或者由人民法院自行调查收集证据的,可以决定延期审理,由审判长在继续开庭时,宣布延期审理的理由和时间,以及当事人提供补充证据的期限。

合议庭评议案件应当秘密进行。在合议庭对案件进行评议时,发表意见的先后顺序也应依法进行。按照《最高人民法院关于人民法院合议庭工作的若干规定》(以下简称《合议规定》)第 10 条的要求,合议庭评议案件时,先由承办法官对认定案件的事实和证据是否确实、充分以及适用法律等发表意见;审判长作为承办法官的,由审判长最后发表意见。合议庭评议的情况应当制成笔录,由合议庭成员签名。合议庭评议实行少数服从多数的原则,即合议庭评议案件时,如果合议庭成员有不同意见,则以多数成员的意见为合议庭的意见。但是,对于合议庭的不同意见也应当如实记录,归案备查。

(五)宣告判决

人民法院经过合议作出的民事裁判,应当公开宣告。宣告判决分为当庭宣判和定期宣判两种情况。当庭宣判,是指在开庭审理当日,于合议庭评议后立即宣判。定期宣判,是指在开庭审理之后,另定日期宣判。当庭宣判的,应当在 10 日内发送判决书;定期宣判的,宣判后立即发给判决书。宣判时,当事人及其他诉讼参与人、旁听人员应当起立。宣判的内容包括:认定的事实、适用的法律、判决的结果和理由、诉讼费用的负担、当事人的上诉权利、上诉期限和上诉法院。宣告离婚判决,还必须告知当事人在判决发生法律效力前不得另行结婚。

在开庭审理过程中,书记员应当将法庭审理的全部活动记入笔录。法庭笔录应当当庭宣读,也可以告知当事人和其他诉讼参与人当庭或者在 5 日内阅读。经宣读或阅读,当事人和其他诉讼参与人认为记录无误的,应当在笔录上签名或盖章;拒绝签名、盖章的,记明情况附卷;认为对自己的陈述记录有遗漏或者差错,申请补正的,允许在笔录后面或另页补正。法庭笔录最后应由合议庭成员和书记员签名。

由于法庭笔录客观真实地记录了法庭审理的全过程,成为合议庭评议和裁判的重要依据,同时也是检查法院的开庭审理程序是否合法的根据,因此,法庭笔录是极为重要的诉讼文书。

审结期限是法律规定的人民法院审结民事案件的时间限制,也称审限。规定案件审结期限的目的在于促使人民法院及时审结民事案件,防止诉讼拖延,提高诉讼效率,保护当事人的合法权益。

依照《民事诉讼法》第 149 条和《最高人民法院关于严格执行案件审理期限制度的若干规定》(以下简称《审限规定》)第 2 条第 1 款的规定,人民法院适用普通程序审理的案件,应当在立案之日起 6 个月内审结;有特殊情况需要延长的,必须由受诉人民法院院长批准,可以延长 6 个月;还需要延长的,须报请上一级人民法院批准,可以再延长 3 个月。按照有关司法解释的规定,审结期限是指从立案的次日起至裁判宣告、调解书送达之日止的期间,但公告期间、鉴定期间、审理当事人提出的管辖权异议以及处理人民法院之间的管辖争议期间不应计算在内。审结期限是法定期间,审判人员必须遵守。超审限审理案件的,应当承担相应的法律责任。

四、审理中特殊情况的处理

(一) 撤诉

撤诉是民事诉讼中当事人行使其处分权的具体体现,即法院受理争议案件后、宣告判决前当事人撤回诉讼的行为。撤诉可以分为申请撤诉与按撤诉处理。申请撤诉是原告或者上诉人主动要求撤回诉讼的行为。按撤诉处理是人民法院根据当事人所实施的行为作出的法律上的推断。当出现下列法定情形时,人民法院可以裁定按撤诉处理:

(1)原告或者上诉人接到人民法院预交案件受理费的通知后,既不预交费用,也不申请缓交、减交或者免交诉讼费用,以及申请缓交、减交或者免交未获准许后仍不交费的。

(2)原告经人民法院传票传唤,无正当理由拒不到庭或者未经法庭许可中途退庭的。

(3)有独立请求权的第三人经法院传票传唤,无正当理由拒不到庭或者未经法庭许可中途退庭的。有独立请求权的第三人参加诉讼后,如果原告申请撤诉,人民法院在准许原告撤诉后,有独立请求权的第三人作为另案原告,原案原告、被告作为另案被告,诉讼另行进行。

（4）无行为能力的原告的法定代理人,经法院传票传唤,无正当理由拒不到庭的。

无论是申请撤诉获得法院的准许,还是法院作出按撤诉处理的裁定,该裁定一经作出,立即产生以下法律效力:

（1）终结诉讼程序。

（2）诉讼时效重新开始计算。

（3）诉讼费用由原告或者上诉人负担,减半征收。

（4）诉讼法律关系消灭。这里需注意的是,撤诉后仅仅引起诉讼法律关系的消灭,但是并不能引起当事人之间的民事法律关系的消灭,因此撤诉后,当事人仍然可以再行起诉。

（二）缺席判决

缺席判决是人民法院仅在一方当事人参与陈述与辩论,并在对另一方当事人提供的书面材料进行审查的基础上,对争议案件作出的判决。由于一方当事人不到庭就无法参与庭审质证、陈述与辩论等诉讼活动,从一定意义上说,缺席判决实际是对未到庭一方当事人的惩罚。

当出现以下法定情形时,法院可以作出缺席判决:

（1）原告经传票传唤,无正当理由拒不到庭或未经法庭许可中途退庭,被告反诉的;被告经传票传唤无正当理由拒不到庭或者未经法庭许可中途退庭的。

（2）无民事行为能力的被告的法定代理人,经法院传票传唤,无正当理由拒不到庭的。

（3）无独立请求权的第三人经法院传票传唤,无正当理由拒不到庭或者未经法庭许可中途退庭的。

（4）在借贷纠纷案件中,债权人起诉时,债务人下落不明的,人民法院受理案件后公告传唤债务人应诉。公告期限届满,债务人仍然不应诉,借贷关系明确的,经审理后可作出缺席判决。在审理中债务人出走,下落不明,借贷关系明确的,可以缺席判决。

（三）延期审理

延期审理,是针对开庭审理这个特殊阶段而设置的专门性诉讼制度,即人民法院确定开庭审理时间后或者在进行开庭审理的过程中,由于发生某种特殊情况,使开庭审理无法按期或者继续进行,从而推迟审理的诉讼制度。

根据《民事诉讼法》第146条的规定,下列情形可以延期审理:

（1）必须到庭的当事人和其他诉讼参与人有正当理由没有到庭的。

（2）当事人临时提出回避申请的。

（3）需要通知新的证人到庭，调取新的证据，重新鉴定、勘验或者需要补充调查的。

（4）其他需要延期审理的情形，如责令当事人及其诉讼代理人退出法庭等。

（四）诉讼中止

延期审理是针对开庭审理这一特殊的诉讼阶段而言的；而诉讼中止则是针对整个审判阶段而言，即在诉讼进行过程中，如果出现一些法定特殊原因，使诉讼程序无法继续进行时，法院裁定暂停诉讼程序，等特殊原因消失以后再行恢复诉讼程序的法律制度。

根据我国《民事诉讼法》第150条的规定，有下列情形之一的应当中止诉讼：

（1）一方当事人死亡，需要等待继承人表明是否参加诉讼的。这一情形实际是自然人作为当事人时，其诉讼权利义务承担在民事审判程序中的具体运用。

（2）一方当事人丧失诉讼行为能力，尚未确定法定代理人的。

（3）作为一方当事人的法人或者其他组织终止，尚未确定权利义务承受人的。这一情形实际是法人作为当事人时，其诉讼权利义务承担制度在民事审判程序中的具体运用。

（4）一方当事人因不可抗拒的事由，不能参加诉讼的。

（5）本案必须以另一案的审理结果为依据，而另一案尚未审结的。

（6）其他应当中止诉讼的情形。如最高人民法院司法解释中规定的下列情形：第一，在借贷案件中，债权人起诉时，债务人下落不明的，法院应要求债权人提供证明借贷关系存在的证据，受理后公告传唤债务人应诉。公告期限届满，债务人仍不应诉，借贷关系无法查明的，裁定中止诉讼；在审理中债务人出走，下落不明，事实难以查清的，裁定中止诉讼。第二，人民法院受理实用新型或外观设计专利侵权案件后，在向被告送达起诉状副本时，应当通知被告，如欲请求宣告该项专利权无效，须在答辩期间内向专利复审委员会提出。被告在答辩期间请求宣告专利无效的，人民法院应当中止诉讼。人民法院受理的发明专利侵权案件或者经专利复审委员会审查维持专利权的实用新型专利侵权案件，被告在答辩期间请求宣告该项专利无效的，人民法院可以不中止诉讼。

（五）诉讼终结

诉讼中止仅仅是诉讼过程的暂停，引起诉讼中止的特殊原因消失后，诉讼程序可以恢复；而诉讼终结则是诉讼程序的永久性结束，即在诉讼进行过程中,因发生某种法定的特殊原因,使诉讼程序无法继续进行或者继续进行已无必要时,由人民法院裁定终结诉讼程序的法律制度。

根据《民事诉讼法》第 151 条的规定,出现下列情形之一的,人民法院应当终结诉讼:

(1) 原告死亡,没有继承人,或者继承人放弃诉讼权利的。此时等于案件没有原告,人民法院无法审理该案件。

(2) 被告死亡,没有遗产,也没有应当承担义务的人的。人民法院对此类案件即使经过审理作出判决,该判决也会因无财产可供执行,而又没有义务承担人而失去意义。

(3) 离婚案件一方当事人死亡的。这类案件需注意,婚姻关系因当事人一方死亡自行消灭,但是,存续一方当事人的继承权并未丧失。这是因为在一方当事人死亡这个时间点上,身份关系的消灭、诉讼的终结和继承权的产生是同时出现的。

(4) 追索赡养费、扶养费、抚育费以及解除收养关系案件的一方当事人死亡的。

第二节　示范案例及庭审操作示范

一、示范案例

原告伍书浦诉称,2011 年 12 月 2 日,伍书浦(甲方)与傅华伟、龚志坚、鄢金锋、方丙武(乙方)签订《协议书》一份,约定由甲方将其所有的位于义乌市稠城街道环城西路北侧占地面积 220.32 平方米房屋转让给乙方所有,其中约定转让总价款为 1720 万元。协议签订后,甲方早已按约将房屋交付乙方使用。2014 年 1 月 28 日,伍书浦就本案所涉房屋取得了 C0××06 号房产证,并将该房产证交给四被告用于办理转让过户手续。但四被告仅支付了共计 780 万元的转让款,经伍书浦多次催讨,剩余 940 万元转让款至今尚未支付。为维护自己的合法权益,原告诉至法院,要求判令四被告支付剩余转让款和违约金。(本案所涉人名皆为化名)

二、开庭准备

(1) 在法定期间内送达诉讼文书。
(2) 组成合议庭。

（3）告知当事人诉讼权利义务及合议庭的组成人员。

（4）审阅诉讼材料,调查收集必要的证据。

（5）组织交换证据。

（6）准备庭审提纲。

（7）在开庭 3 日前通知当事人和其他诉讼参与人。公开审理的,应当公告当事人姓名、案由和开庭的时间、地点。

三、庭审操作示例

（一）法庭准备阶段

书记员:

（1）查点当事人及其诉讼参与人到庭情况并请入席。

（2）现在宣布法庭纪律:

①到庭所有人员应听从审判员统一指挥,一律关闭通信工具,遵守法庭秩序,不准吸烟。

②旁听人员必须保持肃静,不得喧哗、鼓掌、插话,不得进入审判区,有意见可以在闭庭后提出。

③当事人及其诉讼参与人不得中途退庭,如擅自退庭,是原告的作撤诉处理;是被告的则依法作出缺席判决。

④审判人员或法警有权制止违反法庭纪律、妨碍民事诉讼活动的行为,对不听制止的,可依法予以训诫、责令退出法庭或者予以罚款、拘留;对情节严重的依法追究其刑事责任。

（3）全体起立,请审判长、审判员、人民陪审员入庭。

（起立完毕,合议庭组成人员入庭,就座）

（4）全体坐下。

（5）报告审判长,除傅华伟外,其他当事人均已到庭,请开庭。

审判长:现在开庭,首先核对双方当事人、诉讼代理人的身份和资格。由原告向法庭报告你的姓名、年龄、民族、出生年月日、工作单位、职务及家庭住址,由原告委托代理人向法庭报告你们的姓名,说明你们的工作单位、职务及代理权限。

原告:我叫伍书浦,男,××××年××月××日出生,汉族,浙江省义乌市居民,现住义乌市××街道××号。

原告委托代理人:我叫陈×,义乌市××律师事务所律师。代理权限:一般代理。

审判长：由被告分别向法庭报告你的姓名、年龄、民族、出生年月日、工作单位、职务及家庭住址，由被告委托代理人分别向法庭报告你们的姓名，说明你们的工作单位、职务及代理权限。

被告：

我叫龚志坚，男，××××年××月××日出生，汉族，浙江省义乌市居民，现住义乌市××街道××号。

我叫鄢金锋，男，××××年××月××日出生，汉族，浙江省义乌市居民，现住义乌市××街道××号。

我叫方丙武，男，××××年××月××日出生，汉族，浙江省义乌市居民，现住义乌市××街道××号。

被告委托代理人：

我叫应××，义乌市××律师事务所律师，系本案被告龚志坚的代理律师。代理权限：一般代理。

我叫金××，义乌市××律师事务所律师，系本案被告鄢金锋的代理律师。代理权限：一般代理。

我叫刘××，义乌市××律师事务所律师，系本案被告方丙武的代理律师。代理权限：一般代理。

审判长：被告傅华伟的传票是否送达，被告是否请假？

书记员：被告傅华伟的传票已送达，被告没有请假。

审判长：被告傅华伟经传票传唤，无正当理由拒不到庭。根据《中华人民共和国民事诉讼法》第 144 条的规定，法庭对被告傅华伟进行缺席审理和判决。

审判长：原告，你对被告及其诉讼代理人身份有无异议？

原告：没有。

审判长：被告，你们对原告及其诉讼代理人身份有无异议？

被告：

龚志坚：没有。

鄢金锋：没有。

方丙武：没有。

审判长：经过审查，上述当事人及诉讼代理人的身份和委托权限与庭前办理的手续一致，当事人之间未提出异议，出庭资格有效，准许参加诉讼，现在开庭。（敲击法槌）

审判长：依照《中华人民共和国民事诉讼法》第 39 条第 1 款、第 134 条的规定,浙江省义乌市人民法院今天依法公开开庭审理原告伍书浦与被告傅华伟、龚志坚、鄢金锋、方丙武房屋买卖合同纠纷案。

下面宣布合议庭组成人员,本案由审判员××、××,人民陪审员××,共同组成合议庭,由××担任审判长,书记员××担任法庭记录。

依照《中华人民共和国民事诉讼法》第44、45条的规定,当事人有申请回避的权利。审判人员有下列情形之一的,当事人有权用口头或者书面方式申请他们回避:①是本案当事人或者当事人、诉讼代理人近亲属的;②与本案有利害关系的;③与本案当事人、诉讼代理人有其他关系,可能影响对案件公正审理的。审判人员接受当事人、诉讼代理人请客送礼,或者违反规定会见当事人、诉讼代理人的,当事人有权要求他们回避。上述规定,适用于书记员、翻译人员、鉴定人、勘验人。当事人提出回避申请,应当说明理由,在案件开始审理时提出;回避事由在案件开始审理后知道的,也可以在法庭辩论终结前提出。

审判长:原告,对于本合议庭组成人员及书记员是否提出回避请求?

原告:不申请。

审判长:被告是否申请回避?

被告:

龚志坚:不申请。

鄢金锋:不申请。

方丙武:不申请。

审判长:之前本院的立案机构已经向当事人送达了开庭须知,须知中已经载明了法庭审理过程中当事人享有的诉讼权利和必须履行的诉讼义务。对此,原告是否已经明确?

原告:明确。

审判长:被告是否已经明确?

被告:

龚志坚:明确。

鄢金锋:明确。

方丙武:明确。

(二)法庭调查阶段

审判长:庭审分四个阶段进行:法庭调查、法庭辩论、法庭调解、评议与宣判。下面进行法庭事实调查,当事人对自己提出的主张有责任提供证据,反驳对方的主张应当说明理由。首先由原告陈述事实、诉讼请求及理由。

原告诉讼代理人：

诉讼请求：

(1) 判令四被告支付剩余转让款 940 万元。

(2) 判令四被告支付违约金 800 万元。

事实及理由：

2011 年 12 月 2 日,伍书浦(甲方)与傅华伟、龚志坚、鄢金锋、方丙武(乙方)签订《协议书》一份,约定由甲方将其所有的位于义乌市稠城街道环城西路北侧占地面积 220.32 平方米房屋(包含地上 6 层半、地下 1 层)转让给乙方所有,其中约定转让总价款为 1720 万元。款项的支付方式为：在《协议书》签订之日,乙方支付给甲方 420 万元;在 2012 年 6 月 20 日之前,乙方应支付甲方 300 万元;在 2012 年 7 月 30 日之前,乙方应支付甲方 200 万元;在 2012 年 10 月 30 日之前,乙方应将余款 800 万元全部支付给甲方。以上协议签订后,甲方早已按约将房屋交付乙方使用。2014 年 1 月 28 日,伍书浦就本案所涉房屋取得了 C0××06 号房产证,并将该房产证交给四被告用于办理转让过户手续。但四被告仅支付了共计 780 万元的转让款,经伍书浦多次催讨,剩余 940 万元转让款至今尚未支付。另根据《协议书》第 5 条"违约责任"第 2 款的约定,乙方还应向甲方支付违约金 800 万元。

为维护原告的合法权益,特提出诉讼,请人民法院予以公正审理。

审判长：原告对起诉内容有无补充?

原告：没有。

审判长：下面由被告针对原告的起诉发表你们的答辩意见。

答辩人：

被告傅华伟未答辩。

被告龚志坚、鄢金锋辩称：

(1) 房屋买卖属实,但本案所涉房屋至今并没有交付给两被告,因为原告方不及时提供相关资料以及所涉房屋留有历史遗留问题,致使被告在办理产权证上一再延迟,为此原告方于 2012 年 6 月 19 日同意被告方余下的 940 万元转让款在房屋拍卖收款时付清。

(2) 双方在所涉房屋协议第 3 条第 1 款约定,"双证"由被告方负责办理,但被告方在办理"双证"过程中,因该房屋存在建筑面积不符合规划,曾涉及两次图纸更改,时间分别是 2012 年 7 月 12 日、2012 年 12 月 17 日,最终该房屋于 2014 年 3 月 31 日登记取得义乌房权证北苑字第 C00××43 号房产证,2014 年 4 月 10 日取得了义乌国用〔2014〕第 004-02695 号土地使用权证。

（3）根据双方于 2011 年 12 月 2 日《协议书》第 5 条第 2 款约定,如果本《协议书》涉及图纸更改,原告方应准许被告按图纸更改的具体时间往后延迟付余款 800 万元整,因本案的房屋的确涉及图纸更改,被告依据约定可以延迟支付房款 800 万元。

综上,被告依协议约定及 2012 年 6 月 19 日的补充约定,延迟支付 940 万元的款项不存在违约行为,请求法庭驳回原告不合理的诉讼请求。

被告方丙武:

答辩人就原告伍书浦诉被告傅华伟、龚志坚、鄢金锋、方丙武房屋买卖合同纠纷一案,提出答辩如下:

（1）本案房屋买卖属实,所欠原告 940 万元购房款也属实。

（2）对于所欠房款,方丙武是同意支付的,买受的房屋是按份额所有的,其他共有人没有拿出购房款,故方丙武也没有支付购房款。

（3）原告主张的违约金 800 万元明显过高,应当减少。

审判长:被告对答辩意见有无补充?

被告:

龚志坚:没有。

鄢金锋:没有。

方丙武:没有。

审判长:针对三被告的答辩,原告有无补充陈述?

原告诉讼代理人:

报告审判长,有。针对三被告的答辩,原告提出三点补充陈述:

（1）合同签订完后,房屋钥匙等都已经交付给被告,目前房屋也由被告实际占有并出租给他人。

（2）"双证"原告早已办理出来交付给被告。

（3）关于合同约定的图纸更改延迟付款的情形是不存在的。

审判长:下面就案件事实进行证据审查,由于在庭审前本案法官已经组织双方当事人进行了证据交换,并且送达了证据清单,因此在质证的过程中,双方当事人应当按照庭前所提交的证据清单载明的序号说明证据的名称以及证据所要证明的对象,其他诉讼参与人在发表质证意见的时候,应当围绕证据的真实性、合法性、关联性、有无证据效力以及证明效力大小发表。首先由本案的原告出示证据。

原告诉讼代理人:我方有 8 组证据要向法庭提交。下面我方将对各组证据进行具体说明。

证据 1：《协议书》1 份，以证明双方就本案所涉房屋转让在建工程所约定的权利义务情况，其中对转让价款的支付及违约责任作了明确约定。

审判长：请法警将原告出示的证据提交法庭。请法警将证据交给被告。被告对原告方所出示的证据有无异议？

被告龚志坚：对证据 1 的真实性没有异议。

被告鄢金锋：对证据 1 的真实性没有异议。

被告方丙武：对证据 1 的真实性没有异议。

审判长：请原告继续举证。

原告诉讼代理人：

证据 2：要求乙方房屋买卖及时付款函 1 份及国内特快专递邮件详情单 4 份，以证明原告多次催促四被告履行付款义务，四被告均置之不理。

审判长：请法警将原告出示的证据提交法庭。请法警将证据交给被告。被告对原告方所出示的证据有无异议？

被告龚志坚：对证据 2 的真实性有异议，被告龚志坚从未收到过原告所谓的催款函。

被告鄢金锋：对证据 2 的真实性有异议，被告鄢金锋从未收到过原告所谓的催款函。

被告方丙武：对证据 2 的真实性没有异议，方丙武收到过催款函。

审判长：请原告继续举证。

原告诉讼代理人：

证据 3：2014 年 3 月 8 日的补充协议 1 份，以证明本案所涉房屋已由四被告实际占有并使用。

审判长：请法警将原告出示的证据提交法庭。请法警将证据交给被告。被告对原告方所出示的证据有无异议？

被告龚志坚：对证据 3 的真实性没有异议，但对证明目的有异议，该份证据只能证明被告至今对购买的房屋进行按份共有的约定，并不能证明房屋已交付给被告的事实。

被告鄢金锋：对证据 3 的真实性没有异议，但对证明目的有异议，该份证据只能证明被告至今对购买的房屋进行按份共有的约定，并不能证明房屋已交付给被告的事实。

被告方丙武：对证据 3 的真实性没有异议。

审判长：请原告继续举证。

原告诉讼代理人：

证据 4：房屋所有权证复印件 1 本，以证明本案所涉房屋已办出房产证。

证据 5：土地使用权证复印件 1 本，以证明本案所涉房屋已办理土地使用权证。

审判长：请法警将原告出示的证据提交法庭。请法警将证据交给被告。被告对原告方所出示的证据有无异议？

被告龚志坚：对证据 4、5 的真实性没有异议，对合法性有异议，两证因不合法已被相关部门收回。

被告鄢金锋：对证据 4、5 的真实性没有异议，对合法性有异议，两证因不合法已被相关部门收回。

被告方丙武：对证据 4、5 的真实性没有异议，已经交付给鄢金锋全权负责变更。

审判长：请原告继续举证。

原告诉讼代理人：

证据 6：承诺书 1 份，以证明鄢金锋代表被告方于 2012 年 6 月 21 日承诺所涉房屋图纸变更在 1 个月内完成，超过 1 个月，责任由乙方承担。

审判长：请法警将原告出示的证据提交法庭。请法警将证据交给被告。被告对原告方所出示的证据有无异议？

被告龚志坚：对证据 6 的真实性没有异议，但对证明目的有异议，该份证据证明鄢金锋承诺在 1 个月内图纸分割完成，但是图纸是否变更并不是由被告方决定的，这是由图纸与规划图纸相一致所决定的，因此原告的证明目的不能达到。

被告鄢金锋：对证据 6 的真实性没有异议，但对证明目的有异议，该份证据证明鄢金锋承诺在 1 个月内图纸分割完成，但是图纸是否变更并不是由被告方决定的，这是由图纸与规划图纸相一致所决定的，因此原告的证明目的不能达到。

被告方丙武：对证据 6 没有异议。

审判长：原告继续举证。

原告诉讼代理人：

证据 7：2012 年 8 月 9 日鄢金锋出具的收条复印件 1 份，以证明本案所涉房屋在 2012 年 8 月 9 日已经由被告卖给案外人并收款。

审判长：请法警将原告出示的证据提交法庭。请法警将证据交给被告。被告对原告方所出示的证据有无异议？

被告龚志坚：对证据 7 的真实性有异议，该收条系复印件，与本案也缺乏关联。

被告鄢金锋：对证据7的真实性有异议，该收条系复印件，与本案也缺乏关联。

被告方丙武：对证据7的真实性不清楚。

审判长：原告继续举证。

原告诉讼代理人：

证据8：授权委托书1份，以证明：①本案所涉房产在2012年7月21日已经由被告方进行出售；②委托书跟承诺书联系起来也可以证明本案图纸变更于2012年7月21日已经完成。原告举证完毕。

审判长：请法警将原告出示的证据提交法庭。请法警将证据交给被告。被告对原告方所出示的证据有无异议？

被告龚志坚：对证据8的真实性没有异议，对证明目的有异议，该份证据只能证明被告方与原告方就所涉房屋再进行转卖时产生责任的约定问题。

被告鄢金锋：对证据8的真实性没有异议，对证明目的有异议，该份证据只能证明被告方与原告方就所涉房屋再进行转卖时产生责任的约定问题。

被告方丙武：对证据8没有异议。

审判长：原告还有没有其他证据？

原告诉讼代理人：没有。

审判长：被告有无证据要向法庭提供？

被告龚志坚、鄢金锋：有。二被告将就其所辩共同举证，共有7组证据要向法庭提交。下面将对各组证据进行具体说明。

证据1：委托书1份，以证明2011年12月2日原告委托女儿伍素岚（化名）为2011年12月2日签订的《协议书》中收款的代收人。

审判长：请法警将二被告出示的证据提交法庭。请法警依次将证据交给原告和被告方丙武。原告和被告方丙武对被告龚志坚、鄢金锋所出示的证据有无异议？

原告诉讼代理人：对证据1的真实性没有异议。

被告方丙武：对证据1的真实性没有异议。

审判长：请被告龚志坚、鄢金锋继续举证。

被告龚志坚、鄢金锋：

证据2：2011年11月2日、2012年6月19日、2012年9月3日由伍书浦出具的收条3份，以证明被告分3次支付给原告房屋转让款合计780万元的事实。

审判长：请法警将二被告出示的证据提交法庭。请法警依次将证据交给原告和被告方丙武。原告和被告方丙武对被告龚志坚、鄢金锋所出示的证据有无异议？

原告诉讼代理人：对证据 2 没有异议，收条可以反证房屋已经交付给被告。

被告方丙武：对证据 2 没有异议。

审判长：请被告龚志坚、鄢金锋继续举证。

被告龚志坚、鄢金锋：

证据 3：2012 年 6 月 19 日方丙武、伍素岚出具的证明 1 份，以证明 2012 年 6 月 19 日原、被告双方达成约定，原告同意先付 100 万元，余下的 100 万元于出具卖房收据时付清的事实。

审判长：请法警将二被告出示的证据提交法庭。请法警依次将证据交给原告和被告方丙武。原告和被告方丙武对被告龚志坚、鄢金锋所出示的证据有无异议？

原告诉讼代理人：对证据 3 的真实性没有异议，对证明目的有异议，根据证明中所载明的余下的 100 万元于开卖后再付，证明时被告也没有付 100 万元，之后被告也只付了 60 万元。房屋在 2012 年 7 月 21 日已经开卖，并且傅华伟也已经将房屋卖掉了，这 200 万元应于 2012 年 7 月 21 日时支付完毕。证明只针对当期的 200 万元，与后面的 800 万元是没有关系的。

被告方丙武：对证据 3 的真实性没有异议。

补充说明方丙武作为四被告的代表和原告协商延迟付款的事情，原告也是同意的，但要求支付利息，其他被告没有同意支付利息。

审判长：请被告龚志坚、鄢金锋继续举证。

被告龚志坚、鄢金锋：

证据 4：浙江中道建筑设计有限公司面积计算书 2 份，以证明本案所涉房屋于 2012 年 7 月 12 日和 2012 年 12 月 12 日曾有两次图纸变更的事实。

审判长：请法警将二被告出示的证据提交法庭。请法警依次将证据交给原告和被告方丙武。原告和被告方丙武对被告龚志坚、鄢金锋所出示的证据有无异议？

原告诉讼代理人：对证据 4 的真实性没有异议，根据被告的承诺于 1 个月内图纸变更完成，图纸在 2012 年 7 月 21 日已经变更完成。在面积计算书中载明 2012 年 6 月份已经报了，7 月 12 日同意变更；第二份图纸是 2012 年 12 月份的图纸，图纸的右上角跟前一份图纸的右上角是相同的。为什么会在

12 月又变更了一次？只是面积登记错误,后来在 12 月份更正了一下。也就是说,图纸在 2012 年 6 月份已经报上去了,并不是 2012 年 12 月份又变更了一次。第三份图纸上并未看到同意变更的批复,与本案也没有关系。卖房子时每层是两套,后来谈好净两套变更为四套,至于分成四套后,每套里面怎么变跟合同没有关系,鄢金锋想在自己买的房屋中加个楼梯,完全是属于他自己在装潢过程中的事情,并不是合同约定的变更问题,而且也没有看到相关的批条,被告的证明目的不能达到。

被告方丙武：对证据 4 的真实性没有异议,房屋图纸确实有变更。

审判长：请被告龚志坚、鄢金锋继续举证。

被告龚志坚、鄢金锋：

证据 5：义乌市行政服务中心办件单复印件和义乌市国土资源局土地登记收件单复印件各 1 份,以证明本案所涉房屋于 2014 年 4 月 4 日受理办理土地使用权证的事实。

审判长：请法警将二被告出示的证据提交法庭。请法警依次将证据交给原告和被告方丙武。原告和被告方丙武对被告龚志坚、鄢金锋所出示的证据有无异议？

原告诉讼代理人：对证据 5 没有异议,原告是积极配合被告履行义务的,从变更登记的项目名称中可以看到,其实是地址更名的变更,本案所涉房屋原先叫环城西路北侧,变更后为西城路 410-12 号,之前的土地证、房产证跟现在的两证并没有区别。被告称前面两证不合法也是不成立的,正因为前面的两证合法才会有后面两证的变更。

被告方丙武：对证据 5 没有异议。

审判长：请被告龚志坚、鄢金锋继续举证。

被告龚志坚、鄢金锋：

证据 6：房产证、土地使用权证各 1 份,以证明本案所涉房屋房产证证号为义乌房权证北苑字第 C00××43 号,登记时间为 2014 年 3 月 31 日的事实以及土地使用权证证号为义乌国用〔2014〕第 004-02695 号,办理时间为 2014 年 4 月 10 日的事实。

审判长：请法警将二被告出示的证据提交法庭。请法警依次将证据交给原告和被告方丙武。原告和被告方丙武对被告龚志坚、鄢金锋所出示的证据有无异议？

原告诉讼代理人：对证据 6 没有异议,原告完全是按照约定来履行义务的,涉案房屋目前也由被告控制。

被告方丙武：对证据 6 没有异议。

审判长：请被告龚志坚、鄢金锋继续举证。

被告龚志坚、鄢金锋：

证据 7：2012 年 6 月 21 日承诺书 1 份，以证明：

（1）鄢金锋向其他三被告作出图纸分割变更时间的约定及费用约定，不针对原告。

（2）对起算时间做了备注，以做房产证时起 15 个工作日（以伍书浦开始办理房产证并准备齐全的资料和本人到义乌的日期为起算日期）。

举证完毕。

审判长：请法警将二被告出示的证据提交法庭。请法警依次将证据交给原告和被告方丙武。原告和被告方丙武对被告龚志坚、鄢金锋所出示的证据有无异议？

原告诉讼代理人：对证据 7 中跟原告提供的承诺书一致的部分没有异议，后面的部分是被告自行添加的，如果是当时就有的，原告所持有的那份也应该有，添加的内容对原告没有约束力。另外，图纸分割的时间根据合同约定也是比较相关的节点，因此我们认为被告主张承诺书仅针对被告，不针对原告也是不能成立的。

被告方丙武：对证据 7 中与原告提供的证据 6 一致部分的真实性予以认保，对添加的这部分内容，我方不予认可。

审判长：二被告还有没有其他证据？

被告龚志坚、鄢金锋：没有。

审判长：其他被告有无证据要向法庭提供？

被告方丙武：没有。

被告傅华伟未提供证据。

审判长：

被告傅华伟经本院合法传唤，无正当理由拒不到庭，是对其所享有质证等诉讼权利的放弃。

经过法庭质证，本庭对以下证据予以认定：

被告龚志坚、鄢金锋、方丙武对原告提供证据 1、3、4、5、6、7、8 的真实性均无异议，本院对其真实性予以确认。被告方丙武对原告提供的证据 2 的真实性没有异议，本院对其真实性予以确认。虽然被告龚志坚、鄢金锋对原告提供的证据 2 的真实性有异议，但该证据上盖有"浙江龙游"等字样的邮戳，故本院对真实性予以确认，但不能证明被告龚志坚、鄢金锋已收到该催款函。原告及被告方丙武对被告龚志坚、鄢金锋提供的证据1～6、证据7中与原告提供的内容相同部分的真实性没有异议,本院对其真实性予以确认。原告及被告方丙武对被告龚志坚、鄢金锋提供证据7中的添加部分的真实性不予认可,故本院对添加部分的真实性不予确认。

审判长:原、被告在事实方面有无补充?

原告:没有。

被告:

龚志坚:没有。

鄢金锋:没有。

方丙武:没有。

审判长:经过刚才的法庭调查,各方已经对争议的事实发表了充分的意见,各方当事人是否还有新的证据向法庭提供?

原告:没有。

被告:

龚志坚:没有。

鄢金锋:没有。

方丙武:没有。

审判长:经过法庭调查,本庭对以下事实给予认定:

2011年12月2日,原告伍书浦(甲方)与被告龚志坚、鄢金锋、傅华伟、方丙武(乙方)签订《协议书》一份,约定:甲方自愿将坐落于义乌市稠城街道环城西路北侧占地面积220.32平方米(城让〔2002〕1016号)地上、地下在建工程(包含地下1层、地上6层半)转让给乙方所有,转让总价款为1720万元;款项的支付方式为:在《协议书》签订之日乙方支付给甲方420万元,在2012年6月20日之前乙方应支付甲方300万元,在2012年7月30日之前乙方应支付甲方200万元,在2012年10月30日之前乙方应将余款800万元全部支付给甲方;所有乙方支付给甲方的款项,甲方指定由其女儿伍素岚代收。该《协议书》同时约定:如果乙方不按约定支付款项,那么乙方应支付给甲方违约金800万元;如果本《协议书》涉及图纸更改,甲方应准许乙方按图纸更改的具体时间往后延迟付余款(800万元人民币)。当天原告出具给四被告的委托书中载明:兹委托女儿伍素岚为2011年12月2日签订的《协议书》中款项的代收人。当天,原告收到四被告支付的款项420万元并出具收条给四被告。

2012年6月19日,原告伍书浦的女儿代原告收取四被告支付的房款300万元。当天,被告方丙武与伍素岚签名确认的证明中载明:“经双方协商,因乙方资金周转困难,于 2012 年 7 月 30 日前付给甲方的贰佰万元款项,甲方同意乙方先付壹佰万元整。余下壹佰万元整,在开卖房子收款时付清。"

2012 年 7 月 24 日,被告傅华伟将 2011 年 12 月 2 日《协议书》中的全部股份以总价 135 万元转让给被告龚志坚所有。被告傅华伟、龚志坚均未将该转让情况通知原告。

2012 年 8 月 9 日,被告鄢金锋收到案外人何士启购买环城西路北侧房子 301 室订金 2 万元。2012 年 8 月 27 日,鄢金锋、龚志坚、方丙武作为卖方与案外人程子长(买方)就义乌市稠城街道环城西路北侧(城让〔2002〕1016 号)的复兴公寓 1 幢 1 单元 501 室签订认购书。2012 年 9 月 3 日,鄢金锋、龚志坚、方丙武收到程子长人民币 60 万元。因方丙武与伍素岚系夫妻,该 60 万元由方丙武作为原告的代收人收取。

2012 年 11 月 8 日,原告向四被告邮寄《要求乙方房屋买卖及时付款书》,要求四被告按 2011 年 12 月 2 日签订的《协议书》及时付款;若不按约定支付款项,乙方应支付给甲方违约金人民币 800 万元。庭审中,被告方丙武确认已收到该函,被告鄢金锋、龚志坚主张没有收到过。

本案所涉房屋的权证情况:

2012 年 5 月 28 日,义乌市人民政府为涉案房屋(环城西路西北侧)颁发义乌国用〔2012〕第 004-01929 号国有土地使用证(土地使用权人伍书浦,地号 21-004-004-861-1018,使用权面积为 220.30 平方米)。2014 年 1 月 28 日,义乌市住房和城乡建设局为涉案房屋(环城西路西北侧)颁发义乌房权证北苑字第××号房屋所有权证(房屋所有权人伍书浦,房屋建筑面积 1520.72 平方米)。2014 年 3 月 31 日,义乌市住房和城乡建设局为涉案房屋(北苑街道西城路 410-12 号)颁发义乌房权证北苑字第××号房屋所有权证(房屋所有权人伍书浦,房屋建筑面积 1520.72 平方米)。2014 年 4 月 4 日,原告作为申请人与被告鄢金锋作为共同交件人向义乌市国土资源局提交本案所涉房屋即北苑街道西城路 410-12 号房屋土地登记确权(更址、更名登记)的相关材料(包括义乌国用〔2012〕第 004-01929 号国有土地使用证)。2014 年 4 月 10 日,义乌市人民政府为涉案房屋颁发义乌国用〔2014〕第 004-02695 号国有土地使用证(土地使用权人伍书浦,使用权面积为 220.30 平方米)。房屋的"双证"均由被告鄢金锋、龚志坚保管。

另查明:本案所涉房屋在 2012 年 7 月 12 日、2012 年 12 月 17 日有过两次图纸变更。

法庭调查结束,下面进入法庭辩论阶段。根据双方向法庭提交的起诉

状、答辩状以及相关的证据材料,基于对事实的认定,本庭认为本案的争议焦点为:

(1)被告是否违约。

(2)协议约定的违约金800万元是否过高。

原告对本庭归纳的争议焦点有无异议?

原告:没有异议。

审判长:被告对本庭归纳的争议焦点有无异议?

被告:

龚志坚:没有异议。

鄢金锋:没有异议。

方丙武:没有异议。

审判长:根据《中华人民共和国民事诉讼法》第141条的规定,现在进行法庭辩论。当事人及其诉讼代理人应围绕本案争议焦点,结合法庭调查的具体情况以及适用法律方面进行综合性发言。辩论中应当实事求是,在法律范围内尊重客观事实,以理服人,不应涉及与本案无关的问题和进行人身攻击,不得重复发表意见,包括不再重复事实、不再重复证据以及质证意见。

审判长:下面进行法庭辩论,首先由原告及其诉讼代理人针对第一个争议焦点发表辩论意见。

原告:第一个争议焦点,我方认为,被告方存在违约行为。理由如下:①原、被告双方《协议书》中约定2012年7月30日,四被告应付原告购房款200万元。2012年6月19日,原告所委托的《协议书》中的款项代收人伍素岚(即原告的女儿)同意四被告先付100万元,余下100万元在开卖房子收款时付清。那么四被告应于2012年7月30日付100万元,余款100万元在开卖房子收款时付清。但四被告并未在2012年7月30日前支付100万元,已构成违约。直至2012年9月3日也仅支付60万元,并未付足100万元。②现有证据可以证明被告鄢金锋于2012年8月9日已收取何士启购买环城西路北侧房子301室订金2万元整;被告鄢金锋、龚志坚、方丙武于2012年8月27日将坐落于义乌市稠城街道环城西路北侧(城让〔2002〕1016号)的复兴公寓1幢1单元501室房屋出卖给案外人程子长,并于2012年9月3日收到购房款60万元的事实。上述证据可以证明被告在2012年8月9日就开卖房子并收款。故四被告应于2012年8月9日支付原告100万元,但被告并未支付,又构成违约。③原、被告双方《协议书》中约定:如果本《协议书》涉及图纸更改,甲方应准许乙方按图纸更改的具体时间往后延迟付余款（800 万元人民币）。从现有证据可以证明本案所涉房屋在 2012 年 7 月 12 日、2012 年 12 月 17 日有过两次图纸变更，那么最后一期购房款 800 万元的付款时间应从 2012 年 10 月 30 日顺延至 2012 年 12 月 17 日。但被告并未在 2012 年 12 月 17 日支付 800 万元，再次构成违约。

审判长：现在由被告及其代理人发表辩论意见。

被告：

龚志坚：我方针对原告方提出的辩论意见发表以下观点：

（1）我方坚持认为延迟支付 940 万元的款项不存在违约行为。

（2）本案所涉房屋至今没有交付给二被告，因为原告方不及时提供相关资料以及所涉房屋留有历史遗留问题，致使被告在办理产权证时一再延迟，为此原告方于 2012 年 6 月 19 日同意被告方余下的 940 万元转让款在房屋拍卖收款时付清。双方在所涉房屋协议第 3 条第 1 款约定，"双证"由被告方负责办理，但被告方在办理"双证"过程中，因该房屋存在建筑面积不符合规划，曾涉及两次图纸更改，时间分别是 2012 年 7 月 12 日、2012 年 12 月 17 日，最终该房屋"双证"于 2014 年 3 月 31 日登记取得义乌房权证北苑字第 C00××43 号房产证，2014 年 4 月 10 日取得了义乌国用〔2014〕第 004-02695 号土地使用权证。根据双方于 2011 年 12 月 2 日《协议书》第 5 条第 2 款约定，如果本《协议书》涉及图纸更改，原告方应准许被告按图纸更改的具体时间往后延迟付余款 800 万元整，因本案的房屋的确涉及图纸更改，被告依据约定可以延迟支付房款 800 万元。

鄢金锋：我同意龚志坚的辩论意见，我没有其他要补充的。

方丙武：我承认本案房屋买卖属实，所欠原告 940 万元购房款也属实。我们是存在违约，但是，我不是故意的。对于所欠房款，我是同意支付的，只是因为买受的房屋是按份额所有的，其他共有人没有拿出购房款，故我也没有支付购房款。我愿意支付相应的购房款。

原告：针对三被告的观点，我补充四点：①合同签订完后，房屋钥匙等都已经交付给被告，目前房屋也由被告实际占有并出租给他人。②"双证"原告早已办理出来交付给被告。③关于合同约定的图纸更改延迟付款的情形是不存在的。④被告方丙武所说因为买受的房屋是按份额所有的，其他共有人没有拿出购房款，故他也没有支付购房款的理由是不能成为其违约的借口的。

审判长：被告有无新的辩论意见？

被告：

龚志坚：没有。

鄢金锋：没有。

方丙武：没有。

审判长：原告有无新的辩论意见？

原告：没有。

审判长：下面由原、被告双方及其诉讼代理人针对第 2 个争议焦点"协议约定的违约金 800 万元是否过高"发表辩论意见。首先由原告及其代理人发表辩论意见。

原告：我方主要有以下辩论意见：

协议约定的违约金 800 万元不高。首先，经原告多次催讨，四被告还有940 万元转让款至今尚未支付，给原告造成了巨大的经济损失。原告因被告长期拖欠巨额转让款，精神压力很大，一度濒临崩溃，精神上受到了巨大的伤害。其次，《协议书》第 5 条"违约责任"第 2 款 800 万元违约金的约定，是双方当事人自愿达成的。基于私法自治的原则，法院应当支持。

审判长：现在由被告及其代理人发表辩论意见。

被告：

龚志坚：我方认为《协议书》约定的违约金数额过分高于违约造成的损失。800 万元违约金的约定违背了以补偿性为主、以惩罚性为辅的违约金性质，约定金额不当。

鄢金锋：我同意龚志坚的意见。

方丙武：本案被告欠原告购房款才 940 万元，违约金就要 800 万元。原告主张的违约金明显过高，应当减少。

审判长：原告有无新的辩论意见？

原告：没有。

审判长：被告有无新的辩论意见？重复的不用再说。

被告：

龚志坚：没有。

鄢金锋：没有。

方丙武：没有。

审判长：围绕争议焦点，双方当事人进行了充分的法庭辩论，双方无新的辩论，法庭辩论阶段结束。现在由双方当事人进行最后陈述，在最后陈述阶段双方当事人可以简单明确地表明对于本案的处理意见和各自是否坚持诉讼主张的意愿。首先,请原告方作最后陈述。

原告:自 2011 年 12 月 2 日,我与傅华伟、龚志坚、鄢金锋、方丙武签订《协议书》一份,约定由甲方将其所有的位于义乌市稠城街道环城西路北侧占地面积 220.32 平方米的房屋转让给四人所有,到现在已经两年多了。协议签订后,我积极履行协议,早已按约将房屋交付乙方使用。2014 年 1 月 28 日,我就本案所涉房屋取得了房产证,并将该房产证交给四被告用于办理转让过户手续。但四被告仅支付了共计 780 万元的转让款,经我多次催讨,剩余 940 万元巨额转让款至今尚未支付。四被告的严重违约,给我带来了巨大的经济损失和精神伤害。为了维护正常的社会诚信、交易秩序以及我的合法权益,希望法庭能支持我的合理诉求,作出公正判决。

审判长:请被告方作最后陈述。

被告:

龚志坚:我承认房屋买卖属实,我也还没有支付完购房款。但是,事出有因,因为原告方不及时提供相关资料以及所涉房屋留有历史遗留问题,致使被告在办理产权证时一再延迟,为此原告方同意被告方余下的 940 万元转让款在房屋拍卖收款时再付清。并且,依双方约定,因本案的房屋的确涉及图纸更改,被告依据约定可以延迟支付房款 800 万元。综上,被告延迟支付 940 万元的款项不存在违约行为,请求法庭驳回原告不合理的诉讼请求。

鄢金锋:我同意龚志坚的看法,我的最后陈述和龚志坚的一样。

方丙武:我承认本案房屋买卖属实,所欠原告 940 万元购房款也是属实。对于所欠房款,我是同意支付的,只是因为买受的房屋是按份额所有的,其他共有人没有拿出购房款,故我也没有支付购房款。我愿意支付相应的购房款,但是原告主张的违约金 800 万元明显过高,应当减少。

审判长:根据《中华人民共和国民事诉讼法》第 9 条、第 93 条、第 142 条的规定,判决前能够调解的可以进行调解。原告,是否同意调解?

原告:不同意。

审判长:由于原告不同意调解,本庭不再组织调解,合议庭需要对本案休庭 15 分钟进行评议。

审判长:下面宣布休庭,由合议庭进行评议,评议后继续开庭。(敲击法槌)

书记员:全体起立,请合议庭退庭。(合议庭下)

(15 分钟后)

书记员:休庭时间到,全体起立,请审判长和合议庭组成人员入庭。

审判长（坐定后）：坐下。

审判长：（敲击法槌后宣布）现在继续开庭。

经合议庭评议认为：

原、被告签订的房屋买卖协议书系当事人的真实意思表示，其内容未违反相关法律规定，应认定合法有效。当事人应当按照约定全面履行自己的义务。被告方存在违约行为，须支付违约金。本案中，虽然双方当事人对违约金的数额有明确约定，但该约定的违约金数额过分高于违约造成的损失。本院依据《中华人民共和国合同法》规定的诚实信用原则、公平原则，坚持以补偿性为主、以惩罚性为辅的违约金性质，并根据本案的具体情形，综合衡量合同履行程度、当事人的过错等多项因素，酌定违约金数额为人民币 150 万元。

本院认为，被告傅华伟虽在 2012 年 7 月 24 日将其享有的份额转让给被告龚志坚，但被告傅华伟、龚志坚均未将该转让情况通知原告，更未取得原告的同意，故该转让对原告没有约束力。存在转让股份的事实并不能免除被告傅华伟在本案所涉房屋买卖协议书中应承担的付款义务，故被告傅华伟仍应与其他被告共同承担付款义务。本案的房屋转让协议书的买方有四个人即本案的四被告，那么原告将其房屋交付其中任何一个被告即可视为已经交付。庭审中，被告方丙武认可房屋已经交付，且被告方丙武的陈述也与本案其他证据相印证，故房屋已交付。

现在进行宣判——

书记员：全体起立。

审判长：第一，被告鄢金锋、龚志坚、方丙武、傅华伟于本判决生效之日起15 日内支付原告伍书浦购房款人民币 940 万元。

第二，被告鄢金锋、龚志坚、方丙武、傅华伟于本判决生效之日起 15 日内支付原告伍书浦违约金人民币 150 万元。

第三，驳回原告的其他诉讼请求。

如果未按本判决指定的期间履行给付金钱义务的，应当依照《中华人民共和国民事诉讼法》第 253 条的规定，加倍支付迟延履行期间的债务利息。

案件受理费 126200 元，由原告负担 39000 元，由四被告负担 87200 元。

如不服本判决，可在判决书送达之日起 15 日内，向本院递交上诉状，并按对方当事人的人数提出副本，上诉于浙江省金华市中级人民法院。（在递交上诉状同时预交上诉费人民币 126200 元，至迟不得超过上诉期限届满后的 7日内。上诉费汇入单位：金华市财政局。汇入账号：×××××。开户银行：中国农业银行金华市分行。或直接交金华市中级人民法院收费室。逾期

不缴纳,按自动放弃上诉处理)

审判长:×××

审判员:×××

人民陪审员:×××

××××年××月××日

代书记员:×××

审判长:坐下。

审判长:今天是口头宣判,原、被告及其诉讼代理人在××××年××月××日到本院民一庭领取民事判决书,领取之日即为送达之日。当事人在指定期间内未领取的,指定领取裁判文书期间届满之日即为送达之日,当事人的上诉期从指定领取裁判文书期间届满之日的次日起开始计算,上诉期限为15 日。

审判长:根据《中华人民共和国民事诉讼法》第 133 条第 2 款、第 3 款的规定,法庭笔录当庭宣读或者由当事人自己阅读,如认为笔录无误应当签名盖章,拒绝签名盖章的,书记员记明情况附卷。

书记员:我已将法庭审理的全部活动记入笔录,已经过审判员和书记员签名,当事人和其他诉讼参与人可以当庭或者在 5 日内阅读,当事人和其他诉讼参与人认为对自己的陈述记录有遗漏或者差错,有权申请补正。如果不予补正,应当将申请记录在案。

审判长:原告伍书浦诉被告鄢金锋、龚志坚、方丙武、傅华伟买卖合同纠纷一案现在闭庭(敲击法槌)。

书记员:全体起立,请审判长、审判员退庭。

第三节　相关法律文书及卷宗整理

一、民事起诉状

民事起诉状,是公民、法人或其他组织作为民事原告在自己的民事权益受到侵害或者与他人发生争议时,为维护自身的民事权益,依据事实和法律,向人民法院提起诉讼,要求依法裁判时所提出的书面请求。

《民事诉讼法》第 121 条规定,起诉状应当记明下列事项:

(1) 原告的姓名、性别、年龄、民族、职业、工作单位、住所、联系方式,法人或者其他组织的名称、住所和法定代表人或者主要负责人的姓名、职务、联系

模拟法庭实验教材

方式;

（2）被告的姓名、性别、工作单位、住所等信息,法人或者其他组织的名称、住所等信息;

（3）诉讼请求和所根据的事实与理由;

（4）证据和证据来源,证人姓名和住所。

文书样式:

民事起诉状

原告:……

被告:……

案由:……

诉讼请求:……

事实与理由:……

此致

××人民法院

起诉人:×××(签章)

××××年××月××日

附:本诉状副本×份。

文书内容:

（1）当事人栏,注明基本情况。自然人要列出姓名、性别、年龄、民族、工作单位、住址,法人或其他组织要列出名称、住所地、法定代表人或负责人姓名、职务,填写要准确,特别是姓名(名称)栏不能有任何错别字。地址要尽量翔实,具体到门牌号。最好注明邮编及通信方式。

（2）案由。主要写明当事人之间讼争的法律关系及其争议。

（3）诉讼请求。主要写明请求解决争议的权益和争议的事实,以及请求人民法院依法解决原告一方要求的有关民事权益争议的具体事项。

（4）事实和理由。事实部分,要全面反映案件的客观真实情况。

（5）在起诉状尾部,当事人是自然人的,要由本人签字,是法人或其他组织的,由法定代表人或负责人签字并加盖单位公章。日期要填写准确。

二、民事答辩状

民事答辩状,是公民、法人或其他组织作为民事诉讼中的被告(或被上诉人),收到原告(或上诉人)的起诉状(或上诉状)副本后,在法定期限内,针对

— 104 —

原告(或上诉人)在诉状中提出的事实、理由及诉讼请求,进行回答和辩驳时使用的文书。

文书样式:

民事答辩状

答辩人:……

因……一案,提出答辩如下:

……

此致

××人民法院

答辩人:×××(签章)

××××年××月××日

附:本答辩状副本×份。

文书内容:

(1)答辩的理由,是答辩状的主体部分,通常包括以下内容:就案件事实部分进行答辩;就适用法律方面进行答辩。

(2)提出答辩主张,即对原告起诉状或上诉人上诉状中的请求是完全不接受,还是部分不接受,对本案的处理依法提出自己的主张,请求法院裁判时予以考虑。

三、民事代理词

民事诉讼代理人在诉讼过程中,为了维护被代理人的合法权益,依据事实和法律,向法庭提交的关于本案的材料和处理意见及要求的系统发言,称为代理词。

代理词对案情有较详细的陈述和分析,为客观地认定事实和正确地适用法律奠定基础,同时对人民群众有法治宣传教育的作用。

文书样式:

民事代理词

审判长、审判员:

依照法律规定,我受原告×××的委托,担任本案一审的诉讼代理人,开庭前,我听取了被代理人的陈述,查阅了本案的证据材料,今天参加了法庭审理,现发表代理意见如下:

一、……

二、……

综上所述,原告的诉讼请求所依据的事实清楚、证据充分,请求法庭采纳本代理意见,依法支持原告的诉讼请求。谢谢!

代理人:×××(签章)
××××年××月××日

文书内容:

(1)首部。①注明文书名称。②称呼语,即审理本案的审判长和审判员。③前言,简要说明代理律师出庭代理诉讼的合法性、代理权限范围、出庭前准备工作概况。

(2)正文。①案件性质和具体案情。②被代理人的诉讼地位。③诉讼程序。④被代理人的授权范围。⑤被代理人的诉讼请求或对本案争议标的的态度。

(3)尾部。①代理律师署名。②代理词发表日期。

四、民事判决书(一审民事案件用)

第一审民事判决书是第一审人民法院依照《民事诉讼法》规定的第一审程序,对审理终结的第一审民事、经济纠纷案件就实体问题作出的书面决定。

民事判决书由首部、事实、理由、判决结果和尾部五部分组成。民事判决书在制作方面的总体要求是:语言简练,判决有理有据,使人信服。

《民事诉讼法》第152条规定,判决书应当写明判决结果和作出该判决的理由。判决书内容包括:

(1)案由、诉讼请求、争议的事实和理由;

(2)判决认定的事实和理由、适用的法律和理由;

(3)判决结果和诉讼费用的负担;

(4)上诉期间和上诉的法院。

判决书由审判人员、书记员署名,加盖人民法院印章。

文书样式:

××人民法院民事判决书

〔××××〕×民初字第××号

原告:……(写明姓名或名称等基本情况)

法定代表人(或代表人):……(写明姓名和职务)

法定代理人（或指定代理人）：……（写明姓名等基本情况）

委托代理人：……（写明姓名等基本情况）

被告：……（写明姓名或名称等基本情况）

法定代表人（或代表人）：……（写明姓名和职务）

法定代理人（或指定代理人）：……（写明姓名等基本情况）

委托代理人：……（写明姓名和基本情况）

第三人：……（写明姓名或名称等基本情况）

法定代表人（或代表人）：……（写明姓名和职务）

法定代理人（或指定代理人）：……（写明姓名等基本情况）

委托代理人：……（写明姓名等基本情况）

……（写明当事人的姓名或名称和案由）一案，本院受理后，依法组成合议庭（或依法由审判员×××独任审判），公开（或不公开）开庭进行了审理。……（写明本案当事人及其诉讼代理人等）到庭参加诉讼。本案现已审理终结。

原告×××诉称，……（概述原告提出的具体诉讼请求和所根据的事实与理由）

被告××'×辩称，……（概述被告答辩的主要内容）

第三人×××述称，……（概述第三人的主要意见）

经审理查明，……（写明法院认定的事实和证据）

本院认为，……（写明判决的理由）依照……（写明判决所依据的法律条款项）的规定，判决如下：

……（写明判决结果）

……（写明诉讼费用的负担）

如不服本判决，可在判决书送达之日起15日内，向本院递交上诉状，并按对方当事人的人数提出副本，上诉于××人民法院。

审判长：×××

审判员：×××

审判员：×××

××××年××月××日

（院印）

本件与原本核对无异。

书记员：×××

文书内容：

（1）首部应依次写明标题、案号、诉讼参与人及其基本情况，以及案件由来、审判组织和开庭审理过程等，以体现审判程序的合法性。①标题中的法院名称，一般应与院印的文字一致，但基层法院应冠以省、自治区、直辖市的名称。②案号由年度和制作法院、案件性质、审判程序的代字以及案件的顺序号组成，年度应用阿拉伯数字。例如，〔2015〕温鹿民初字第 10 号。③被告提出反诉的案件，可在本诉称谓后用括号注明其反诉称谓。如"原告（反诉被告）"、"被告（反诉原告）"。④当事人是自然人的，写明其姓名、性别、出生年月日、民族、职业或工作单位和职务、住址。住址应写明其住所所在地；住所与经常居住地不一致的，写经常居住地。当事人是法人的，写明法人名称和所在地址，并另起一行写明法定代表人及其姓名和职务。当事人是不具备法人条件的组织或起字号的个人合伙的，写明其名称或字号和所在地址，并另起一行写明代表人及其姓名、性别和职务。当事人是个体工商户的，写明业主的姓名、性别、出生年月日、民族、住址；其有字号的，在其姓名之后用括号注明"系（字号）业主"。⑤有法定代理人或指定代理人的，应列项写明其姓名、性别、职业或工作单位和职务、住址，并在姓名后括注其与当事人的关系。⑥有委托代理人的，应列项写明其姓名、性别、职业或工作单位和职务、住址。如果委托代理人系当事人的近亲属，还应在姓名后括注其与当事人的关系。如果委托代理人系律师，只写明其姓名、工作单位和职务。

（2）事实部分应写明当事人的诉讼请求、争议的事实和理由、法院认定的事实及证据。①当事人的诉讼请求以及争议的事实和理由，主要是通过原告、被告和第三人的陈述来表述的。如果当事人在诉讼过程中有增加或者变更诉讼请求，或者提出反诉的，应当一并写明。②法院认定的事实主要包括：当事人之间的法律关系，发生法律关系的时间、地点及法律关系的内容；产生纠纷的原因、经过、情节和后果。③认定事实的证据要有分析地进行列举，既可以在叙述纠纷过程中一并分析列举，也可以单独分段分析列举。

（3）理由部分应写明判决的理由和判决所依据的法律。

（4）判决结果，是对案件实体问题作出的处理决定。判决结果要明确、具体、完整。

（5）尾部应写明诉讼费用的负担，当事人的上诉权利、上诉期间和上诉法院名称以及合议庭成员署名和判决日期等。①诉讼费用的负担问题，应在判决结果后另起一行写明。②判决书尾部的署名问题。组成合议庭的，由合议庭成员审判长和审判员共同署名；独任审判的，由独任审判员署名。助理审判员参加合议庭或独任审判的,署代理审判员。人民陪审员参加合议庭的,署人民陪审员。③"本件与原本核对无异"字样的印戳,应加盖在年月日与书记员署名之间空行的左边。

五、卷宗整理

卷宗整理归档是民事一审普通程序中的最后一个环节。过去,我们常常忽略卷宗整理的作用,其实卷宗整理无论对于民事一审普通程序的顺利完成,还是对后来的复查和统计分析都非常重要。

卷宗整理一般是指法院对于民事一审普通程序中所产生和使用的材料与证据的整理。其实,律师在代理民事一审案件、参与民事一审普通程序中所产生和使用的材料与证据的整理,也是卷宗整理的应有之义。

无论是哪种卷宗整理,卷宗都应按要求装订,内容齐全,书写工整,字迹清楚,内页统一使用 A4 纸张。

律师民事代理业务卷宗整理归档顺序:①律师事务所(法律顾问处)批办单;②收费凭证;③委托书(委托代理协议、授权委托书);④起诉书、上诉书或答辩书;⑤阅卷笔录;⑥会见当事人谈话笔录;⑦调查材料(证人证言、书证);⑧诉讼保全申请书、证据保全申请书、先行给付申请书和法院裁定书;⑨承办律师代理意见;⑩集体讨论记录;⑪代理词;⑫出庭通知书;⑬庭审笔录;⑭判决书、裁定书、调解书、上诉书;⑮办案小结。

第四节　实　验　案　例

一、实验案例一:妻子借款夫妻俩共同偿还的民间借贷纠纷案

(一)基本案情

被告顾丽霞、戴银明系夫妻,被告顾丽霞系诸暨市顾家酒业有限公司法定代表人,被告戴银明系诸暨市铭阳纺织有限公司法定代表人。被告顾丽霞因经营所需向原告黄小华借款。原告丈夫边泊平于 2010 年 6 月 26 日、2011 年 6 月 5 日、2011 年 8 月 17 日分三次通过农业银行汇款的方式向被告顾丽霞交付借款 22 万元,其余 3 万元系原告用现金交付。2012 年 4 月 5日,被告顾丽霞对借款 25 万元向原告出具借条一份,并约定月利率以1.5% 计息。经原告催讨,2014 年 3 月 16 日,被告戴银明之母被告朱小朵在借条中签名,原告在被告朱小朵的签名之前注明被告朱小朵为担保人身

份,并用括号将其与借款人被告顾丽霞的签名区分开。此后,被告顾丽霞仍未向原告还本付息。其间,原告向被告顾丽霞经营的顾家酒业收取价值计人民币35160元的酒。(本案所涉人名皆为化名)

原告于2014年5月14日诉至浙江省诸暨市人民法院,要求被告顾丽霞、戴银明共同归还借款本金25万元,支付从2012年4月5日起至还清日止按月利率1.5%计算的利息;被告朱小朵对上述款项承担连带清偿责任。

(二)证据材料

为证明自己的主张,原告黄小华向法院提交如下证据:

A1:中国农业银行业务回单3份,用以证明原告丈夫边泊平于2010年6月26日、2011年6月5日、2011年8月17日通过农业银行汇款的方式交付给被告顾丽霞借款22万元的事实。

A2:借条1份,用以证明经原告催讨,被告顾丽霞向原告黄小华出具借款金额为人民币25万元的借条1份,并由被告朱小朵对上述借款提供担保的事实。

A3:原告夫妻与被告夫妻催讨借款的短信记录5页,用以证明原告夫妻通过短信方式向被告顾丽霞、戴银明催讨借款的事实。

A4:农村买卖房屋协议和补充协议1份,以证明三被告系共同生活经营的事实。

A5:诸暨市铭阳纺织有限公司、诸暨市顾家酒业有限公司工商登记基本情况各1份,诸暨市人民法院〔2013〕绍诸商初字第3973号民事判决书1份,诸暨市人民法院〔2013〕绍诸商初字第638号民事调解书1份,用以证明本案借款系夫妻共同债务,该借款应由被告顾丽霞、戴银明共同归还的事实。

被告顾丽霞为证明自己的抗辩主张,向法院提交如下证据:

B1:诸暨市顾家酒业销售单3份,用以证明原告向被告顾丽霞经营的顾家酒业收取价值计人民币35160元的酒,该款应在本案借款本金中予以扣除的事实。

被告朱小朵为证明自己的抗辩主张,向本院提交如下证据:

C1:录音光盘及记录各1份,用以证明被告朱小朵并非本案借款担保人的事实。

(三)争议焦点

(1)本案借款是否为夫妻共同债务。

(2)被告朱小朵是否为本案借款的担保人。

(3)原告黄小华收取的被告顾丽霞价值35160元的酒,该款项作为本金归还还是作为利息扣除。

二、实验案例二：医院医疗过错引发医疗损害责任纠纷案

（一）基本案情

原告徐招娣系死者张国泰妻子，原告张诚灯、张诚维分别系死者张国泰长子、次子。2012年5月28日，张国泰因"上腹胀痛"入住被告慈溪市人民医院，结合相关检查及查体，入院诊断：①胆道感染；②急性结石性胆囊炎；③胆总管结石。同年6月5日，张国泰因右侧胸部疼痛行右肋骨X线检查，检查报告显示：右侧第8、9腋下肋骨骨折。同年6月6日，在被告医生对张国泰行腰部CT检查时，张国泰突然出现大汗、神志不清状况，遂行头颅CT平扫，报告显示：左侧小脑血肿，大小约4.7cm×4.2cm，部分脑室积血，蛛网膜下腔出血；两侧基底节区及半卵圆中心多发梗死灶。同日，被告对张国泰行右侧脑室穿刺引流＋左后颅窝开颅小脑脑干血肿清除＋去骨瓣减压术，术后予降颅内压、护脑等相关治疗。同年6月15日，张国泰转至ICU病房治疗，术后张国泰持续昏迷。同年7月9日，张国泰出院。同日，张国泰转院至复旦大学附属华山医院。同年7月19日，张国泰自复旦大学附属华山医院出院。同年8月5日，张国泰死亡。慈溪市医疗纠纷人民调解委员会曾就原、被告之间纠纷进行调解，因双方意见差距过大，调解未果。（本案所涉人名皆为化名）

三原告遂起诉至慈溪市人民法院要求被告承担医疗侵权责任。三原告认为，被告对高龄、高血压患者张国泰停用药物并决定行胆囊摘除术的治疗方案是错误的，是导致张国泰死亡的根本原因；在张国泰出现腿部酸麻、行走不便的症状时，被告迟迟未对张国泰进行脑部检查，延误治疗时机，具有重大过错；被告未把张国泰服用降压药后血压一直超正常范围的情况告知家属，也未查找原因、采取有效措施，导致张国泰脑出血发生；被告编造虚假病历、隐瞒事实、逃避责任。诉请判令被告赔偿三原告医疗费100000元、护理费7200元、丧葬费21654.5元、死亡赔偿金341118元、精神损害抚慰金40000元、交通费5000元、误工费7200元、住宿费1440元，合计523612.5元的80%即418890元。庭审中原告增加医疗费诉请，要求被告赔偿医疗费130000元。

被告答辩称：被告对张国泰的入院诊断明确，治疗符合常规，处置及时正确；根据医疗损害鉴定书，被告对张国泰的死亡应承担的责任为轻微责任，被告愿意承担10%的赔偿责任。

（二）证据材料

三原告为证明自己的诉讼主张成立，向法院提供以下证据材料：

A1：张国泰家庭户口本、慈溪市胜山镇一灶村村委会证明书各1份，证明

— 111 —

三原告主体适格。

A2：慈溪市人民医院住院病历、出院记录各1份，复旦大学附属华山医院住院病史录2份，CT检查单27份，证明张国泰在被告处就医及被告存在诊疗过错的事实。

A3：医疗费、住宿费、交通费票据若干，证明三原告花费医疗费、住宿费、交通费的事实。

A4：慈溪市医疗纠纷人民调解委员会出具的证明1份，证明慈溪市医疗纠纷人民调解委员会曾就本案纠纷进行调解，但因双方意见差距过大调解未果的事实。

被告为证明其辩称成立，向法院提供如下证据材料：

B1：慈溪市人民医院住院病历1份，证明被告医务人员结合B超初步诊断张国泰患有"胆道感染、急性结石性胆囊炎、胆总管结石"，诊疗不存在过错的事实。

B2：病程记录若干、手术记录单及术后首次病程记录各1份，证明被告根据张国泰的病情进行了及时治疗。

B3：临时医嘱单、护理记录单、化验报告、重症检测单、会诊单若干份，证明被告对张国泰进行了全面的护理及根据病情作了相应的检验。

B4：慈溪市人民医院出院记录1份，证明张国泰入院时及出院时的情况。

B5：鉴定费发票一份，证明被告支出鉴定费4000元。

法院为查明案情，自行收集证据材料：

C1：甬医学鉴〔2014〕105号医疗损害鉴定书1份。法院委托宁波市医学会对"①被告的诊疗行为是否存在过错；②被告的诊疗行为与张国泰死亡是否存在因果关系；③被告的医疗过失行为在张国泰死亡事故中的责任参与度"进行司法鉴定，宁波市医学会向法院出具该医疗损害鉴定书1份。

（三）争议焦点

（1）被告的诊疗行为是否存在过错。

（2）被告的诊疗行为与张国泰死亡是否存在因果关系。

（3）被告的医疗过失行为在张国泰死亡事故中的责任参与度。

（4）应按城镇居民还是农村居民人均纯收入标准计算张国泰死亡赔偿金。

（5）三原告诉请判令被告赔偿精神损害抚慰金40000元的主张能否得到法院支持。

三、实验案例三：事实上的买卖合同关系也受法律保护

（一）基本案情

尹原松于 2013 年承接宁波市江东区仇毕村委会 266 号仓库工程后，将搬迁两层货架工程分包给崔永亮施工。2013 年 4 月 9 日，崔永亮让郑智镯至仓库从事焊接铁架子工作。2013 年 4 月 19 日 16 时许，郑智镯工作时从电梯上摔下。后其由尹原松送至鄞州第二医院拍片检查，尹原松为此支付了1738.20 元医疗费。崔永亮得知后，于当天从外地赶回医院，并在内容为"今收到尹原松搭货架工资 5000 元整"的收据上签字。随后郑智镯被送至宁波市第六医院救治，并于 2014 年 4 月 25 日出院，共花去医疗费 7407.48 元。经原审法院委托，2014 年 2 月 25 日，宁波三益司法鉴定所对郑智镯的伤残等级等出具司法鉴定意见书，鉴定意见为：郑智镯因肋骨骨折构成九级伤残，建议郑智镯的休息期限为 120 日，护理期限为 30 日，营养期限为 30 日。原审法院另查明：郑智镯非农村户籍，且有一出生于 2000 年 12 月 3 日的女儿郑蔷薇。（本案所涉人名皆为化名）

郑智镯于 2014 年 3 月 10 日向宁波市江东区人民法院起诉，请求判令：尹原松赔偿郑智镯各项损失合计 201886 元（医疗费 7616.28 元、住院伙食补助费 180 元、误工费 14430 元、护理费 3600 元、残疾赔偿金 151608 元、被扶养人生活费 1660 元、交通费 300 元、营养费 900 元、精神损害抚慰金 10000 元）。原审庭审中，郑智镯就医疗费部分的诉讼请求减少为 5880.08 元，其他部分的诉讼请求未变。

（二）证据材料

被上诉人未提供有关证据，上诉人为支持其主张的事实，向法院提供以下证据材料：

A1：上诉人身份证复印件、个体工商户营业执照、个体工商户登记情况，证明上诉人的主体资格。

A2：被上诉人身份证复印件、个体工商户营业执照、个体工商户登记情况，证明被上诉人的主体资格。

A3：欠款凭据，证明上诉人、被上诉人之间成立买卖合同关系及截至2010 年 3 月 31 日被上诉人结欠上诉人货款 190 万元的事实。

A4：网点流水信息查询，证明被上诉人支付部分货款的事实。

A5：送货单 14 份、出库单 6 份、货款清算单据、〔2011〕温鹿商初字第2126 号民事判决书、〔2012〕浙温商终字第 78 号民事裁定书，证明 2010 年 3

月结算后上诉人继续向被上诉人供货的事实。

（三）争议焦点

（1）崔永亮与尹原松之间是否存在承包搬迁两层货架工程关系。

（2）郑智镯受崔永亮雇佣还是受尹原松雇佣去讼争工地工作。

（3）郑智镯焊接电梯的行为是否在崔永亮承包的搬迁两层货架工程范围内。

☞ **实验思考题**

1. 我国民事一审普通程序中的开庭审理包括哪些诉讼阶段？

2. 民事起诉状的书写主要包括哪些内容？

3. 如何整理卷宗？

第五章

民事二审程序

☞ **实验教学目的**

1. 掌握民事二审普通程序开庭审理的主要环节和流程。
2. 掌握民事二审诉讼司法文书的书写。
3. 培养庭审表达和应变技能。

☞ **实验教学内容**

书写司法文书,演练民事二审诉讼参与。

第一节 庭审程序及注意事项

民事二审程序是指由于民事诉讼的当事人不服一审法院未确定的裁判,在法定期间内向其上一级法院提起变更或者撤销该未生效裁判的请求所引起的二审人民法院审理上诉案件所适用的程序。

上诉,是指民事诉讼当事人对下级法院尚未确定的裁判,向上级法院声明不服,请求撤销或者变更该裁判的行为。由于我国实行两审终审制,当事人不服一审法院作出的裁判,可以向一审法院的上一级法院提起上诉,经上一级法院审理并作出裁判后,诉讼便告完结,所以上诉审程序又称二审程序。同时,一个案件经过二审程序审理并作出裁判后,诉讼即告终结,二审作出的判决立即发生法律效力,因此二审程序又称为终审程序。

二审程序并不是民事诉讼的必经程序,也不是人民法院审理案件的必经程序,如果当事人在案件一审过程中达成了调解协议或者在上诉期内未提起上诉,一审法院的裁判就发生法律效力,二审程序也因无当事人的上诉而无从发生。

民事二审程序既审理下级法院未生效裁判,同时也审理当事人的权利主张。因此,民事二审程序既是一种裁判瑕疵的救济程序,给予当事人更多的救济权利机制,也是上级法院对下级法院审判监督的体现,以保障司法的正当性和法律的统一适用。

民事二审程序可以分为上诉的提起与受理、上诉案件的审理、上诉案件的裁判几个阶段。

一、上诉的提起与受理

（一）上诉的提起

上诉是当事人的重要诉讼权利,其法律后果是引起二审程序的发生,因此,当事人提起上诉应当具备一定的条件,这些条件可以划分为上诉的实质条件和上诉的形式条件。

1. 上诉的实质条件

上诉的实质条件,即当事人可以针对哪些判决与裁定提起上诉。

（1）允许上诉的判决,即地方各级人民法院适用普通程序与简易程序审理后作出的判决,以及人民法院对发回重审与按照一审程序对案件进行再审后作出的判决。这就排除了两类不能上诉的判决:一是最高人民法院作出的一审判决;二是法院适用特别程序、公示催告程序作出的判决。

（2）允许上诉的裁定,即管辖权异议裁定、不予受理裁定、驳回起诉裁定和驳回破产申请的裁定。

2. 上诉的形式条件

当事人提起上诉除具备实质条件外,还应当符合下列形式条件:

（1）上诉人与被上诉人合法。在民事诉讼中,有权提起上诉而成为上诉人的应当是一审判决中的实体权利义务承受人。具体包括一审中的原告、被告、共同诉讼人、有独立请求权的第三人和承担实体义务的无独立请求权的第三人。也就是说,当事人是否享有上诉权取决于依据一审判决是否享有实体权利或者承担实体义务。

当上诉人都上诉的时候,根据《最高人民法院关于适用〈中华人民共和国民事诉讼法〉的解释》(以下简称《民诉法解释》)第317条的规定,双方当事人和第三人都上诉的,均列为上诉人。人民法院可以依职权确定第二审程序中当事人的诉讼地位。二审程序不同于一审程序,由于一审程序审理的是双方当事人之间的实体权利义务争议,因此必须要有双方当事人;而二审程序审理的是当事人对一审判决不服而提起上诉的内容,因此,二审程序中既可以存在双方当事人,即上诉人与被上诉人,也可以只有上诉人一方当事人,而没有被上诉人。

在必要共同诉讼中,法院经过审理作出一审判决后,经常会出现必要共同诉讼人中只有一人或者部分人提出上诉,《民诉法解释》第 319 条对这类情况作出了明确的规定,即必要共同诉讼人中的一人或者部分人提出上诉的,按照下列情况处理:

第一,该上诉是对与对方当事人之间权利义务分担有意见,不涉及其他共同诉讼人利益的,对方当事人为被上诉人,未上诉的同一方当事人依原审诉讼地位列明。

第二,该上诉仅对共同诉讼人之间权利义务分担有意见,不涉及对方当事人利益的,未上诉的同一方当事人为被上诉人,对方当事人依原审诉讼地位列明。

第三,该上诉对双方当事人之间以及共同诉讼人之间权利义务承担有意见的,未提出上诉的其他当事人均为被上诉人。

(2)上诉期间。根据《民事诉讼法》的规定,对一审判决的上诉期为 15 日,对一审裁定的上诉期为 10 日。

(3)上诉状。当事人提起上诉必须以书面形式进行,口头上诉无效。如果当事人以邮寄的方式上诉,那么以邮局的邮戳为准,即只要邮局的邮戳时间在法定上诉期内,即使上诉状到达法院时已超过上诉期,仍然视为有效上诉。

(二)上诉的受理

当事人提起上诉,原则上应当将上诉状交给原审法院,当然也可以直接将上诉状交给上级人民法院。通过原审法院上诉的,原审法院应当在 5 日内将上诉状副本送达给对方当事人,对方当事人在收到之日起 15 日内提出答辩状,人民法院应当在收到答辩状之日起 5 日内将答辩副本送达上诉人。原审法院收到上诉状、答辩状,应当在 5 日内连同全部案卷和证据,报送第二审人民法院。

当事人直接向第二审人民法院上诉的,第二审人民法院应当在 5 日内将上诉状移交原审人民法院,然后由原审人民法院进行上述程序性工作。

二、二审上诉案件的审理

根据《民事诉讼法》第 174 条的规定,第二审人民法院审理上诉案件,除依照第 14 章"第二审程序"的规定外,适用第一审普通程序。可见,上诉案件的审理,首先适用的是第二审程序的规定,同时在第二审程序没有特别规定时,则以第一审普通程序为基础,适用第一审普通程序的相关内容。

(一)上诉案件的审理范围

《民事诉讼法》第 168 条规定,第二审人民法院应当对上诉请求的有关事实和适用法律进行审查。可见,在我国,第二审法院的审理范围是与当事人的上诉请求有关的事实和法律问题。我国第二审法院进行的审理既是事实审,又是法律审。但审理的事实和法律问题,是围绕着当事人的上诉请求进行的,即只审理与上诉请求有关的事实和法律问题。

(二)上诉案件的审理方式

第二审人民法院对上诉案件可以根据案件的具体情况分别采取以下两种方式进行审理:①开庭审理;②径行裁判。根据我国现行《民事诉讼法》第 169 条的规定,上诉案件的审理以开庭审理为原则,以径行裁判为例外。

开庭审理是指人民法院在双方当事人到庭,以及其他诉讼参与人参加的情况下,通过法庭审理调查有关事实和诉讼资料且进行辩论,并以此为基础作出判决的审理方式。开庭审理是与书面审理相对的,书面审理是指不进行法庭审理,不进行调查与询问当事人,仅审查有关书面材料而作出裁判的审理方式。

径行裁判是我国《民事诉讼法》规定的二审审理方式之一,是指第二审人民法院经过阅卷和调查,询问当事人,在事实核对清楚后,合议庭认为不需要开庭审理的,直接作出判决、裁定的审理方式。可见,径行裁判与书面审理是不同的,径行裁判也需要进行事实调查、询问当事人。在民事诉讼的二审程序中,不得适用书面审理方式。

在我国,第二审审理的方式原则上应当采取开庭审理的形式,只能对第二审人民法院认为不需要开庭审理就能查清事实、予以裁判的案件,才可以径行裁判。第二审案件开庭审理的,除根据二审程序的有关规定外,应当根据第一审普通程序的规定进行审理前的准备和履行开庭审理的各个程序。

(三)上诉案件的调解

调解是《民事诉讼法》的一项基本原则,不论是第一审程序还是第二审程序,都可以根据自愿与合法的原则,在事实清楚的基础上,分清是非,依法进行调解。因此,调解也是第二审程序中的结案方式之一。在第二审程序中达成调解协议的应制作调解书,调解书应由审判员和书记员署名,并加盖人民法院的印章。调解书送达当事人后,即发生法律效力,二审程序结束,当事人之间的法律关系依据调解书的内容得以确定。同时,原审法院的判决视为撤销。需要注意的是,二审生效调解书既是第二审人民法院行使审判权的体现,又是双方当事人合意处分自己权利的结果,所以二审调解书不能是"撤销原判",只能是因为二审调解书的生效使一审裁判不发生法律效力,是"视为撤销原判"。

在二审调解中,可以就上诉请求范围内的实体问题进行调解,也可以对一审判决认定的而上诉人未提出异议的实体问题进行调解。根据《民诉法解释》第 326 条至第 329 条,二审调解还应注意下列问题:

(1)当事人在一审中已经提出的诉讼请求,原审法院未作审理、判决的,第二审法院可以根据当事人自愿的原则进行调解;调解不成的,发回重审。

(2)必须参加诉讼的当事人或者有独立请求权的第三人,在一审中未参加诉讼,第二审法院可以根据自愿原则进行调解;调解不成的,发回重审。

(3)在第二审程序中,原审原告增加独立的诉讼请求或原审被告提出反诉的,第二审法院可根据当事人自愿的原则就其进行调解;调解不成的,告知当事人另行起诉。双方当事人同意由第二审人民法院一并审理的,第二审人民法院可以一并裁判。

(4)一审判决不准离婚的案件,上诉后,第二审法院认为应当判决离婚的,可以根据当事人自愿的原则,与子女抚养、财产问题一并进行调解;调解不成的,发回重审。双方当事人同意由第二审人民法院一并审理的,第二审人民法院可以一并裁判。

此外,根据《民诉法解释》第 339 条的规定,当事人在第二审程序中达成和解协议的,法院可以根据当事人的请求,对双方达成的和解协议进行审查并制作调解书送达当事人;因和解而撤诉,经审查符合撤诉条件的,人民法院应予准许。

三、二审案件的裁判

二审上诉案件的裁判,即第二审裁判,是指第二审法院经过对当事人的上诉进行审理,根据事实与法律作出的终局性判定。第二审裁判包括裁定与判决两种形式。根据我国《民事诉讼法》的规定,对于裁定的上诉,第二审法院只能以裁定形式作出裁判;对于判决的上诉,第二审法院根据不同情形,可以使用裁定或者判决形式作出裁判。

第二审的裁判属于法院行使司法权的具体形式，当然应当符合作出裁判的一般准则。同时，为了充分保护当事人的上诉权利与处分权利，上诉裁判的作出还应当符合特殊的规则，即不利益变更禁止原则。不利益变更禁止原则，是指第二审法院在只有一方当事人上诉，对方当事人没有提出上诉或者没有提出附带上诉的，第二审法院原则上不得作出比第一审裁判对上诉人更为不利的裁判。不过，我国现行《民事诉讼法》对此没有作出规定。

第二审法院审理上诉案件的内容，不仅包括双方当事人之间的实体权利义务之争，而且还包括审查一审裁判认定的事实是否清楚、适用的法律是否正确、有无违反法定程序等。因此，针对一审裁判的不同情况，第二审法院对上诉案件要作出不同裁判。

（一）对第一审判决提起上诉的案件的裁判

1. 驳回上诉，维持原判

第二审法院经过审理，认为原判决对上诉请求的有关事实认定清楚、适用法律正确的，判决驳回上诉，维持原判。

2. 依法改判

第二审法院经过审理，认为原判决对上诉请求的有关事实认定清楚，但适用法律错误的，第二审法院在确认一审判决认定事实的同时，依法改判，以纠正原判决在适用法律上的错误。同时，原审判决认定事实错误，或者认定事实不清、证据不足，第二审法院可以在查清事实后依法改判。基于当事人上诉请求的不同，依法改判可能变更原判决的一部分，也可能变更原判决的全部。

3. 发回重审

根据《民事诉讼法》的规定，第二审人民法院发回重审有两种情形：①第二审法院经过审理，认为原审法院的判决认定事实错误，或者认定事实不清或证据不足的，原则上发回重审，也可以在查清事实后依法改判。②第二审法院经过审理，认为原判决违反《民事诉讼法》规定的程序，可能影响案件正确判决的，可以裁定撤销原判，发回原审法院重审。至于哪些违反程序的情形需要发回重审，由第二审法院根据案件审理情况确定。同时，《民诉法解释》第181条规定了四种第一审人民法院违反法定程序，可能影响案件正确判决，应当裁定撤销原判，发回原审人民法院重审的情形，即：审理本案的审判人员、书记员应当回避未回避的；未经开庭审理而作出判决的；适用普通程序审理的案件当事人未经传票传唤而缺席判决的；其他严重违反法定程序的。

《民诉法解释》第182条至第186条还规定，对于下列案件，是否发回重

审,由第二审人民法院根据案件审理的具体情形,作出不同处理:

(1)对当事人在一审中已经提出的诉讼请求,原审人民法院未作审理、判决的,第二审人民法院可以根据当事人自愿的原则进行调解,调解不成的,发回重审。

(2)必须参加诉讼的当事人在一审中未参加诉讼,第二审人民法院可以根据当事人自愿的原则予以调解,调解不成的,发回重审。发回重审的裁定书不列应当追加的当事人。

(3)在第二审程序中,原审原告增加独立的诉讼请求或原审被告提出反诉的,第二审人民法院可以根据当事人自愿的原则就新增加的诉讼请求或反诉进行调解,调解不成的,告知当事人另行起诉。

(4)一审判决不准离婚的案件,上诉后,第二审人民法院认为应当判决离婚的,可以根据当事人自愿的原则,与子女抚养、财产问题一并调解,调解不成的,发回重审。

(5)人民法院依照第二审程序审理的案件,认为依法不应由人民法院受理的,可以由第二审人民法院直接裁定撤销原判,驳回起诉。发现一审人民法院主管错误,应裁定撤销原判,告知当事人向有关主管部门申请解决。

此外,根据《证据规定》的规定,在第二审程序中,一方当事人提出新证据致使案件被发回重审的,对方当事人有权要求其补偿误工费、差旅费。

根据《民事诉讼法》规定,发回原审法院重审的案件,原审法院应按一审程序另行组成合议庭进行审理,审理后作出的裁判为一审裁判,当事人不服的仍可以上诉。

(二)对第一审裁定提起上诉的案件的裁定

当事人对不予受理的裁定、管辖权异议的裁定、驳回起诉的裁定,可以依法上诉。第二审人民法院对不服一审人民法院裁定的上诉案件的处理,也一律使用裁定。

第二审人民法院经过审理,对于原裁定认定事实清楚、证据充分、适用法律正确的,裁定驳回上诉,维持原裁定;原裁定认定事实不清或证据不足,或者适用法律错误的,应当按照下列情形,分别进行处理:①第二审人民法院查明第一审人民法院作出的不予受理裁定有错误的,应在撤销原裁定的同时,指令第一审人民法院立案受理。②查明第一审人民法院作出的驳回起诉裁定有错误的,应在撤销原裁定的同时,指令第一审人民法院进行审理;裁定撤销原裁定,作出正确的裁定。③对于管辖权异议的裁定有错误的应当如何处理,目前没有明确完备的规定,根据1995年《最高人民法院关于当事人就级别管辖提出异议应如何处理问题的函》、1996年《最高人民法院关于当事人就案件级别管辖权向上级法院提出异议上级法院发函通知移送,而下级法院拒不移送,也不作出实体判决应如何处理问题的复函》规定,对受理法院无管辖权、当事人提出管辖权异议的,第二审人民法院应通知有关法院将案件移送有管辖权的法院审理,该法院必须移送;如果受诉法院拒不移送,可以裁定将案件移送有管辖权的法院审理,同时应对有关人员给予严肃批评,情节严重的,应以违反审判纪律对有关人员作出严肃处理。根据上述规定的精神,我们认为,第二审法院对于管辖权异议裁定的上诉,经过审理,如果发现裁定有错误的,应当撤销原裁定,作出新的裁定,裁定中应当写明有管辖权的人民法院,并根据不同情况作出处理:受理法院认为自己无管辖权,第二审法院审查认为其有管辖权的,应当指令其进行审理;受理法院认为自己有管辖权,第二审法院审理认为其无管辖权的,应当通知其将案件移送有管辖权的法院审理。

我国实行两审终审制,第二审法院的裁判为终审裁判。二审裁判一经送达当事人,即具有法律效力,当事人不得就此再行上诉,也不得就同一诉讼标的,以同一事实和理由重新起诉。但是,判决不准离婚、调解和好的离婚案件以及判决、调解维持收养关系的案件除外。对于第二审法院作出的具有给付内容的裁判,如果义务人拒不履行义务的,对方当事人有权向法院申请强制执行,人民法院也可以视情况依职权强制执行,从而实现保护当事人合法权益的目的。

第二节　示范案例及庭审操作示范

一、示范案例

孙高良经营金石大饭店,吴云行经营牙科诊所,双方经营地点相距较近(相邻),多年来纷争不断。2003年9月5日,孙高良与吴云行达成协议,双方协商共同出资,修水泥路,双方以后都不准在此通道上做地面建筑物。2011年3月2日,在有关部门的协调下,孙高良与吴云行就相邻纠纷达成调解协议书。(本案所涉人名皆为化名)

2013年9月4日,孙高良起诉至浙江省临安市人民法院,请求:①判令吴云行拆除建在通道上的室外楼梯及楼梯下面的封闭建筑物,履行2011年3月2日的调解协议,让出通道;②判令吴云行拆除孙高良与其相邻处通往景杉路的通道上的铁栅栏，排除妨碍；③判令吴云行将新建二楼（女儿墙）高度降低80厘米，留出应有空间，停止侵害。

原审法院审理后于 2014 年 4 月 30 日判决：第一，吴云行于判决生效后30 日内拆除自己经营的牙科诊所东墙与景杉路 318 号（大明山土菜馆）西墙之间的北侧铁栅栏；第二，驳回孙高良的其他诉讼请求。

宣判后，孙高良不服，向浙江省杭州市中级人民法院提起上诉，请求撤销原审判决第二项，并依法改判，支持原审的诉讼请求。

二、开庭准备

（1）在法定期间内送达诉讼文书。

（2）组成合议庭。

（3）审阅案卷、调查和询问当事人，掌握案情。

（4）确定上诉案件的审理方式。对没有提出新的事实、证据或者理由，合议庭认为不需要开庭审理的，可以不开庭审理。

（5）一方当事人提出新证据的，通知对方当事人在合理期限内补充举证。

（6）准备庭审提纲。

（7）在开庭 3 日前通知当事人和其他诉讼参与人。公开审理的，应当公告当事人姓名、案由和开庭的时间、地点。

三、庭审操作示例

（一）法庭准备阶段

书记员：

（1）查点当事人及其诉讼参与人到庭情况并请入席。

（2）现在宣布法庭纪律：

①到庭所有人员应听从审判员统一指挥，一律关闭通信工具，遵守法庭秩序，不准吸烟。

②旁听人员必须保持肃静，不得喧哗、鼓掌、插话，不得进入审判区，有意见可以在闭庭后提出。

③当事人及其诉讼参与人不得中途退庭，如擅自退庭，是原告的作撤诉处理，是被告的则依法缺席判决。

④审判人员或法警有权制止违反法庭纪律、妨碍民事诉讼活动的行为，对不听制止的，可依法予以训诫、责令退出法庭或者予以罚款、拘留，对情节

严重的依法追究其刑事责任。

（3）全体起立，请审判长、审判员、人民陪审员入庭。

（起立完毕，合议庭组成人员入庭，就座）

（4）全体坐下。

（5）报告审判长，全体当事人均已到庭，请开庭。

审判长：现在开庭，首先核对双方当事人、诉讼代理人的身份和资格。由上诉人向法庭报告你的姓名、年龄、民族、出生年月日、工作单位、职务及家庭住址。

上诉人：我叫孙高良，男，××××年××月××日出生，汉族，浙江省临安市居民，现住临安市××路××号。

审判长：由被上诉人向法庭报告你的姓名、年龄、民族、出生年月日、工作单位、职务及家庭住址，由被上诉人委托代理人向法庭报告你的姓名，说明你的工作单位、职务及代理权限。

被上诉人：

我叫吴云行，男，××××年××月××日出生，汉族，浙江省临安市居民，现住临安市××路××号。

被上诉人委托代理人：

我叫浦××，临安市××律师事务所律师，系本案被上诉人吴云行的代理律师。代理权限：一般代理。

审判长：上诉人，你对被上诉人及其诉讼代理人身份有无异议？

上诉人：没有。

审判长：被上诉人，你对上诉人身份有无异议？

被上诉人：没有。

审判长：经过审查，上述当事人及诉讼代理人的身份及委托权限与庭审前办理的手续一致，当事人之间未提出异议，出庭资格有效，准许参加诉讼，现在开庭。（敲击法槌）

审判长：依照《中华人民共和国民事诉讼法》的规定，浙江省杭州市中级人民法院今天依法公开开庭审理上诉人孙高良与被上诉人吴云行相邻关系纠纷案。本案系上诉人孙高良不服浙江省临安市人民法院〔2013〕杭临民初字第 1753 号民事判决，向本院提起上诉的。

本院于 2014 年 5 月 27 日受理后，依法组成了合议庭进行审理。下面宣布合议庭组成人员，本案由审判员×××、×××，代理审判员×××，共同组成合议庭，由×××担任审判长，书记员×××担任法庭记录。

依照《中华人民共和国民事诉讼法》第44、45条的规定，当事人有申请回避的权利。审判人员有下列情形之一的，当事人有权用口头或者书面方式申请他们回避：①是本案当事人或者当事人、诉讼代理人近亲属的；②与本案有利害关系的；③与本案当事人、诉讼代理人有其他关系，可能影响对案件公正审理的。审判人员接受当事人、诉讼代理人请客送礼，或者违反规定会见当事人、诉讼代理人的，当事人有权要求他们回避。上述规定，适用于书记员、翻译人员、鉴定人、勘验人。当事人提出回避申请，应当说明理由，在案件开始审理时提出；回避事由在案件开始审理后知道的，也可以在法庭辩论终结前提出。

审判长：上诉人，对于本合议庭组成人员及书记员是否提出回避请求？

上诉人：不申请。

审判长：被上诉人是否申请回避？

被上诉人：不申请。

审判长：之前书记员已经向当事人送达了开庭须知，须知中已经载明了法庭审理过程中当事人享有的诉讼权利和必须履行的诉讼义务。对此，上诉人是否已经明确？

上诉人：明确。

审判长：被上诉人是否已经明确？

被上诉人：明确。

（二）法庭调查阶段

审判长：庭审分四个阶段进行：法庭调查、法庭辩论、法庭调解、评议与宣判。下面进行法庭事实调查，当事人对自己提出的主张有责任提供证据，反驳对方的主张应当说明理由。首先由上诉人陈述事实、诉讼请求及理由。

上诉人：

诉讼请求：

（1）撤销原审判决第二项，并依法改判，支持原审的诉讼请求。

（2）本案一审、二审诉讼费用由吴云行承担。

事实及理由：

上诉人认为一审法院对调解协议的"约定体现不出通道位置不能建固定建筑物的理解"明显错误。原审法院认定建筑物已得到建设主管部门的规划审批，又不足以认定不在吴云行的土地使用范围内，更难以认定对他人通行产生不利影响的事实。而上诉人认为，吴云行用孙高良的土地面积建楼梯间完全是事实，已由临安市国土资源局委托相关部门作了勘测，认定吴云行确实侵占了孙高良的土地权属范围,而且吴云行所建的楼房、楼梯间确实侵占了原有通道的事实,阻碍了周围群众的正常通行。至于审批情况是在不正常的运作下产生,上诉人申诉至今,从未间断过。

为维护上诉人的合法权益,特提出上诉,请二审法院予以公正审理。

审判长:上诉人对上诉内容有无补充?

上诉人:没有。

审判长:下面由被上诉人针对上诉人的上诉发表你们的答辩意见。

被上诉人:

被上诉人吴云行针对上诉人的上诉答辩如下:

(1)吴云行并未非法占用通道及违背协议精神。吴云行所建楼梯等建筑物是在其享有土地使用权的土地上建造的,并办理了相应建设许可手续,在建设主管部门核发的建字第 2012-003 号《建设工程规划许可证》中也明确了吴云行的审批内容真实,手续合法。如果孙高良认为吴云行获得该许可证的途径不合法,应提起行政诉讼予以审查,这并非民事诉讼的审理范围和内容。另外,一审法院经过实地勘察后也认为该建筑物难以认定会影响车辆和行人通行,且二层的建筑物也没有超越三层窗户底部,根本不会有所谓的影响通风采光的情况出现。至于违背协议精神方面,对于吴云行建造室外楼梯,规划部门审批前是经过孙高良同意的,所建房屋也按协议精神退后了 20 厘米,留出部分作为通道也是吴云行自用通道,双方根本没有约定作为公共通道。因为该部分土地使用权为吴云行享有,这一点孙高良在协议中也予以了确认,所以双方不可能在民事协议中为公共事物设定权利。

(2)平台卫生问题并非吴云行刻意制造且并非需要通过拆除建筑物来解决。该平台确实存在一定的卫生问题,但是并非吴云行刻意制造产生,而是由年久积灰以及楼上抛弃废物共同造成的,这里面也不排除孙高良所处三楼或多或少会对二楼的平台造成一定的影响。退一步来说,即使孙高良认为存在垃圾会影响美观等,也可以通过清扫等方式解决,吴云行非常愿意配合,因为环境的整洁也是有益无害的。但孙高良执意要以降低建筑物的高度来实现该目的,对此,吴云行认为:一来在建筑物已形成的情况下这是强人所难;二来在许可证照齐全的前提下提出该要求是明显的无理取闹。吴云行认同原审法院对该问题的判断。

(3)重要批示不能干涉司法独立权。孙高良通过关系,获得了一些所谓的重要批示,但从这些批示内容看,根本不存在任何有倾向性的具体意见。何况现在是司法诉讼阶段,任何批示都不能作为诉讼证据使用,否则就有干涉司法之嫌，也是对司法权力的不尊重。

综上，吴云行认为孙高良的上诉请求缺乏事实与法律的支持，请求驳回孙高良的上诉请求。

审判长：针对被上诉人的答辩，上诉人有无补充陈述？

上诉人：没有。

审判长：下面就案件事实进行证据审查。在本院指定的举证期限内，双方当事人均未向本院提交新的证据。在本院指定的举证期限届满后，上诉人向本院提交三张照片。下面，由上诉人出示证据，并说明证据的名称以及证据所要证明的对象。在质证的过程中，双方当事人应当围绕证据的真实性、合法性、关联性、有无证据效力以及证明效力大小发表质证意见。

上诉人：上诉人向法院提交三张照片，拟证明之前有 3 米的通道，现在被吴云行、吴云亮建造的房屋占用了。

审判长：请法警将上诉人出示的证据提交法庭。请法警将证据交给被上诉人。被上诉人对上诉人所出示的证据有无异议？

被上诉人：对上诉人提供的上述证据，被上诉人认为：对该证据的真实性、合法性、关联性均有异议，照片显示的内容不能看出通道的归属问题，不能证明该通道原先属于孙高良，后来根据协议将使用权归属吴云行。

审判长：经过法庭质证，本院认为：被上诉人对上诉人提供的证据的真实性、合法性、关联性均有异议。本院认为，该证据并不能达到孙高良的证明目的，故不予采纳。

审判长：经过法庭调查，本院查明的事实与原审法院认定的事实一致。

法庭调查结束，下面进入法庭辩论阶段。根据双方向法庭提交的上诉状、答辩状以及相关的证据材料，基于对事实的认定，本院认为本案的争议焦点为：

（1）吴云行是否非法占用通道及违反了双方调解协议书的约定。

（2）原审法院未支持孙高良关于拆除室外楼梯等建筑物、降低新建二楼（女儿墙）高度的请求是否不当。

上诉人对本庭归纳的争议焦点有无异议？

上诉人：没有异议。

审判长：被上诉人对本庭归纳的争议焦点有无异议？

被上诉人：没有异议。

审判长：根据《中华人民共和国民事诉讼法》第 141 条的规定，现在进行法庭辩论。当事人及其诉讼代理人应围绕本案争议焦点，结合法庭调查的具体情况以及适用法律方面进行综合性发言。辩论中应当实事求是,在法律范围内尊重客观事实,以理服人,不应涉及与本案无关的问题和进行人身攻击,不得重复发表意见,包括不再重复事实、不再重复证据以及质证意见。首先由上诉人针对第一个争议焦点发表辩论意见。

上诉人:第一个争议焦点,我认为,吴云行非法占用了通道且违反了双方调解协议书的约定。原审法院认为双方对于在 2011 年 3 月 2 日达成的调解协议内容存在分歧是错误的。申辩理由:①该调解协议第二条明确约定吴云亮兄弟翻建平台时加宽部分沿着孙高良五层楼房南面外墙退后 20 厘米拉直,与畔湖路规划红线垂直,报规划部门审批后建造。退后部分使用性质为通道,并附有规划图(孙高良提交给原审法院的证据一)。孙高良作为当事人很清楚在当时签订此协议条款的实质含义是:吴云行原来的平台外本身就有一条约 3 米宽的公共通道(孙高良提交给原审法院的证据七),吴云行翻建平台时加宽部分仍必须留出约 17.9 平方米作为通道使用,是作为孙高良同意与吴云行、吴云亮置换房屋的前提条件。使用权证属吴云行的意思是考虑到以后万一政府拆迁则补偿费用归吴云行所有。因此,既然约定是通道,就要有通道的作用,能够保证通行,就不能再建固定建筑物,而吴云行、吴云亮认为是自己的土地就可以建建筑物违背协议精神。②吴云行、吴云亮完全可以把楼梯建在室内。既然孙高良已高姿态作出了让步,把二楼房屋让给吴云行作为营业房,而吴云行自私自利到区区 17.9 平方米的土地面积都这么抠门,而且在建室外楼梯时还侵占了孙高良的土地(孙高良提交给原审法院的证据三)。③吴云珩新建二楼本靠着孙高良 304 室墙体作为立面,应该和三楼底平面持平,而不是所谓的三层窗户底部。平台围裙高度可以保持在 30 厘米以内,为什么非要建到 80 厘米以上高度,以致严重遮挡了孙高良 304 室视线,平台上的垃圾又影响环境卫生,且存在安全隐患。然而吴云行新建的室外楼梯间不仅遮挡了孙高良金石大饭店餐厅的广告牌,还严重影响了金石大饭店的整体形象(孙高良提交原审法院的证据六)。④孙高良曾向当地政府和上级有关部门反映过此情况,得到了上级领导和部分政协委员的高度重视,并作了全面了解和认真细致的调查分析,认定吴云行的行为违反了调解协议的事实,主要领导还对此作出了重要批示。

综上,一审法院对调解协议的约定体现不出通道位置不能建固定建筑物的理解明显错误。

审判长:现在由被上诉人及其代理人发表辩论意见。

被上诉人:我方针对上诉人提出的辩论意见发表以下观点:

（1）被上诉人并未非法占用通道及违背协议精神。被上诉人所建楼梯等建筑物是在其享有土地权的土地上建造的，并办理了相应建设许可手续，在建设主管部门核发的建字第 2012-003 号《建设工程规划许可证》中也明确了被上诉人的审批内容真实，手续合法。如果孙高良认为被上诉人获得该许可证的途径不合法，应提起行政诉讼予以审查，这并非民事诉讼的审理范围和内容。另外，一审法院经过实地勘察后也认定该建筑物难以认定会影响车辆和行人通行，且二层的建筑物也没有超越三层窗户底部，根本不会有所谓的影响通风采光的情况出现。至于违背协议精神方面，对于被上诉人建造室外楼梯，规划部门审批前是经过孙高良同意的，所建房屋也按协议精神退后了20 厘米，留出部分作为通道也是被上诉人自用通道，双方根本没有约定作为公共通道。因为该部分土地使用权为被上诉人享有，这一点孙高良在协议中也予以了确认，所以双方不可能在民事协议中为公共事物设定权利。

（2）平台卫生问题并非被上诉人刻意制造。该平台确实存在一定的卫生问题，但是由年久积灰以及楼上抛弃废物共同造成的，这里面也不排除孙高良所处三楼或多或少会对二楼的平台造成一定的影响。

审判长：上诉人有无新的辩论意见？

上诉人：没有。

审判长：下面由双方及其诉讼代理人针对第二个争议焦点"原审法院未支持孙高良关于拆除室外楼梯等建筑物、降低新建二楼（女儿墙）高度的请求是否不当"发表辩论意见。首先由上诉人发表辩论意见。

上诉人：我方主要有以下辩论意见：

吴云行侵占孙高良的土地面积建楼梯间完全是事实，已由临安市国土资源局委托相关部门作了勘测，认定吴云行确实侵占了孙高良的土地权属范围，而且吴云行所建的楼房、楼梯间确实侵占了原有通道的事实，阻碍了周围群众的正常通行。因此，法院应当支持孙高良要求拆除室外楼梯等建筑物、降低新建二楼（女儿墙）高度的请求。

审判长：现在由被上诉人及其代理人发表辩论意见。

被上诉人：

（1）平台卫生问题并非需要通过拆除建筑物来解决。该平台确实存在一定的卫生问题，是由年久积灰以及楼上抛弃废物共同造成的，这里面也不排除孙高良所处三楼或多或少会对二楼的平台造成一定的影响。如果孙高良认为存在垃圾会影响美观等，可以通过清扫等方式解决，吴云行非常愿意配合，因为环境的整洁也是有益无害的。但孙高良执意要以降低建筑物的高度来实现该目的,对此,吴云行认为:一来在建筑物已形成的情况下这是强人所难;二来在许可证照齐全的前提下提出该要求是明显的无理取闹。吴云行认同原审法院对该问题的判断。

(2)重要批示不能干涉司法独立权。孙高良通过关系,获得了一些所谓的重要批示,但从这些批示内容看,根本不存在任何有倾向性的具体意见。何况现在是司法诉讼阶段,任何批示都不能作为诉讼证据使用,否则就有干涉司法之嫌,也是对司法权力的不尊重。

审判长:上诉人有无新的辩论意见?

上诉人:没有。

审判长:被上诉人有无新的辩论意见?重复的不用再说。

被上诉人:没有。

审判长:围绕争议焦点,双方当事人进行了充分的法庭辩论,双方无新的辩论,法庭辩论阶段结束。现在由双方当事人进行最后陈述,在最后陈述阶段双方当事人可以简单明确地表明对于本案的处理意见和各自是否坚持诉讼主张的意愿。首先,请上诉人作最后陈述。

上诉人:上诉人认为一审法院对调解协议的"约定体现不出通道位置不能建固定建筑物的理解"明显错误。上诉人认为,吴云行用孙高良的土地面积建楼梯间完全是事实,已由临安市国土资源局委托相关部门作了勘测,认定吴云行确实侵占了孙高良的土地权属范围,而且吴云行所建的楼房、楼梯间确实侵占了原有通道的事实,阻碍了周围群众的正常通行。为维护上诉人的合法权益,特提出上诉,请二审法院予以公正审理,撤销原审判决第二项,并依法改判,支持上诉人的诉讼请求。

审判长:请被上诉人作最后陈述。

被上诉人:被上诉人所建楼梯等建筑物是在其拥有土地使用权的土地上建造的,并办理了相应建设许可手续,在建设主管部门核发的《建设工程规划许可证》中也明确了吴云行的审批内容真实,手续合法。另外,一审法院经过实地勘察后也认定该建筑物难以认定会影响车辆和行人通行,且二层的建筑物也没有超越三层窗户底部,根本不会有所谓的影响通风采光的情况出现。至于违背协议精神方面,对于吴云行建造室外楼梯,规划部门审批前是经过孙高良同意的,所建房屋,也按协议精神退后了20厘米,留出部分作为通道也是吴云行自用通道,双方根本没有约定作为公共通道。因为该部分土地使用权为吴云行享有,这一点孙高良在协议中也予以了确认,所以双方不可能在民事协议中为公共事物设定权利。

平台卫生问题并非吴云行刻意制造且并非需要通过拆除建筑物来解决。孙高良执意要以降低建筑物的高度来实现该目的,对此,吴云行认为:一来在建筑物已形成的情况下这是强人所难;二来在许可证照齐全的前提下提出该要求是明显的无理取闹。吴云行认同原审法院对该问题的判断。综上,吴云行认为孙高良的上诉请求缺乏事实与法律的支持,请求驳回孙高良的上诉请求。

审判长:根据《中华人民共和国民事诉讼法》第 9 条、第 93 条、第 172 条的规定,判决前能够调解的可以进行调解。上诉人,是否同意调解?

上诉人:不同意。

审判长:由于上诉人不同意调解,本庭不再组织调解,合议庭需要对本案休庭 15 分钟进行评议。

审判长:下面宣布休庭,由合议庭进行评议,评议后继续开庭。(敲击法槌)

书记员:全体起立,请合议庭退庭。(合议庭下)

(15 分钟后)

书记员:休庭时间到,全体起立,请审判长和合议庭组成人员入庭。

审判长(坐定后):坐下。

审判长:(敲击法槌后宣布)现在继续开庭。经合议庭评议认为:

本院经审理查明的事实与原审法院认定的事实一致。

本院认为:孙高良与吴云行于 2011 年 3 月 2 日签订的调解协议书系双方真实意思表示,对双方具有约束力。双方均应严格按照约定履行。现吴云行、吴云亮在约定为通道的土地上建造楼梯等建筑物而又无充分合理的理由,故其行为已经违反上述调解协议书的约定,有违诚实信用原则。但就相邻关系而言,本院考虑到:第一,该室外楼梯等建筑物已通过相关部门的建设规划审批,而根据现有证据又尚不足以认定该建筑物侵占了孙高良的土地;第二,现有楼梯的存在未在实质上影响孙高良的出入通行;第三,结合吴云行、吴云亮的房屋实际,拆除楼梯与楼梯存在对孙高良造成的影响相比,拆除楼梯是极不经济的,势必造成社会资源的浪费,造成损失过大,故原审法院未予支持孙高良关于拆除室外楼梯等建筑物的请求并无不当。至于孙高良要求降低新建二楼(女儿墙)的高度,本院认为,该新建二楼已经通过建设主管部门的审批,且并未影响孙高良正常使用自己的房屋,故原审法院未支持孙高良关于降低新建二楼(女儿墙)高度的请求并无不妥。综上,原审判决认定事实清楚,适用法律正确。

现在进行宣判——

书记员:全体起立。

审判长：驳回上诉，维持原判。

二审案件受理费 80 元，由上诉人孙高良负担。

本判决为终审判决。

审判长：×××

代理审判员：×××

代理审判员：×××

××××年××月××日

书记员：×××

审判长：坐下。

审判长：今天是口头宣判，上诉人、被上诉人及其诉讼代理人在××××年××月××日到本院民一庭领取民事判决书，领取之日即为送达之日。当事人在指定期间内未领取的，指定领取裁判文书期间届满之日即为送达之日。

审判长：根据《中华人民共和国民事诉讼法》第 147 条第 2 款、第 3 款的规定，法庭笔录当庭宣读或者由当事人自己阅读，如认为笔录无误应当签名盖章，拒绝签名盖章的，书记员记明情况附卷。

书记员：我已将法庭审理的全部活动记入笔录，已经过审判员和书记员签名，当事人和其他诉讼参与人可以当庭或者在 5 日内阅读，当事人和其他诉讼参与人认为对自己的陈述记录有遗漏或者差错，有权申请补正。如果不予补正，应当将申请记录在案。

审判长：上诉人孙高良与被上诉人吴云行相邻关系纠纷一案现在闭庭。（敲击法槌）

书记员：全体起立，请审判长、审判员退庭。

第三节　相关法律文书及卷宗整理

一、上诉状

上诉状，是民事案件的当事人对地方各级人民法院作出的第一审民事判决或裁定不服，按照法定的程序和期限，向上一级人民法院提起上诉时使用的文书。

《民事诉讼法》第 165 条规定："上诉应当递交上诉状。上诉状的内容，应当包括当事人的姓名，法人的名称及其法定代表人的姓名或者其他组织的名称及其主要负责人的姓名,原审人民法院名称、案件的编号和案由,上诉的请求和理由。"

文书样式:

民事上诉状

上诉人:……(写明基本情况)

被上诉人:……(写明基本情况)

上诉人因……一案,不服××人民法院××××年××月××日〔×××〕×字第××号民事判决(或裁定),现提出上诉。

上诉请求:……

事实与理由:……

此致

××人民法院

上诉人:×××(签章)

××××年××月××日

附:本上诉状副本×份。

文书内容:

(1)上诉请求。写明对原判全部或哪一部分不服,是要撤销原判、全部改判还是部分改判。

(2)事实与理由。主要是针对原审裁判而言,而不是针对对方当事人。针对原审判决、裁定论证不服的理由,主要是以下方面:①认定事实不清,主要证据不足;②原审确定性质不当;③适用实体法不当;④违反了法定程序。

二、民事调解书

民事调解书,是人民法院在审理民事案件的过程中,根据自愿和合法的原则,在事实清楚的基础上,分清是非,通过调解促使当事人达成协议而制作的法律文书。

《民事诉讼法》第97条规定:"调解达成协议,人民法院应当制作调解书。调解书应当写明诉讼请求、案件的事实和调解结果。调解书由审判人员、书记员署名,加盖人民法院印章,送达双方当事人。调解书经双方当事人签收后,即具有法律效力。"

调解协议的内容不得违反法律规定。

文书样式：

<h2 style="text-align:center">××人民法院民事调解书</h2>

〔××××〕×民终字第××号

上诉人（原审×告）：……（写明基本情况）

被上诉人（原审×告）：……（写明基本情况）

第三人：……（写明基本情况）

案由：

上诉人×××不服××人民法院〔××××〕民初字第××号民事判决，向本院提起上诉，请求……

本案在审理过程中，经本院主持调解，双方当事人自愿达成如下协议：

一、……

二、……

上述协议，符合有关法律规定，本院予以确认。

本调解书经双方当事人签收后，即具有法律效力。

审判长：×××

审判员：×××

审判员：×××

××××年××月××日

（院印）

本件与原本核对无异。

书记员：×××

文书内容：

（1）当事人栏，写明姓名或名称等基本情况。当事人及其他诉讼参与人的列项和基本情况的写法，与二审维持原判或者改判用的民事判决书样式相同。

（2）案由。主要写明案件的事实和上诉请求。

（3）协议部分。写明协议内容和诉讼费用的负担等内容。

三、民事判决书（二审维持原判或者改判用）

上一级人民法院按照上诉审程序审理当事人不服一审人民法院所作的判决、裁定而提起上诉的民事案件，对此作出的判决书，称为二审（或终审）民事判决书。

《民事诉讼法》第170条规定，第二审人民法院对上诉案件，经过审理，按

照下列情形,分别处理:

(1) 原判决、裁定认定事实清楚,适用法律正确的,以判决、裁定方式驳回上诉,维持原判决、裁定;

(2) 原判决、裁定认定事实错误或者适用法律错误的,以判决、裁定方式依法改判、撤销或者变更;

(3) 原判决认定基本事实不清的,裁定撤销原判决,发回原审人民法院重审,或者查清事实后改判;

(4) 原判决遗漏当事人或者违法缺席判决等严重违反法定程序的,裁定撤销原判决,发回原审人民法院重审。

文书样式:

××人民法院民事判决书

〔××××〕×民终字第××号

上诉人(原审×告):……(写明姓名或名称等基本情况)

被上诉人(原审×告):……(写明姓名或名称等基本情况)

第三人:……(写明姓名或名称等基本情况)

上诉人×××因……(写明案由)一案,不服××人民法院〔××××〕×民初字第××号民事判决,向本院提起上诉。本院依法组成合议庭,公开(或不公开)开庭审理了本案。……(写明当事人及其诉讼代理人等)到庭参加诉讼。本案现已审理终结。

……(概括写明原审认定的事实和判决结果,简述上诉人提起上诉的请求和主要理由,被上诉人的主要答辩,以及第三人的意见)

经审理查明,……(写明二审认定的事实和证据)

本院认为,……依照……(写明判决所依据的法律条款项)的规定,判决如下:

本判决为终审判决。

审判长:×××

审判员:×××

审判员:×××

××××年××月××日

(院印)

本件与原本核对无异。

书记员:×××

文书内容：

（1）当事人栏，当事人及其他诉讼参与人的列项和基本情况的写法，除双方当事人的称谓外，与一审民事判决书样式相同。

（2）"当事人×××及其诉讼代理人×××等到庭参加诉讼。本案现已审理终结。"如果是未开庭的，则这部分改为："本院依法组成合议庭审理了本案，现已审理终结。"

（3）"本院认为"部分，要根据二审查明的事实，针对上诉请求和理由，就原审判决认定事实和适用法律是否正确、上诉理由能否成立、上诉请求是否应予支持以及被上诉人的答辩是否有理等，进行有分析的评论，阐明维持原判或者改判的理由。

（4）判决部分，根据不同情况，写明判决结果：①维持原判的，表述为："驳回上诉，维持原判。"②全部改判的，表述为："一、撤销××人民法院〔××××〕×民初字第××号民事判决；二、……（写明改判的内容，内容多的可分项书写）"③部分改判的，表述为："一、维持××人民法院〔××××〕×民初字第××号民事判决的第××项，即……（写明维持的具体内容）；二、撤销××人民法院〔××××〕×民初字第××号民事判决的第××项，即……（写明撤销的具体内容）；三、……（写明部分改判的内容，内容多的可分项书写）"④维持原判，又有加判内容的，表述为："一、维持××人民法院〔××××〕×民初字第××号民事判决；二、……（写明加判的内容）"

四、民事裁定书（二审发回重审用）

民事裁定书是人民法院在审理案件或者执行判决过程中，就程序问题或者部分实体问题所作的处理决定。

文书样式：

××人民法院民事裁定书

〔××××〕×民终字第××号

上诉人（原审×告）：……（写明姓名或名称等基本情况）

被上诉人（原审×告）：……（写明姓名或名称等基本情况）

上诉人×××因……（写明案由）一案，不服××人民法院〔××××〕×民初字第××号民事判决，向本院提起上诉。本院依法组成合议庭，公开（或不公开）开庭审理了本案。……（写明当事人及其诉讼代理人等）到庭参加诉讼。

— 136 —

本院认为,……依照……(写明裁定所依据的法律条款项)的规定,裁定
如下:

一、撤销××人民法院〔××××〕×民初字第××号民事判决。

二、发回××人民法院重审。

审判长:×××

审判员:×××

审判员:×××

××××年××月××日

(院印)

本件与原本核对无异。

书记员:×××

文书内容:

(1)当事人栏,写明姓名或名称等基本情况。当事人及其他诉讼参与人
的列项和基本情况的写法,与二审民事判决书样式相同。

(2)"本院认为"部分,主要写明案件的事实和上诉请求。概括写明发回
重审的理由,如原判决认定事实错误或事实不清,证据不足,或者违反法定程
序可能影响案件正确判决等。

五、卷宗整理

民事二审程序中的卷宗整理归档与民事一审普通程序中的要求大致
相同。

人民法院对于卷宗整理有着严格的要求。这其中既有对于某一文档的
格式和内容的要求,也包括了对民事二审程序中所有文档和证据的整理排序
的规定。如 1993 年 4 月 21 日,最高人民法院发布的《关于〈法院诉讼文书样
式(试行)〉若干问题的解答》。

第四节　实 验 案 例

一、实验案例一:医疗纠纷达成调解协议后又起诉要求赔偿的医疗损害责任纠纷案

(一)基本案情

蒋云桂,1966 年 2 月 14 日出生,丈夫周庭全,育有一子周磊军。鲍晓华

系蒋云桂的母亲,育有包括蒋云桂在内的二子三女。蒋云桂的父亲已先于蒋云桂去世。蒋云桂生前在金华市金东区××镇综合市场经营卤味生意。(本案所涉人名皆为化名)

2011年4月14日下午,蒋云桂因"胸闷气闭、心慌心悸2月余"前往被告文荣医院就诊,门诊诊断为充血性心力衰竭,当日入院,次日上午7点36分上厕所时突发头晕,被告即组织抢救,11时因心源性而猝死。双方引发医疗纠纷争议,当日,被告将死者病历封存,并复印了封存前病历档案一套,并加盖医院印章,交死者家属留存。经双方申请,在金华市医疗纠纷人民调解委员会主持下进行调解,双方于2011年4月18日达成调解协议,由被告一次性赔偿死者家属医药费、误工费、住院伙食补助费、营养费、交通费、住宿费、护理费、丧葬费、精神损害抚慰金、死亡赔偿金等共计98000元;约定自调解终结后,双方不得以任何理由、任何形式向对方主张其他任何权利。上述调解由死者的丈夫周庭全、儿子周磊军签名,还有其他亲属和律师等人参与。按协议被告于2011年4月16日、19日先后支付了赔偿款共计98000元。

上诉人鲍晓华、周庭全、周磊军为原审原告,三原告起诉至浙江省金华市婺城区人民法院要求被告文荣医院承担医疗侵权责任。

三原告起诉前于2012年2月又从被告档案室复印了病历档案一套,上盖有医院印章。原审法院在审理中,为慎重起见,责令被告提出医疗损害鉴定,并由被告提交病历档案,当庭予以封存,原告方拒绝在封存病历档案上签名。2012年5月18日,原审法院委托浙江省医学会进行医疗损害鉴定。2012年7月24日,该医学会来函要求当事人陈述或答辩,提供双方认为还需要补充的其他鉴定资料。鉴定期间,三原告提出被告提供的病历档案存在虚构、伪造等诸多问题,原审法院于2012年8月24日组织双方当事人,在原告对被告提供未封存的病历档案提出异议的情况下,要求原告提供在病历封存时提取的病历档案复印件,但原告拒绝。浙江省医学会于2013年3月14日回函,称:"于2013年3月13日组织医患双方抽取鉴定专家。现由于三原告认为被告未提供医患双方于2011年4月15日封存的病历,对法院封存的病历的真实性存疑,使鉴定程序无法进行,根据有关规定,决定终止该案件的鉴定程序。"

原审法院认为:原、被告双方存在医患关系,基于原告主张否认2011年4月18日的调解协议书,被告医疗行为存在过错的诉请,在原告否认被告提供的病历档案的情况下,原告应提供封存病历档案,而未提供,应负举证不能的法律后果。故原告鲍晓华、周庭全、周磊军的诉请,不予支持。依法判决:驳回鲍晓华、周庭全、周磊军的诉讼请求。

宣判后,鲍晓华、周庭全、周磊军不服,向浙江省金华市中级人民法院上诉,请求二审法院撤销原判,依法改判支持其原审诉讼请求。

（二）证据材料

针对蒋云桂死亡所造成的损失问题,上诉人在二审中提供了以下证据材料:

A1:收条一张,证明蒋云桂生前租房子住在义乌;

A2:钱景周出具的证明一份,证明蒋云桂生前开办屠宰场;

A3:金华市金东区××镇综合市场物业管理处的证明一份,证明蒋云桂生前在该市场租赁摊位营业。

法院为查明案情,自行收集证据材料:

C1:浙江医鉴〔2014〕5 号医疗损害鉴定意见书。二审中,上诉人申请医疗损害鉴定,双方当事人共同选定浙江省医学会进行鉴定。该医学会作出浙江医鉴〔2014〕5 号医疗损害鉴定意见书,认为:蒋云桂未经尸检,确切死因难以明确。根据所提供材料中患者主诉、查体及相关辅助检查,患者病情复杂、变化急剧,其死因主要系自身疾病所致。本例医方对患者疾病危险性认识不足,诊断过程中考虑问题不够全面,未对患者进行血气分析、CTA 等检查,客观上延误了患者的治疗,存在过错,且该过错与患者的损害后果存在因果关系,医方承担次要责任。

（三）争议焦点

（1）2011 年 4 月 18 日的调解协议书是否有效;

（2）2011 年 4 月 18 日的调解协议书是否显失公平;

（3）本案文荣医院应承担的赔偿数额。

二、实验案例二：丈夫身患癌症妻子要求离婚的离婚纠纷案

（一）基本案情

上诉人鲁某甲与被上诉人胡某于 2010 年 2—3 月经人介绍相识恋爱,不久后登记结婚,2011 年 2 月 1 日生育女儿鲁某乙。婚后双方因各类矛盾渐行渐远,胡某曾于 2011 年 8 月 19 日诉至嘉兴市南湖区人民法院,要求与鲁某甲离婚。经判决不准离婚后双方关系未能好转,现已分居多年,2014 年 5 月 16 日,胡某再次诉至原审法院,请求判令与鲁某甲离婚;婚生女鲁某乙由胡某抚养,鲁某甲一次性给付抚养费 324000 元（按每月 1800 元计,包含学杂费等）。鲁某甲原审未作答辩。

原审法院审理认为,胡某与鲁某甲虽系自由恋爱,但双方从相识到登记

结婚的时间较短,仅为四五个月,感情基础一般。在女儿出生前后,胡某因夫妻矛盾搬回娘家居住,结婚仅一年之余即提出第一次离婚诉讼。胡某第一次离婚请求被原审法院驳回,之后双方基本处于长期分居状态,婚姻关系并未得到有效改善。现胡某第二次提起诉讼并坚决要求离婚,表明了其缺少共同生活的信心,亦无再度维系婚姻关系的愿望,本案双方已无和好可能,故对于胡某离婚的诉请予以支持。婚生女鲁某乙出生后一直随胡某生活,由胡某继续抚养为宜。综上,依法判决:第一,胡某与鲁某甲离婚;第二,婚生女鲁某乙由胡某抚养,鲁某甲自判决生效之日起每月承担女儿生活费500元(每月月底前给付),医疗费和教育费凭有效票据双方各半承担,至鲁某乙能独立生活时止。

判决宣告后,鲁某甲不服,向浙江省嘉兴市中级人民法院提起上诉,称:第一,原审认定双方缺乏共同生活基础,夫妻分居多年不是事实。双方是自由恋爱,彼此在充分了解、相互爱慕的情况下登记结婚,后又生育了一女,夫妻为小家庭共同努力奋斗,家庭幸福美满。2011年8月,胡某因家庭琐事提出离婚,后双方和好如初,至2013年双方一直共同生活。2013年3月,鲁某甲被查出患结肠癌,身体健康日趋恶化,失去了工作和收入,生活出现暂时困难。鲁某甲住院期间,胡某对鲁某甲探望照顾无微不至。胡某在鲁某甲病情没有恢复时期提出离婚诉讼,不符合道义和情理,法院不应支持。鲁某甲父母向原审提交了病历证明后,原审没有依照法律规定多做胡某的思想工作,促使夫妻和好,却在没有做好充分调解工作的情况下判决离婚,不符合法理也不符合情理。第二,原审判决婚生女由胡某抚养,没有考虑双方的实际情况和有利于小孩成长的因素。鲁某甲家庭是一脉单传,女儿是鲁某甲和其父母的唯一寄托,鲁某甲因身体健康原因,不可能再生育子女,而胡某很可能另行再婚,并有再生育的能力。女儿跟胡某生活,很可能因胡某的再婚再育,而得不到幸福的生活和良好的教育。女儿户籍在鲁某甲处,也到了上幼儿园的年龄,但胡某表示可以不上幼儿园,所以鲁某甲担心,胡某的观念会影响女儿一生的学业前途。另外,胡某整天忙于工作,无暇顾及女儿,且没有让女儿在本地上学的条件,而鲁某甲和家人均在本地,并有固定居住的房屋,目前鲁某甲和家人更有利于照看和教育女儿。综上,请求二审撤销原判,驳回胡某的诉讼请求。

(二) 证据材料

二审中,鲁某甲向法院提供下列证据材料:

A1:嘉兴市第一医院的电子肠镜检查报告与出院记录各一份,证明鲁某甲患有横结肠癌,现正在治疗之中。

A2:户口本一份,证明女儿鲁某乙是双方的唯一女儿,也是鲁某甲家庭唯一的孙女,鲁某乙也落户在鲁某甲家。

(三)争议焦点

(1)双方感情是否破裂应予离婚;

(2)若双方离婚,女儿由谁抚养。

三、实验案例三:谁是雇主? 谁承担责任纠纷案

(一)基本案情

尹原松于 2013 年承接宁波市江东区仇毕村委会 266 号仓库工程后,将搬迁两层货架工程分包给崔永亮施工。2013 年 4 月 9 日,崔永亮让郑智镯至仓库从事焊接铁架子工作。2013 年 4 月 19 日 16 时许,郑智镯工作时从电梯上摔下。后其由尹原松送至鄞州第二医院拍片检查,尹原松为此支付了 1738.20 元医疗费。崔永亮得知后,于当天从外地赶回医院,并在内容为"今收到尹原松搭货架工资 5000 元整"的收据上签字。随后郑智镯被送至宁波市第六医院救治,并于 2014 年 4 月 25 日出院,共花去医疗费 7407.48 元。经原审法院委托,2014 年 2 月 25 日,宁波三益司法鉴定所对郑智镯的伤残等级等出具司法鉴定意见书,鉴定意见为:郑智镯因肋骨骨折构成九级伤残,建议郑智镯的休息期限为 120 日,护理期限为 30 日,营养期限为 30 日。原审法院另查明:郑智镯非农村户籍,且有一出生于 2000 年 12 月 3 日的女儿郑蔷薇。(本案所涉人名皆为化名)

郑智镯于 2014 年 3 月 10 日向宁波市江东区人民法院起诉,请求判令:尹原松赔偿郑智镯各项损失合计 201886 元(医疗费 7616.28 元、住院伙食补助费 180 元、误工费 14430 元、护理费 3600 元、残疾赔偿金 151608 元、被扶养人生活费 1660 元、交通费 300 元、营养费 900 元、精神损害抚慰金 10000 元)。原审庭审中,郑智镯就医疗费部分的诉讼请求减少为 5880.08 元,其他部分的诉讼请求未变。

原审法院审理后判决:崔永亮赔偿郑智镯医疗费 7407.48 元、住院伙食补助费 180 元、误工费 14430 元、护理费 3600 元、残疾赔偿金 151608 元、被扶养人生活费 1660 元、交通费 300 元、营养费 900 元、鉴定费 1600 元,合计 181685.48 元的 70%,计 127179.84 元,赔偿精神损害抚慰金 5000 元,合计 132179.84 元,扣除尹原松垫付的医疗费 1738.20 元,共计赔偿郑智镯 130441.64 元,尹原松对此承担连带赔偿责任。

宣判后,崔永亮不服,向浙江省宁波市中级人民法院提起上诉称:原审认定事实错误。郑智镯焊接电梯的行为,崔永亮不知情,是郑智镯与尹原松之间另外的一个承包或雇佣行为。原审对事故发生地点及如何发生没有查明,导致对各方的责任认定错误。请求二审法院撤销原判,依法改判或者发回重审。

（二）证据材料

二审中,郑智镯、尹原松均未提供新的证据,崔永亮向法院提供下列证据材料:

A1:照片三张,用以证明郑智镯发生事故的现场是焊接电梯的地方;

A2:2014 年 8 月 8 日询问笔录一份,用以证明郑智镯发生事故时,里面的部分铺设已经完全结束,并且已经铺上了木板、装好了灯具,崔永亮帮助郑智镯向老板追索赔偿的事实;

A3:证人龚某证言一份,用以证明郑智镯是从电梯上摔下来的,崔永亮仅承包了 180 平方米两层货架的搬迁,对电梯工程双方并没有进行协商。

（三）争议焦点

（1）崔永亮与尹原松之间是否存在承包搬迁两层货架工程关系;

（2）郑智镯受崔永亮雇佣还是受尹原松雇佣去讼争工地工作;

（3）郑智镯焊接电梯的行为是否在崔永亮承包的搬迁两层货架工程范围内。

☞ **实验思考题**

1. 上诉需要注意哪些事项?

2. 二审民事判决书的书写主要包括哪些内容?

3. 对第一审裁定提起上诉的案件如何裁定?

第六章

行政诉讼一审普通程序

☞ **实验教学目的**

  1．掌握行政诉讼一审普通程序开庭审理的主要环节和流程。

  2．掌握行政诉讼一审诉讼司法文书的书写。

  3．培养庭审表达和应变技能。

☞ **实验教学内容**

  书写司法文书，演练行政诉讼一审诉讼参与。

第一节　庭审程序及注意事项

  行政诉讼第一审程序，是指一审法院对行政案件进行审理应适用的程序，包括审理前的准备、开庭审理、合议庭评议和判决等阶段。我国行政审判制度实行两审终审原则，因此，第一审程序是所有行政案件必经的基本程序。

一、受理

  行政诉讼中的受理，是指人民法院根据行政相对人的起诉，经审查认为符合法定起诉条件，决定立案予以审理的行为。因此，受理是人民法院行使审判权的行为，是对起诉的回应。

  （一）行政诉讼的受案范围

  1．人民法院受理的行政案件

  根据《行政诉讼法》第 12 条的规定，人民法院受理的行政案件主要有以下

12 类：

（1）对行政拘留、暂扣或者吊销许可证和执照、责令停产停业、没收违法所得、没收非法财物、罚款、警告等行政处罚不服的；

（2）对限制人身自由或者对财产的查封、扣押、冻结等行政强制措施和行政强制执行不服的；

（3）申请行政许可，行政机关拒绝或者在法定期限内不予答复，或者对行政机关作出的有关行政许可的其他决定不服的；

（4）对行政机关作出的关于确认土地、矿藏、水流、森林、山岭、草原、荒地、滩涂、海域等自然资源的所有权或者使用权的决定不服的；

（5）对征收、征用决定及其补偿决定不服的；

（6）申请行政机关履行保护人身权、财产权等合法权益的法定职责，行政机关拒绝履行或者不予答复的；

（7）认为行政机关侵犯其经营自主权或者农村土地承包经营权、农村土地经营权的；

（8）认为行政机关滥用行政权力排除或者限制竞争的；

（9）认为行政机关违法集资、摊派费用或者违法要求履行其他义务的；

（10）认为行政机关没有依法支付抚恤金、最低生活保障待遇或者社会保险待遇的；

（11）认为行政机关不依法履行、未按照约定履行或者违法变更、解除政府特许经营协议、土地房屋征收补偿协议等协议的；

（12）认为行政机关侵犯其他人身权、财产权等合法权益的。

除前款规定外，人民法院受理法律、法规规定可以提起诉讼的其他行政案件。

2. 人民法院不予受理的案件

根据《行政诉讼法》第 13 条的规定，人民法院不受理公民、法人或者其他组织对下列事项提起的诉讼：

（1）国防、外交等国家行为；

（2）行政法规、规章或者行政机关制定、发布的具有普遍约束力的决定、命令；

（3）行政机关对行政机关工作人员的奖惩、任免等决定；

（4）法律规定由行政机关最终裁决的行政行为。

（二）对起诉的审查和处理

1. 对起诉的审查

（1）起诉是否符合法定条件。

根据《行政诉讼法》第 49 条的规定,提起起诉应当符合以下条件:①原告是符合本法第 25 条规定的公民、法人或者其他组织;②有明确的被告;③有具体的诉讼请求和事实根据;④属于人民法院受案范围和受诉人民法院管辖。

(2) 复议前置程序是否完结。

(3) 是否超过法定起诉期限。

(4) 是否重复诉讼。

2. 对起诉的处理

(1) 对起诉符合条件的,决定立案。

(2) 对起诉条件有欠缺的,应当要求当事人限期补正材料。

(3) 对不符合起诉条件的,决定不受理,并作出不受理的裁定。

(4) 对在 7 日内不能决定是否受理的,应当先予以受理。受理后经审查不符合起诉条件的,裁定驳回起诉。

二、审理

(一) 审理前的准备

1. 组成合议庭

人民法院审理行政案件,由审判员组成合议庭,或者由审判员、陪审员组成合议庭。合议庭的成员,应当是三人以上的单数。

2. 交换起诉状与答辩状

人民法院应当在立案之日起 5 日内,将起诉状副本和应诉通知书发送被诉行政机关,同时通知被告应诉并提供答辩状。被告应当在收到起诉状副本之日起 10 日内提交答辩状,并提供作出具体行政行为的证据、依据;但被告不提供答辩状的,不影响案件的审理。人民法院应当在收到答辩状之日起 5 日内将答辩状副本发送原告。被告不提供或者无正当理由逾期提供的,应认定该具体行政行为没有证据、依据,判决被告败诉。

3. 处理管辖异议

当事人提出管辖异议应当在接到人民法院的应诉通知书之日起 10 日内以书面形式提出,逾期不提出管辖异议的,视为无异议。对当事人提出的异议人民法院应当进行审查。异议成立的,裁定将案件移送有管辖权的人民法院,异议不成立的,裁定驳回。

4. 审查诉讼文书和调查收集证据

通过对原、被告提供的起诉状、答辩状和各种材料进行审查,合议庭可以全面地了解案情,熟悉原告的诉讼请求和理由及被告的答辩理由以及案件的争议点。

人民法院如果发现当事人双方材料或者证据不全应当通知当事人补充;对当事人不能收集的材料和证据,人民法院可以根据需要主动调查收集证据。

对于案情比较复杂或者证据数量较多的案件,人民法院可以组织当事人在开庭前向对方出示或者交换证据,并将交换证据的情况记录在卷。

5. 审查其他内容

根据具体情况审查和决定下列事项:更换和追加当事人,决定或通知第三人参加诉讼,决定诉的合并与分离,确定审理的形式,决定开庭审理的时间、地点。

(二)开庭审理的程序

1. 开庭前准备事项及注意事项

(1)召开合议庭准备会议。研究确定案件能否开庭审理、是否公开审理,开庭的时间、地点,应当传唤、通知的当事人和其他诉讼参与人,开庭审理时应当注意的重点或者主要问题,合议庭成员在开庭审理过程中的分工,等等。准备会议的内容由书记员记入笔录。

(2)传唤、通知当事人和其他诉讼参与人。法庭在开庭审理的 3 日前,用传票或者通知书通知当事人和其他诉讼参与人。传票或者通知书须写明案由与开庭时间、地点。

(3)公告。公开审理的案件,应当在开庭 3 日前,向社会公告,内容包括当事人的姓名、单位、案由与开庭时间、地点。

2. 出庭情况审查

(1)开庭审理前,书记员应当查明当事人和其他诉讼参与人是否到庭,并宣布法庭纪律。

(2)审判长宣布开庭,核对当事人身份,审查双方诉讼代理人的授权委托书和代理权限。宣布案由,宣布合议庭和工作人员名单,告知当事人的诉讼权利和义务。

(3)当事人申请回避。申请回避应当在案件开始审理时提出;回避事由得知或者发生在审理开始之后的,也可以在法庭辩论终结前提出。申请回避可以口头提出,也可以书面提出。被申请回避的人员,应当暂停执行职务,但是,案件需要采取紧急措施的除外。

3. 法庭调查

法庭调查的任务是查明案件事实。行政案件的事实包括行政机关作出的具体行政行为所认定的事实,适用法律、法规、规章方面的事实,行政执法主体资格方面的事实和行政执法程序方面的事实。法庭针对不同方面的事实分段进行调查。

(1)明确诉讼争议的焦点。合议庭根据起诉状和答辩状的内容分别概述原告的诉讼请求和理由、被告答辩的基本观点和理由,归纳争议焦点。

(2)质证。法庭应当在审判长主持下对下列证据进行审查并质证:原告当庭提供的证据;被告当庭列举的证据;其他诉讼参与人当庭提出的证据;人民法院直接调取的证据;人民法院认为有必要作为定案依据的其他证据。

(3)询问证人,审查证人证言材料。证人出庭作证的,在作证前不得进入法庭。传证人入庭后,法庭应查明证人的基本情况,告知证人作证的义务及作伪证应负的法律责任。法庭应就需要证明的事实发问证人。证人作证后,诉讼当事人对证人证言可以质证。

(4)询问鉴定人、勘验人,审查鉴定结论、勘验笔录。

(5)审查书证、物证及视听资料。对于当事人向法庭提供的书证、物证,审判长应指示值庭法警将证据材料交由其他当事人及其诉讼代理人辨认。

如果合议庭认为案件事实已查清,审判长即可宣布法庭调查结束,进入辩论阶段。

4. 法庭辩论

法庭辩论是对法庭调查阶段有争议的问题进行进一步的审查,以查明案情的诉讼活动。双方当事人及其代理人以口头的方式,就案件涉及的事实、证据和适用法律等问题,陈述自己的意见,反驳对方的意见,以维护自己的合法权益。辩论前,审判长可对案件事实调查中当事人之间对事实认识的一致之处和争议焦点作简要归纳。

法庭辩论的顺序是:先由原告及其诉讼代理人发言,再由被告及其诉讼代理人答辩,然后双方相互辩论。第三人参加诉讼的,应在原、被告发言后再发言。

审判长主持法庭辩论,任何人发言须经审判长的许可。合议庭成员应充分听取诉讼各方的辩论意见。对与本案无关的辩论内容应予指出;辩论内容纠缠于已经调查清楚的事实时应予引导;遇有言辞激烈、讽刺挖苦的情况应及时制止。辩论过程中提出与案件有关的新事实、证据,由合议庭决定停止辩论,恢复法庭调查。

审判长宣布法庭辩论结束前，应询问当事人有无最后陈述意见。当事人和诉讼代理人阅读庭审笔录后认为记录无误的，应当在笔录上签名；拒绝签名的，记明情况附卷；认为对自己陈述所作的记录有遗漏或者有差错的，允许在笔录末尾补正。合议庭成员和书记员应当在庭审笔录上签名。然后，审判长宣布休庭，合议庭进行评议。

5. 合议庭评议

法庭辩论结束后，合议庭休庭，全体成员可以平等地对案件进行评议。评议不对外公开，采取少数服从多数原则。评议应当制作笔录，对不同意见也必须如实记入笔录，评议笔录由合议庭全体成员及书记员签名。合议庭主要围绕以下问题进行评议：案件事实是否已经查清；被诉具体行政行为认定的事实是否清楚，主要证据是否充分；被诉具体行政行为适用法律、法规、规章是否正确；被诉具体行政行为有无超越职权或滥用职权的情形；被告所作的行政处罚是否显失公正；被告的执法主体资格和执法程序是否合法；确定哪些证据可以作为定案根据；本案裁判的法律、法规依据及具体条、款、项、目，参照的规章及其条、款、项、目；诉讼费负担问题；等等。

评议中发现案件事实尚未查清，需要当事人补充证据或由法庭调查核实后才能作出判决的，应再次开庭审理。

6. 公开宣判

合议庭评议后，由审判长宣布继续开庭。无论行政案件是否公开审理，宣判一律公开进行。当庭宣判的案件，宣判后应告知当事人上诉事宜并说明法院将在 10 日内发送裁判文书。还应说明口头宣判内容与裁判文书不一致时，以送达的行政判决书、行政裁定书为准。定期宣判时，合议庭成员都应当出庭。宣判前，审判长应当核对当事人及其他诉讼参与人是否到庭。宣判后应告知当事人上诉权利、上诉期限和上诉审法院，并在宣判后立即将行政判决书或行政裁定书发给当事人及诉讼代理人。

第二节 示范案例及庭审操作示范

一、示范案例

被告人：温州市房地产管理局

原告人：××花园业主

诉讼代理人：赵××，男，××××年××月××日出生；黄××，男，

××××年××月××日出生

第三人：温州××房地产开发公司

2010年1月,××花园业主向温州市鹿城区人民法院提起行政诉讼,状告温州市房地产管理局,称其违法向该××花园的建设单位温州××房地产开发公司颁发了地下车位的房屋所有权证。该小区业主认为,该小区的地下车位处于人防工程范围内,其所有权应该归国家所有。作为本案第三人即建设单位的代理人,认为本案关于小区人防工程范围内地下车位的权属问题,非常典型,建设单位和业主常因其产生争议。

二、受理

（一）对行政案件的审查

温州市鹿城区人民法院对原告诉被告温州市房地产管理局违法向××花园的建设单位温州××房地产开发公司颁发了地下车位的房屋所有权证一案进行立案审查后,认为应当开庭审判。

（二）开庭前的准备

在决定开庭审判后,温州市鹿城区人民法院依法进行了以下开庭前的准备工作：①决定由审判员×××、×××、×××依法组成合议庭,由×××担任审判长。②在立案后5日内向被告送达起诉书副本,被告应当在收到起诉状副本之日起10日内提交答辩状,并提供作出具体行政行为时的证据、依据；被告不提供或者无正当理由逾期提供的,应当认定该具体行政行为没有证据、依据。③在开庭3日前,向原告、被告、第三人（或代理人）、证人、鉴定人送达出庭的通知书。④在开庭3日前先期公布案由、开庭的时间和地点。上述活动均写入了笔录,由主审法官和书记员签名。主审法官×××还拟就了法庭审理提纲。

三、庭审操作示例

（一）开庭

时间：××××年××月××日

地点：温州市鹿城区人民法院

书记员：请安静！现在宣读法庭纪律。（略停一下）①法庭内要保持安静,不得鼓掌、喧哗和实施其他妨害审判活动的行为,禁止抽烟；②开庭过程中不得随便走动和进入审判区；③未经法庭允许不得录音、录像和摄影；④未经法庭允许不得发言、提问；⑤所有诉讼参与人以及旁听人员必须关闭手机等所有的通信设备。对违反法庭规则的人,将视具体情况分别予以警告、训诫、没收录音录像和摄影器材、责令退出法庭、罚款、拘留直至追究刑事责任。

书记员:全体起立。

书记员:请审判长、审判员入庭!

审判长:坐下。

书记员:报告审判长,原告诉被告温州市房地产管理局违法向××花园的建设单位温州××房地产开发公司颁发了地下车位的房屋所有权证一案的原告、被告以及第三人已到庭。法庭准备工作就绪,可以开庭。报告完毕。

审判长:经核对,上述诉讼代理人的身份与代理权限均与庭前在本院的手续一致。原告、被告、第三人对对方诉讼代理人的身份及代理权限均无异议。上述诉讼代理人的出庭资格有效。(后审判长敲击法槌)

审判长:依照《中华人民共和国行政诉讼法》第45条的规定,温州市鹿城区人民法院行政审判庭今天依法公开审理原告诉被告温州市房地产管理局违法向××花园的建设单位温州××房地产开发公司颁发了地下车位的房屋所有权证一案,现在开庭。

审判长:现在宣布合议庭组成人员。本案由本院行政审判庭庭长×××担任审判长,与本院代理审判员×××、人民陪审员×××依法组成合议庭,书记员×××担任本庭记录。

审判长:本院在收到原告的起诉状后,在法定期限内予以立案,并向原告发送了受理案件通知书、权利义务告知书及举证须知,向被告温州市房地产管理局发送了应诉通知书、起诉状副本、权利义务告知书及举证须知。因温州××房地产开发公司与本案被诉的具体行政行为有法律上的利害关系,本院依照《中华人民共和国行政诉讼法》第27条的规定,通知该公司作为第三人参加本案诉讼,向该公司发送了参加诉讼通知书、起诉状副本、权利义务告知书及举证须知。上述诉讼文件已经载明了行政诉讼当事人在行政诉讼过程中所享有的诉讼权利和应履行的诉讼义务。

审判长:依照《中华人民共和国行政诉讼法》第47条的规定,当事人有申请回避的权利。所谓申请回避,也就是当事人如果认为本合议庭成员或者担任法庭记录的书记员,与本案有利害关系或者其他关系、有可能影响公正审判的,有权利申请上述人员回避,不参加本案的审理活动。原告,是否申请回避?

原告:不申请。

审判长:被告是否申请回避?

被告：不申请。

审判长：第三人是否申请回避？

第三人：不申请。

审判长：原告，是否已经明确在诉讼过程中所享有的其他诉讼权利和应当履行的诉讼义务？

原告：明确。

审判长：被告是否已经明确你机关在诉讼过程中所享有的其他诉讼权利和应当履行的诉讼义务？

被告：明确。

审判长：第三人是否已经明确你单位在诉讼过程中所享有的其他诉讼权利和应当履行的诉讼义务？

第三人：明确。

（二）法庭调查

审判长：现在进行法庭审查。依照《中华人民共和国行政诉讼法》第5条的规定，人民法院审理行政案件，对被诉的具体行政行为是否合法进行审查。根据原告庭前在本院提交的起诉状，原告诉请本院审查的具体行政行为为被告温州市房地产管理局向第三人××花园的建设单位温州××房地产开发公司颁发了地下车位的房屋所有权证，下面由被告说明该许可证的具体内容。

被告：主要内容如下：建设单位，××花园的建设单位温州××房地产开发公司。建设项目的名称是小区的地下车位。……以上就是许可证的具体内容，完毕。

审判长：下面由原告宣读起诉状，陈述你的起诉事实和理由，明确诉讼请求。

原告委托代理人：诉讼请求：①判令撤销被告所作出的具体行政行为。②判令被告承担本案的诉讼费用。事实与理由：……（略）请求法院判明权利诉讼请求。此致，温州市鹿城区人民法院。完毕。

审判长：下面由被告进行答辩。

被告：就原告诉被告温州市房地产管理局向××花园的建设单位温州××房地产开发公司颁发了地下车位的房屋所有权证一案，现针对原告诉讼理由，依法提出如下答辩意见：

（1）本案被诉具体行政行为没有侵犯原告的合法权益，与原告没有法律上的利害关系，原告的起诉不符合条件，依法应该予以驳回。

①本案的证据《商品房买卖合同》以及《商品房销售面积计算及公用建筑面积分摊规则》第9条规定，作为人防工程的地下室不计入公用建筑面积。可以看出，本案诉争的车位没有计入出售商品房的公用建筑面积，并不是商品房买卖所涉及的部分，其产权不可能归属原告等业主共有。这一点，原告也予以承认。

②原告以自己对诉争车位享有优先使用权为理由，主张自己与被诉具体行政行为有利害关系的理由不能成立。本案具体行政行为针对的是诉争车位的所有权，与车位的使用权无关。当然，原告也承认即使第三人不享有所有权，仍可以享有使用、管理、收益的权限。因此，即便按照原告所说，诉争车位的产权归属如何，本案具体行政行为是否违法，均不影响第三人享有使用、管理、收益的权利。也就是说，本案所诉的具体行政行为正确与否与原告没有法律上的利害关系，产权归属问题也根本不会侵害原告的合法权益。原告不能以自己是"××花园"的业主身份，就认为自己与被诉具体行政行为有利害关系。

③诉争车位在办理产权证后是否转让，与本案无关。首先，予以明确的是，诉争的车位没有发生转让。其次，本案法院审理对象是被告颁发产权证的行为是否具有可撤销性，车位是否转让与被诉具体行政行为是否应被撤销没有关联，也与颁发产权证的具体行政行为是否侵害原告权益没有关联。原告不能以车位转让侵犯原告合法权益为借口，认为自己与本案被诉具体行政行为有法律上的利害关系。当然，也没有任何法律规定作为人防工程的车位是不可以转让的。

根据《行政诉讼法》第2条规定："公民、法人或其他组织认为行政机关和行政机关工作人员的具体行政行为侵犯其合法权益，有权依照本法向人民法院提起行政诉讼。"《最高人民法院关于执行〈中华人民共和国行政诉讼法〉若干问题的解释》第12条规定："与具体行政行为有法律上利害关系的公民、法人或其他组织对该行为不服的，可以依法提起诉讼。"本案被诉的具体行政行为没有侵犯原告的合法权益，也与原告没有法律上的利害关系，因此，原告的起诉不符合条件，依法应该予以驳回。

（2）本案第三人依法有权取得涉案车位的房屋所有权。被告温州市房产管理局的行政行为合法，不具有可撤销性。

①第三人依法有权取得涉案车位的房屋所有权。《城市地下空间开发利用管理规定》第25条规定："地下工程应本着'谁投资、谁所有、谁受益、谁维护'的原则，允许建设单位对其投资开发建设的地下工程自营或者依法进行

转让、租赁。"第三人作为投资者,依法可以对诉争车位享有所有权。原告称建设部无权对产权归属问题予以规定的观点是错误的。同时,根据《中华人民共和国物权法》(以下简称《物权法》)第135条,"建设用地使用权人对国家所有的土地享有占有、使用和收益的权利,有权利利用该土地建造建筑物、构筑物及其附属设施",第三人与国土部门签订了土地出让合同,系建设用地的合法使用权人。根据《物权法》第136条,"建设用地使用权可以在土地的地表、地上或者地下分别设立",也不妨碍第三人可以独立享有地下人防工程的所有权。根据《物权法》第142条,"建设用地使用权人建造的建筑物、构筑物及其附属设施的所有权属于建设用地使用权人,但有相反证据证明的除外",第三人经合法审批建造的作为人防工程的车位显然属于前述"建设用地使用权人建造的建筑物、构筑物及其附属设施"范围,并且没有任何法律对地下空间的权属另有规定,其所有权当然属于建设用地使用权人——第三人。

②原告根据《中华人民共和国人民防空法》(以下简称《人民防空法》)第5条否认第三人对车位的所有权,这种观点是错误的。原告以人防工程是国家规定必须建造为理由,主张人防工程属于国家而不属于第三人的观点错误,没有任何法律依据。《人民防空法》第5条规定:"国家鼓励、支持企业事业组织、社会团体和个人,通过多种途径,投资进行人民防空工程建设;人民防空工程平时由投资者使用管理,收益归投资者所有。"该规定并没有涉及作为人防工程的车位的权属问题,更没有否定第三人对车位的所有权。相反,该规定是第三人可以享有车位所有权的依据之一。当然,诉争车位所具有的人防功能不影响第三人对车位的所有权。"人民防空是国防的组成部分"完全是从功能角度作出的规定,并非对其产权归属在法律上定性的规定。人民防空是我国三大防空组织系统(国土防空、野战防空和人民防空)之一,从这一角度来说,当然是国防的重要组成部分,但并不能得出人防地下车位属于国防资产的结论。《中华人民共和国国防法》对国防资产早有界定,其第37条第1款明确规定:"国家为武装力量建设、国防科研生产和其他国防建设直接投入的资金、划拨使用的土地等资源,以及由此形成的用于国防目的的武器装备和设备设施、物资器材、技术成果等属于国防资产。"根据这一规定,国防资产为国家为国防等特定目的而投入的资金、土地等资源,以及因该等投入而形成的资产(含武器装备、设备设施、物资器材、技术成果等),人防地下车位无论从投资主体还是从资产表现形式看,均不符合该项规定,显然不属于国防资产的范畴。因此,认为人防地下车位因属于国防资产,其权属归国有的观点是错误的。

③本案被告的具体行政行为符合法律规定,不具备可撤销性。本案原告在申请办理产权证时,提供了《浙江省城市房屋产权产籍管理条例》所需的相关材料,被颁发产权证也符合相关法律规定。根据《行政诉讼法》第54条规定,被诉具体行政行为只有存在下列情形的,才具有可撤销性:一是主要证据不足的;二是适用法律、法规错误的;三是违反法定程序的;四是超越职权的;五是滥用职权的。但是,本案被告的具体行政行为不具有上述情形,因此不具有可撤销性。

(3)本案原告的起诉已经超过了诉讼时效。

综上,我局认为,原告起诉不符合条件,诉讼请求也没有事实和法律依据,依法应该驳回原告的起诉或诉讼请求。

审判长:下面由第三人发表答辩意见。

第三人:同意被告前述答辩意见。

审判长:根据原告陈述的诉讼理由、被告陈述的答辩意见以及第三人的诉讼意见,合议庭认为本案庭审的争议焦点主要是下面三个问题:第一,原告的起诉是否超出了法定的起诉期限;第二,本案被诉具体行政行为是否侵犯原告的合法权益,与原告有无法律上的利害关系;第三,被告温州市房产管理局的行政行为是否合法。对于法庭归纳的争议焦点,各方是否有异议?

原告:没有。

被告:没有。

第三人:没有。

审判长:那么各方当事人应当围绕上述庭审重点陈述事实、提出证据、发表质证意见。

审判长:被告提出原告的起诉已经超出法定起诉期限,这一问题涉及原告的起诉是否符合起诉条件。法庭首先对这一问题进行审查。根据《最高人民法院关于行政诉讼证据若干问题的规定》第4条的规定,起诉人在起诉时应提交其起诉符合法定条件的相应证据材料。被告认为原告起诉超出起诉期限的由被告承担举证责任。被告你机关认为原告的起诉超出了法定的起诉期限,有何事实与理由?是否在法定举证时限内提交了能够支持你机关上述主张的证据?

被告:原告在诉状中称其约于2003年购买了"××花园"住宅。而第三人在2006年取得诉争车位的所有权证后,于2007年7月份将其出租给"××花园"的物业公司即温州侨房物业管理有限公司并签订租赁协议,再由温州侨房物业管理有限公司转租给业主使用。原告作为"××花园"的业主,是知道该事实的,至少其应当知道车位办理产权证的事实。而且,2008年11月21

日,××花园业主委员会向温州市公共资源拍卖中心出具的报告,以及 2008 年 12 月 5 日在小区内张贴的告示,也能证明其对于车位办理产权证的事实早已知晓。为此,根据《最高人民法院关于执行〈中华人民共和国行政诉讼法〉若干问题的解释》第 41 条的规定,行政机关作出具体行政行为时,未告知公民、法人或者其他组织诉权或者起诉期限的,起诉期限从公民、法人或者其他组织知道或者应当知道诉权或者起诉期限之日起计算,但从知道或者应当知道具体行政行为内容之日起最长不得超过 2 年。本案原告的起诉已经超过了法律规定的 2 年最长诉讼时效,其诉讼请求依法应该予以驳回。

审判长:根据刚才的情况,合议庭需要休庭,对于原告起诉是否超出法定期限进行评议,休庭 10 分钟。(审判长敲击法槌)

审判长:继续开庭。合议庭对刚才各方当事人的陈述进行了评议。就原告的起诉是否超出法定的起诉期限这一问题,合议庭认为仅主张原告的起诉超出了法定的起诉期限,但没有在法定举证时间内向本院提交相应的证据材料。综合本案的具体情况,合议庭认为被告向第三人颁发车位所有权证没有告知原告,原告对此项审批可以提起行政诉讼。为此,合议庭就被告主张的原告起诉超出诉讼期限不予采纳。

审判长:下面法庭对本案的实体问题进行审查。首先由被告进行陈述。被告,首先来说明你机关向温州××房地产开发公司颁发的地下车位的房屋所有权证的审批理由、程序、内容。

被告:(详细说明程序,此处略)

审判长:原告进行陈述。原告,对被告的陈述有没有异议?请具体说明。

原告委托代理人:有异议。(提出异议内容)

审判长:原告本人有没有补充?

原告:没有。

审判长:第三人进行陈述。对刚才被告及原告的陈述有没有异议或有进一步说明的?

第三人:没有。

(三)证据审查

审判长:下面进行证据审查。首先,合议庭根据本诉性质,依据《中华人民共和国行政诉讼法》及《最高人民法院关于行政诉讼证据若干问题的规定》说明本案举证责任的分担及举证质证应当注意的事项。原告认为被告向第三人颁发了地下车位的房屋所有权证行为违法,请求法院予以撤销。依照《中华人民共和国行政诉讼法》第 32 条、第 43 条及《最高人民法院关于行政诉讼证据若干问题的规定》第 1 条的规定,本案的被告温州市房产管理局对向第三人颁发地下车位的房屋所有权证是否合法负有举证责任,应向法庭提供作出被诉具体行政行为的全部证据及依据。如果不提供或者无正当理由逾期提供证据的,视为被诉具体行政行为没有相应的证据。依照《最高人民法院关于行政诉讼证据若干问题的规定》第 6 条的规定,本案原告可以提供证明被诉具体行政行为违法的证据。如果原告提供的证据不成立,不免除被告对被诉具体行政行为合法的举证责任。按照《最高人民法院关于行政诉讼证据若干问题的规定》第 7 条的规定,第三人也有权向法院提交与本案有关的证据材料。依照《最高人民法院关于行政诉讼证据若干问题的规定》第 35 条、第 39 条的规定,证据应当在法庭上出示并经庭审质证。未经庭审质证的证据不能作为定案的依据,当事人应当围绕证据的关联性、合法性和真实性,证据有无证明力,以及证明效力的大小进行质证并发表辩论意见。经法庭准许,当事人及其诉讼代理人可以就证据问题相互发问。发问的内容应当与案件事实内容有关联,不得采取引诱、威胁、侮辱等语言或方式。庭前,本院的审判流程机构已经组织原告、被告以及第三人交换了各自提交的证据材料。下面由被告按照你机关在庭前向本院提交的证据清单所列明的序号说明你机关提交的证据名称、来源、证明的对象和内容。

被告:(提交作出具体行政行为的事实证据和适用法律依据)

审判长:原告,对于被告刚才出示的三份书证有无异议?

原告:有。(具体意见略)

审判长:第三人,对于被告刚才出示的三份书证有无异议?

第三人:没有。

审判长:被告,对原告提出的异议你有无反驳意见?

被告:我认为提交给法院的证明,当然是能说明我们具体行为的合法性的。如果没有这些,不能说明这个项目是怎么来的,这个项目不可能凭空出来。原告刚才说的合法性,主要是适用法律法规方面的,这些内容我下面还会提到。

审判长:书记员将被告于庭前向本院提交的许可证附图予以演示。

接下来,法庭将原告、被告、第三人提供的证据当庭进行了演示,对当事人所提供的证据进行了质证。原告、被告、第三人分别对其他方提供的证据提出了质疑并发表了质证意见。

审判长:各方当事人就事实部分还有需要补充陈述的没有,原告?

原告:没有。

审判长：被告？

被告：没有。

审判长：第三人还有没有需要补充陈述的？

第三人：没有。

（四）法庭辩论

审判长：现在开始法庭辩论，请各方当事人围绕法庭归纳的争议焦点发表辩论意见，先由原告方发表。

原告：（辩论意见略）

被告：（辩论意见略）

第三人：（辩论意见略）

审判长：各方是否有补充辩论意见？

原告：有的。（第二轮辩论意见略）

被告：（第二轮辩论意见略）

第三人：（第二轮辩论意见略）

（五）最后陈述

审判长：法庭辩论结束，下面进行最后陈述。在最后陈述阶段，当事人可以就本案的事实和法律适用发表综合性的陈述和辩论意见。刚才在法庭审查阶段，当事人就对方当事人提供的证据以及法律适用已经作了充分的陈述。那么在最后的陈述阶段，当事人可以将自己的意见，作一个简要的陈述。首先由原告来讲。

原告诉讼代理人：原告认为被告的行政行为，就是本案的具体行政行为违反了相关的法律规定。而且在事实上原告已经提供了相关的依据。所以原告请求法庭支持原告方的诉讼请求。

审判长：原告本人有没有补充？

原告：没有。

审判长：被告，发表你的最后陈述意见。

被告：简单讲三个意见：①这个项目审批并没有违反相关的法律规定；②一直强调，车位的所有权与使用权无关，与原告没有利害关系；③原告所述证据没有一定的法律依据。

审判长：第三人，请发表最后陈述意见。

第三人：本案涉及的地下车位的房屋所有权证是被告依法定职权作出的法律文件，该房屋所有权证的审批程序、内容方面从刚才陈述中可见没有违反强制性法律法规的规定。所以，请法庭驳回原告的诉讼请求。

（六）法庭评议

审判长：合议庭需对本案休庭进行评议，现在宣布休庭15分钟。（审判长敲击法槌）

书记员：请审判长、审判员、人民陪审员退庭。

（七）判决

（审判长敲击法槌）

审判长：继续开庭。合议庭就各方当事人提交的证据进行如下认定。对于被告向本院提交的申报表、立案表、计划项目表，上述证据来源合法真实，予以认证。对于被告向本院提交的许可证附件及附图予以认定。本院认为：……综上，根据《物权法》第142条，"建设用地使用权人建造的建筑物、构筑物及其附属设施的所有权属于建设用地使用权人，但有相反证据证明的除外"；根据《物权法》第136条，"建设用地使用权可以在土地的地表、地上或者地下分别设立。新设立的建设用地使用权，不得损害已设立的用益物权"，本院判决如下，请各方当事人起立（全体当事人起立）。第一，驳回原告×××的诉讼请求 。第二，本案的受理费由原告×××负担。

（审判长敲击法槌）

审判长：各方当事人请坐。本案的案件受理费由原告负担，本判决生效后7日内缴纳。刚才是口头宣判，判决书将于闭庭后10日内送达给各方当事人。除判决主文外，判决书的文字以庭后送达的判决书为准。如不服本判决，可于判决书送达之日起15日内向本院提交上诉状并按对方当事人的人数提出副本，上诉于温州市中级人民法院。原告诉被告温州市房地产管理局违法向××花园的建设单位温州××房地产开发公司颁发了地下车位的房屋所有权证一案现已审理终结，闭庭。（审判长敲击法槌）

书记员：全体起立。请审判长、审判员退庭。

第三节　相关法律文书及卷宗整理

一、行政诉讼起诉状

行政诉讼起诉状的表述可参考如下格式：

行政诉讼起诉状

原告：……（写明基本情况）

被告：……（写明基本情况）

诉讼请求：撤销……行政复议决定

事实与理由：……（写明双方争议的有关情况和不服行政决定的理由和依据）

综上所述,被告所作出的行政决定,违反法律规定,侵害了原告的合法权益,根据法律和行政法规的规定,特向贵院提出撤销（或者变更）该决定,请求法院依法处理。

此致

××人民法院

起诉人：×××（签章）

××××年××月××日

二、行政诉讼答辩书

行政诉讼答辩书的表述可参考如下格式：

行政诉讼答辩书

答辩人：……（写明姓名、地址等基本情况）

法定代表人：……（写明姓名、职务等基本情况）

委托代理人：……（写明姓名、职务、工作单位等基本情况）

因×××诉我单位……一案,兹答辩如下：

……

此致

××人民法院

答辩人：×××（签章）

法定代表人：×××（签章）

××××年××月××日

附：1. 答辩书副本×份。

　　2. 其他文件×份。

三、裁定书(驳回起诉用)

裁定书(驳回起诉用)的表述可参考如下格式：

××人民法院行政裁定书

〔××××〕×行初字第××号

原告：……（写明姓名或名称等基本情况）

被告：……（写明行政机关名称和所在地址）

第三人：……（写明姓名或名称等基本情况）

（当事人及其他诉讼参与人的列项和基本情况的写法，与一审行政判决书样式相同）

原告×××不服××××（行政机关名称）××××年××月××日××字第××号处罚决定（复议决定或其他具体行政行为），向本院提起诉讼。本院受理后，依法组成合议庭，公开（或不公开）开庭审理了本案。

……（简述原告起诉的事由）

本院认为，……（写明驳回起诉的理由）依照……（写明引用的法律条款项）的规定，裁定如下：

驳回原告×××的起诉。

……（写明诉讼费用的负担）

如不服本裁定，可在裁定书送达之日起 10 日内，向本院递交上诉状，并按对方当事人的人数提出副本，上诉于××人民法院。

审判长：×××

审判员：×××

审判员：×××

××××年××月××日

（院印）

本件与原本核对无异。

书记员：×××

四、判决书

（一）一审作为类行政案件用

一审作为类行政案件用的判决书的表述可参考如下格式：

××人民法院行政判决书

〔××××〕×行初字第××号

原告：……（写明姓名或名称等基本情况）

法定代表人：……（写明姓名、性别和职务）

委托代理人（或指定代理人、法定代理人）：……（写明姓名等基本情况）

被告：……（写明行政主体名称和所在地址）

法定代表人：……（写明姓名、性别和职务）

委托代理人：……（写明姓名等基本情况）

第三人：……（写明姓名或名称等基本情况）

法定代表人：……（写明姓名、性别和职务）

委托代理人（或指定代理人、法定代理人）：……（写明姓名等基本情况）

原告×××不服××××（行政主体名称）……（具体行政行为），于××××年××月××日向本院提起行政诉讼。本院于××××年××月××日受理后，于××××年××月××日向被告送达了起诉状副本及应诉通知书。本院依法组成合议庭，于××××年××月××日公开（或不公开）开庭审理了本案。……（写明到庭参加庭审活动的当事人、诉讼代理人、证人、鉴定人、勘验人和翻译人员等）到庭参加诉讼。……（写明发生的其他重要程序活动，如被批准延长本案审理期限等情况）本案现已审理终结。

被告××××（行政主体名称）……（写明作出具体行政行为的行政程序）于××××年××月××日对原告作出××号××决定（或其他名称），……（详细写明被诉具体行政行为认定的事实、适用的法律规范和处理的内容）被告于××××年××月××日向本院提供了作出被诉具体行政行为的证据、依据……（若有经法院批准延期提供证据的情况，应当予以说明）：1.……（证据的名称及内容等），证明……（写明证据的证明目的，可以按被告举证顺序，归类概括证明目的）2.……（可以根据案情，从法定职权、执法程序、认定事实、适用法律等方面，分类列举有关证据和依据；或者综合列举证据，略写无争议部分）

原告×××诉称，……（概括写明原告的诉讼请求及理由，原告提供的证据）

被告×××辩称，……（概括写明被告答辩的主要理由和要求）

第三人×××述称，……（概括写明第三人的主要意见，第三人提供的证据）

本院依法（或依原告、第三人的申请）调取了以下证据：……

经庭审质证（或交换证据），本院对以下证据作如下确认：……

经审理查明，……（经审理查明的案件事实内容）

本院认为，……（运用行政实体及程序法律规范，对具体行政行为合法性进行分析论证，对各方当事人的诉讼理由逐一分析，论证是否成立，表明是否予以支持或采纳，并说明理由）依照……（写明判决依据的《行政诉讼法》以及相关司法解释的条、款、项、目）之规定，判决如下：

……（写明判决结果）分以下九种情况：

第一，维持被诉具体行政行为的，写：

维持××××(行政主体名称)××××年××月××日作出的〔×××
×〕×字第××号……(具体行政行为名称)

第二,撤销被诉具体行政行为的,写:

一、撤销××××(行政主体名称)××××年××月××日作出的〔××
××〕×字第××号……(具体行政行为名称)

二、责令××××(行政主体名称)在××日内重新作出具体行政行为。
(不需要重作的,此项不写;不宜限定期限的,期限不写)

第三,部分撤销被诉具体行政行为的,写:

一、维持××××(行政主体名称)××××年××月××日作出的〔××
××〕×字第××号……(具体行政行为名称)的第×项,即……(写明维持的具
体内容)

二、撤销××××(行政主体名称)××××年××月××日作出的〔××
××〕×字第××号……(具体行政行为名称)的第×项,即……(写明撤销的具
体内容)

三、责令××××(行政主体名称)在××日内重新作出具体行政行为。
(不需要重作的,此项不写;不宜限定期限的,期限不写)

第四,判决变更行政处罚的,写:

变更××××(行政主体名称)××××年××月××日作出的〔×××
×〕×字第××号行政处罚决定(或行政复议决定,或属行政处罚等性质的其
他具体行政行为),改为……(写明变更内容)

第五,驳回原告诉讼请求的,写:

驳回原告要求撤销(或变更、确认违法等)××××(行政主体名称)××
××年××月××日作出的〔××××〕×字第××号……(具体行政行为名
称)的诉讼请求。

第六,确认被诉具体行政行为合法或有效的,写:

确认××××(行政主体名称)××××年××月××日作出的〔×××
×〕×字第××号……(具体行政行为名称)合法(或有效)。

第七,确认被诉具体行政行为违法(或无效)的,写:

一、确认××××(行政主体名称)××××年××月××日作出的〔×
×××〕×字第××号……(具体行政行为名称)违法(或无效)。

二、责令×××在××(限定的期限)日内,……(写明采取的补救措施。
不需要采取补救措施的,此项不写)

第八,驳回原告赔偿请求的,写:

驳回原告×××关于……(赔偿请求事项)的赔偿请求。

第九,判决被告予以赔偿的,写:

××××(行政主体名称)于本判决生效之日起××日内赔偿原告……(写明赔偿的金额)

……(写明诉讼费用的负担)

如不服本判决,可在判决书送达之日起 15 日内提起上诉,向本院递交上诉状,并按对方当事人的人数递交上诉状副本,上诉于××人民法院。

审判长:×××

审判员:×××

审判员:×××

××××年××月××日

(院印)

本件与原本核对无异。

书记员:×××

附:……(根据案件需要,可以通过附录形式载明判决书中的有关内容)

(二) 一审不作为类行政案件用

一审不作为类行政案件用的判决书的表述可参考如下格式:

××人民法院行政判决书

〔××××〕×行初字第××号

原告:……(写明姓名或名称等基本情况)

法定代表人:……(写明姓名、性别和职务)

委托代理人(或指定代理人、法定代理人):……(写明姓名等基本情况)

被告:……(写明行政主体名称和所在地址)

法定代表人:……(写明姓名、性别和职务)

委托代理人:……(写明姓名等基本情况)

第三人:……(写明姓名或名称等基本情况)

法定代表人:……(写明姓名、性别和职务)

委托代理人(或指定代理人、法定代理人):……(写明姓名等基本情况)

原告×××因要求被告××××(行政主体名称)履行法定职责(或者其他行政义务),于××××年××月××日向本院提起行政诉讼。本院于××××年××月××日受理后,于××××年××月××日向被告送达了起诉状副本及应诉通知书。本院依法组成合议庭,于××××年××月××

日公开(或不公开)开庭审理了本案。……(写明到庭的当事人、诉讼代理人、证人、鉴定人、勘验人和翻译人员等)到庭参加诉讼。……(写明发生的其他重要程序活动,如被批准延长本案审理期限等情况)本案现已审理终结。

原告×××于××××年××月××日向被告×××提出……申请。被告在原告起诉之前未作出处理决定。

原告×××诉称,……(概括原告提出的事实、理由及诉讼请求)

被告×××辩称,……(概括被告答辩的主要理由,被告未提交答辩状的,写明"被告未提交答辩状,但在庭审中辩称……")

第三人×××述称,……(概括写明第三人的主要意见,第三人提供的证据)

原告在起诉时提供了以下证据证明其曾于××××年××月××日向被告提出××××申请事项:……(概括写明证据的名称、时间、内容)经质证,被告认为……(写明被告提出异议的理由,如无异议,应予说明。有《最高人民法院关于行政诉讼证据若干问题的规定》第4条第2款中所列情形的,则此项不写)

被告于××××年××月××日向本院提供了以下证据及依据(若被告申请延期提供证据的,写明"被告以……为由,于××××年××月××日向本院提出延期提供证据的书面申请,经本院准许,被告于××××年××月××日提供了证据"):①……②……经质证,原告认为,……(写明对证据提出异议的理由,如无异议,应予说明)并提供了以下证据:……经质证,被告认为,……本院依法(或依原告、第三人的申请)调取了以下证据:……经庭审质证(或交换证据),本院对证据作如下确认:……

本院根据以上有效证据及当事人质证意见认定以下事实:……(认定有效证据所证明的事实,详细分析当事人各自所举证据能否支持其主张)

本院认为:……(①写明应当适用的法律规范,并根据案情对法律、司法解释、行政法规、地方性法规及合法有效的规章等作必要诠释。②可根据案情分析被告是否具有法定职权,是否存在拖延履行、不予答复等情况。③分析原告申请的理由是否成立,确认原告的诉讼请求是否符合法定条件,阐明是否予以支持的理由。④分析确认原告合法权益是否受到侵害,与行政机关不作为有无因果关系)依照……(写明判决依据的《行政诉讼法》以及相关司法解释的条、款、项、目)之规定,判决如下:

……(写明判决结果)分五种情况:

第一,判决驳回原告诉讼请求的,写:

　　驳回原告×××要求被告××××（行政主体名称）……（申请事项）的诉讼请求。

　　第二,判决被告履行法定职责的,写:

　　责令被告××××（行政主体名称）……（写明被告应当在一定期限内履行法定职责,因特殊情况难以确定期限的,可不写履行期限）

　　第三,判决确认被告不履行法定职责行为违法的,写:

　　确认被告××××（行政主体名称）……（不履行法定职责的行为）违法。

　　第四,驳回原告赔偿请求的,写:

　　驳回原告×××关于……（赔偿请求事项）的赔偿请求。

　　第五,判决被告予以赔偿的,写:

　　被告××××（行政主体名称）于本判决生效之日起××日内赔偿原告:……（写明赔偿的金额）

　　……（写明诉讼费用的负担）

　　如不服本判决,可在判决书送达之日起 15 日内,向本院递交上诉状,并按对方当事人的人数递交上诉状副本,上诉于××人民法院。

审判长:×××

审判员:×××

审判员:×××

××××年××月××日

（院印）

本件与原本核对无异。

书记员:×××

　　附:……（根据案件需要,可以通过附录形式载明判决书中的有关内容）

五、卷宗整理

　　诉讼文书材料的排列顺序,总的要求是,按照诉讼程序客观进程中形成文书的时间顺序进行排列。行政一审诉讼文书材料的排列顺序:

　　(1) 正卷。①卷宗目录;②审判流程信息表;③立案登记表;④起诉书及相关证据材料（包括法人身份证明书、授权委托书、营业执照等）;⑤受理案件通知书;⑥诉讼费减、缓、免申请及审批手续;⑦诉讼费收费票据;⑧送达回证;⑨立案庭案件移交单;⑩审限监督卡;⑪应诉通知书、答辩状及相关证据;⑫被告法人身份证明书、授权委托书、营业执照等;⑬送达回证;⑭开庭公告、传票、出庭通知书;⑮庭审前的各类裁定文书;⑯司法鉴定书;⑰法院依职权调取的证据;⑱司法鉴定书;⑲原、被告的举证材料;⑳调查笔录;㉑法庭审理笔录(调解笔录);㉒原、被告代理人代理词;㉓撤诉申请书;㉔判决书、调解书、裁定书副本;㉕宣判笔录;㉖送达回证;㉗生效法律文书移送书;㉘备考表(须是空白纸);㉙证物袋。

(2)副卷。①卷宗目录;②阅卷笔录;③合议庭评议笔录;④审理报告;⑤审委会笔录;⑥裁判文书原件及正本;⑦备考表。

第四节　实 验 案 例

一、实验案例一

案情:陈甲诉称的坐落于某某县灵溪镇新建村的一间房屋,系未经法定部门审批,擅自于 1997 年建设的。2012 年 7 月 4 日,××人民政府、××住房和城乡规划建设局、××国土资源局共同署名向陈甲发出《责令限期改正通知书》,责令其在 2012 年 7 月 10 日前自行腾空该房屋内的设施,并自行改正。陈甲未在上述期限内予以改正。2012 年 7 月 16 日,××人民政府、××住房和城乡规划建设局、××国土资源局组织人员对该房屋进行强制拆除。陈甲不服该强制拆除,向某某县人民政府申请行政复议,某某县人民政府作出维持该强制拆除的行政复议决定。陈甲仍不服,遂提起行政诉讼。

二、实验案例二

案情:某市原有甲、乙、丙、丁四家定点屠宰场,营业执照、卫生许可证、屠宰许可证等证照齐全。1997 年国务院发布《生猪屠宰管理条例》,该市市政府根据其中确认并颁发定点屠宰标志牌的规定发出通告,确定只给甲发放定点标志牌。据此,市工商局吊销乙、丙、丁三家屠宰场营业执照。乙、丙、丁三家屠宰场对此不服,找到市政府,市政府称,通告属于抽象行政行为,须遵守执行。三家屠宰场提起行政诉讼。

☞ **实验思考题**

1. 我国行政诉讼第一审普通程序中的开庭审理包括哪些诉讼阶段?

2. 行政诉讼第一审审判书的书写主要包括哪些内容?

3. 如何整理卷宗?

第七章

行政二审程序

☞ **实验教学目的**

1. 掌握民事二审普通程序开庭审理的主要环节和流程。
2. 掌握民事二审诉讼司法文书的书写。
3. 培养庭审表达和应变技能。

☞ **实验教学内容**

书写司法文书,演练行政诉讼第二审程序。

第一节　庭审程序及注意事项

第二审程序是指第一审人民法院的上一级人民法院对不服一审未生效的判决或裁定而提起上诉的案件,依法进行重新审判的诉讼程序。第二审程序是审级制度的一部分,也是行政诉讼中独立的一个阶段。启动第二审程序的诉讼行为称为上诉。此外,第二审程序还应注意:复议机关在复议过程中收集和补充的证据,不能作为人民法院维持原具体行政行为的根据。

被告在二审过程中向法庭提交在一审过程中没有提交的证据,不能作为二审法院撤销或者变更一审裁判的根据。

第二节 示范案例及庭审操作示范

一、开庭准备和开庭宣布

（1）庭前准备工作。书记员应先期到达法庭，做好开庭前准备工作。

（2）宣布法庭纪律。诉讼参与人在二审庭审时有变化的，书记员在宣布法庭纪律的同时，可以宣布法庭规则。

（3）法官入庭和报告庭审前准备情况。法官就座，报告开庭前准备情况后，书记员报告：法庭准备工作就绪，请审判长主持开庭。

（4）核对确认诉讼参与人的身份。经核对，并征询各方当事人确认无异后，即宣布：经法庭当庭核对确认，出庭的诉讼参与人符合法律规定，准予参加本案的庭审活动。

（5）宣布开庭。审判长先敲击法槌，然后庄严宣布：……人民法院现在开庭！

（6）宣告案名、案件由来、审理程序和方式。宣告案名：本庭现审理的是：……（原告在二审中的称谓）×××诉（与）……（被告在二审中的称谓）×××及……（第三人在二审中的称谓）×××……（案由）一案。

宣告案件由来：上诉人×××因本案，不服……（一审法院）于……（时间）作出的……（判决或者裁定名称和案号），于……（时间）向本院提起上诉；本院于……（受理时间）决定受理本案。如有延长审限、召开预审庭等情形的，应一并说明。

宣告审理的方式和程序：依照《中华人民共和国行政诉讼法》的规定，本庭依照第二审程序，公开开庭审理本案。如不公开开庭审理的，应当说明理由。

（7）介绍审判人员和征询回避意见。二审法院不必再书面告知当事人诉讼权利义务。如有必要，法庭可以当庭告知当事人的诉讼权利义务相关的内容即可。

当事人确认不提出回避申请的，审判长还可以强调：各方当事人应当正确行使诉讼权利，切实履行诉讼义务，遵守法庭规则，服从法庭指挥，确保庭审活动的顺利进行。

二、法庭调查

（1）宣布法庭调查。

（2）当事人陈述。在当事人陈述之前，法庭可以宣布原审判决或者裁定的主要内容。

（3）当事人宣读上诉状或者简要陈述上诉请求或者主张，以及所依据的事实和理由后，法庭认为有必要，可以组织当事人补充陈述和发问陈述。

（4）归纳小结。

审判长宣布：根据当事人陈述，结合案件的其他诉讼材料，法庭归纳小结以下几个方面的内容：

具体内容包括：①上诉人的上诉请求；②当事人没有争议事实；③诉讼争议的焦点；④当事人举证、质证和原审认证的情况；⑤法庭进一步调查的范围。

法庭调查的范围确定后，法庭还宣布：当事人当庭举证、质证应当围绕法庭确定的范围进行。

（5）当庭举证。逐一确定法庭调查的具体事项后，审判长宣布：现在，法庭调查……请当事人当庭举证。然后指示当事人当庭出示证据并说明。

（6）当庭质证。

举证完毕，审判长宣布：请当事人质证。

质证时，法庭应当引导质证当事人首先作出是否认可的意思表示。如不认可，应提出具体的理由，并组织当事人展开质证。

（7）证人、鉴定人、勘验检查人以及专家出庭作证和当庭质证。

（8）当庭认证。证据经当庭举证、质证后，合议庭当庭评议或者短暂休庭评议，对证据进行审查核实并作出认证结论。能够当庭宣布认证结论的，由审判长当庭宣布；不能当庭宣布的，在下次开庭时或者宣判时宣布。不能当庭认证的，应当向当事人作出说明。

（9）发问和答问。法庭根据案件审理的需要，可以给当事人相互发问的机会。

（10）其他事项的调查。

（11）宣布法庭调查结束。经确认各方当事人没有新的证据提供以及没有其他事实需要调查后，审判长宣布：法庭调查结束。

三、法庭辩论

（1）宣布法庭辩论。

（2）对等辩论。

（3）互相辩论。

（4）宣布法庭辩论结束。在确认各方当事人辩论意见陈述完毕后，审判长即可宣布：法庭辩论结束。

（5）当事人最后陈述。

审判长宣布：现在，由当事人陈述最后意见。随即指示上诉人、被上诉人、原审当事人依次作最后陈述。

四、法庭调解

（1）宣布法庭调解。

（2）询问当事人调解的意愿。

（3）组织调解。

（4）终结调解。

法庭调解结束后，经合议庭评议认为没有进一步调解的必要或可能的，应当休庭评议，及时作出判决。

五、休庭、评议和宣判

（一）宣布休庭

审判长先宣布"现在休庭"，然后敲击法槌。

宣布休庭后应告知当事人复庭的时间；如果决定不当庭宣判的，应当告知宣判的时间或者交代：宣判时间另行通知。

（二）法官退庭和评议

决定当庭宣判的，应于休庭后立即进行评议；择期宣判的，应在庭审结束后5个工作日内进行评议。

（三）法官入庭和宣布继续开庭

庭审准备就绪，书记员宣布：全体起立——请审判长、审判员入庭。

待法官坐定后，书记员再宣布：请坐下。

审判长敲击法槌后，即宣布：现在继续开庭。

（四）宣布评议结果

原定当庭宣判的，但经合议庭评议后未能作出裁判或评议决定不当庭宣判的，审判长应予说明，后宣布休庭。

经合议庭评议，能够当庭宣判的，审判长应宣告：经过合议庭评议，评议结论已经作出。现予宣布……

宣判的内容包括：①认证结论（先前已宣布的认证结论除外）；②裁判理由；③裁判结果以及诉讼费的负担。关于当事人的基本情况、案由、当事人陈述等部分内容,在当庭宣判时无须宣读。

在审判长宣告裁判结果(主文)前,由书记员宣布:全体人员起立。合议庭成员和书记员,以及诉讼参与人、旁听人员均应起立。

宣读完毕,审判长敲击法槌;然后书记员宣布:请坐下。

(五)征询意见

宣判后,审判长依次询问当事人:对本判决(裁定)有何意见?

当事人陈述意见后,审判长不必与当事人辩论,指示书记员:请将当事人的意见记录在案。

(六)说明文书的送达方式

书面文本的说明:除判决(裁定)结果外,本判决(裁定)的其他具体内容以书面文本为准。

文书送达的说明。经询问确认当事人或者其诉讼代理人、代收人同意在指定的期间内到人民法院接受送达的,审判长宣告:请当事人于……(时间)到……(地点)领取判决书(裁定书)。无正当理由逾期不来领取的,视为送达。当事人要求邮寄送达的,审判长宣告:法庭将根据当事人确认的地址邮寄送达。邮件回执上注明的收到或者退回之日即为送达之日。

(七)宣布闭庭

审判长宣布:庭审结束。现在宣布——闭庭! 然后敲击法槌。

书记员宣布:全体起立!

待合议庭成员退庭后,书记员宣布:散庭。诉讼参与人和旁听人员方退庭。

第三节　相关法律文书及卷宗整理

一、上诉状

上诉状的表述可参考如下格式:

行政上诉状

上诉人:……(写明姓名、性别、年龄、民族、籍贯、职业或者工作单位和职务、住址,如果是法人或者其他组织,应写明名称、法定代表人、住所、联系地址和邮政编码等,如果是行政机关作为被上诉人的,则应写明行政机关的名称、法定代表人和住所)

被上诉人：……（写明姓名、性别、年龄、民族、籍贯、职业或者工作单位和职务、住址，如果是法人或者其他组织，应写明名称、法定代表人、住所、联系地址和邮政编码等，如果是行政机关提起上诉，则应写明行政机关的名称、法定代表人和住所）

（如果一审原告、被告都不服判决，提起上诉，则都列为上诉人）

上诉人因××××一案（写明一审判决或者裁定书所列的案由），不服××人民法院××××年××月××日〔××××〕×字第××号判决（或者裁定），现提出上诉。

上诉请求：……（写明要求上诉审法院解决的事由，如撤销原判、重新判决等）

上诉理由：……（写明一审判决或者裁定不正确的事实根据和法律依据）

此致

××人民法院

附：本上诉状副本×份。

上诉人：×××（签章）

××××年××月××日

二、行政二审代理词

行政二审代理词的表述可参考如下格式：

尊敬的审判长、审判员：

贵院审理的上诉人×××上诉被上诉人×××以及原审被告×××一案，本人作为被上诉人×××的诉讼代理人，现根据本案相关证据材料以及庭审情况，发表如下代理意见：

一、……

二、……

三、……

……

以上意见供合议庭参考，望采纳。

此致

××人民法院

被上诉人：×××（签章）

代理人：×××（签章）

××××年××月××日

三、判决书

判决书的表述可参考如下格式：

××自治区高级人民法院行政判决书

〔××××〕×字第××号

上诉人：黄××，男，63岁，汉族，××县人，个体户，住××县××乡××村。

委托代理人：陈××，××县律师事务所律师。

委托代理人：伍××，××县××乡司法员，住××乡政府宿舍。

被上诉人：××市卫生局，地址：××市××湾西路。

法定代表人：×××。

委托代理人：×××，住××市××西路××号。

上诉人×××对……一案，不服××市中级人民法院〔××××〕×行初字第×号行政判决，以认定事实不符合实际、适用法律不当为由，向本院提起上诉。

本院依法组成合议庭，审理了本案，现已审理终结。查明：……（案由）

本院认为，……

判决如下：……

案件受理费由上诉人×××负担。

本判决为终审判决。

审判长：×××

代理审判员：×××

代理审判员：×××

××××年××月××日

（院印）

书记员：×××

四、卷宗整理

行政二审诉讼文书材料的排列顺序，除了之前一审程序的所有文书外，后另添以下文书：①上诉状副本、上诉案件移送函；②二审法院退卷函；③二审程序中新添的证据材料；④二审法院判决书、调解书、裁定书副本。

☞ **实验思考题**

1. 写上诉状需要注意哪些事项？
2. 二审行政诉讼判决书的书写主要包括哪些内容？

主要参考文献

[1] 陈学权.模拟法庭实验教程[M].2版.北京：高等教育出版社,2012.

[2] 王伟.模拟法庭演练[M].杭州：浙江大学出版社,2012.

[3] 刘晓霞.模拟法庭[M].2版.北京：科学出版社,2013.

[4] [英]理查德·杜·坎恩.律师的辩护艺术[M].陈泉生,陈先汀,译.北京：群众出版社,1989.

[5] 廖美珍.法庭语言技巧[M].2版.北京：法律出版社,2005.

[6] 廖永安,唐东楚,陈文曲.模拟法庭：原理、剧本与技巧[M].北京：北京大学出版社,2009.

[7] 唐东楚.论模拟法庭教学的误区与校正[J].铁路高等教育研究,1999(3).

[8] 夏凤英.浅谈模拟法庭教学中的几个问题[J].中国成人教育,2004(12).

[9] 张小蕾.浅议模拟法庭教学制度的完善[J].中国大学教学,2010(2).

[10] 李宏斌.法学专业模拟法庭教学模式完善探讨[J].法制与社会,2014(1).

附　　录

中华人民共和国人民法院法庭规则

（1993 年 11 月 26 日最高人民法院审判委员会第 617 次会议通过，根据 2015 年 12 月 21 日最高人民法院审判委员会第 1673 次会议通过的《最高人民法院关于修改〈中华人民共和国人民法院法庭规则〉的决定》修正）

第一条　为了维护法庭安全和秩序，保障庭审活动正常进行，保障诉讼参与人依法行使诉讼权利，方便公众旁听，促进司法公正，彰显司法权威，根据《中华人民共和国人民法院组织法》《中华人民共和国刑事诉讼法》《中华人民共和国民事诉讼法》《中华人民共和国行政诉讼法》等有关法律规定，制定本规则。

第二条　法庭是人民法院代表国家依法审判各类案件的专门场所。法庭正面上方应当悬挂国徽。

第三条　法庭分设审判活动区和旁听区，两区以栏杆等进行隔离。

审理未成年人案件的法庭应当根据未成年人身心发展特点设置区域和席位。

有新闻媒体旁听或报道庭审活动时，旁听区可以设置专门的媒体记者席。

第四条　刑事法庭可以配置同步视频作证室，供依法应当保护或其他确有保护必要的证人、鉴定人、被害人在庭审作证时使用。

第五条　法庭应当设置残疾人无障碍设施；根据需要配备合议庭合议室，检察人员、律师及其他诉讼参与人休息室，被告人羁押室等附属场所。

第六条　进入法庭的人员应当出示有效身份证件，并接受人身及携带物品的安全检查。

持有效工作证件和出庭通知履行职务的检察人员、律师可以通过专门通道进入法庭。需要安全检查的，人民法院对检察人员和律师平等对待。

第七条　除经人民法院许可,需要在法庭上出示的证据外,下列物品不得携带进入法庭:

(一)枪支、弹药、管制刀具以及其他具有杀伤力的器具;

(二)易燃易爆物、疑似爆炸物;

(三)放射性、毒害性、腐蚀性、强气味性物质以及传染病病原体;

(四)液体及胶状、粉末状物品;

(五)标语、条幅、传单;

(六)其他可能危害法庭安全或妨害法庭秩序的物品。

第八条　人民法院应当通过官方网站、电子显示屏、公告栏等向公众公开各法庭的编号、具体位置以及旁听席位数量等信息。

第九条　公开的庭审活动,公民可以旁听。

旁听席位不能满足需要时,人民法院可以根据申请的先后顺序或者通过抽签、摇号等方式发放旁听证,但应当优先安排当事人的近亲属或其他与案件有利害关系的人旁听。

下列人员不得旁听:

(一)证人、鉴定人以及准备出庭提出意见的有专门知识的人;

(二)未获得人民法院批准的未成年人;

(三)拒绝接受安全检查的人;

(四)醉酒的人、精神病人或其他精神状态异常的人;

(五)其他有可能危害法庭安全或妨害法庭秩序的人。

依法有可能封存犯罪记录的公开庭审活动,任何单位或个人不得组织人员旁听。

依法不公开的庭审活动,除法律另有规定外,任何人不得旁听。

第十条　人民法院应当对庭审活动进行全程录像或录音。

第十一条　依法公开进行的庭审活动,具有下列情形之一的,人民法院可以通过电视、互联网或其他公共媒体进行图文、音频、视频直播或录播:

(一)公众关注度较高;

(二)社会影响较大;

(三)法治宣传教育意义较强。

第十二条　出庭履行职务的人员,按照职业着装规定着装。但是,具有下列情形之一的,着正装:

(一)没有职业着装规定;

(二)侦查人员出庭作证;

（三）所在单位系案件当事人。

非履行职务的出庭人员及旁听人员,应当文明着装。

第十三条 刑事在押被告人或上诉人出庭受审时,着正装或便装,不着监管机构的识别服。

人民法院在庭审活动中不得对被告人或上诉人使用戒具,但认为其人身危险性大,可能危害法庭安全的除外。

第十四条 庭审活动开始前,书记员应当宣布本规则第十七条规定的法庭纪律。

第十五条 审判人员进入法庭以及审判长或独任审判员宣告判决、裁定、决定时,全体人员应当起立。

第十六条 人民法院开庭审判案件应当严格按照法律规定的诉讼程序进行。

审判人员在庭审活动中应当平等对待诉讼各方。

第十七条 全体人员在庭审活动中应当服从审判长或独任审判员的指挥,尊重司法礼仪,遵守法庭纪律,不得实施下列行为:

（一）鼓掌、喧哗;

（二）吸烟、进食;

（三）拨打或接听电话;

（四）对庭审活动进行录音、录像、拍照或使用移动通信工具等传播庭审活动;

（五）其他危害法庭安全或妨害法庭秩序的行为。

检察人员、诉讼参与人发言或提问,应当经审判长或独任审判员许可。

旁听人员不得进入审判活动区,不得随意站立、走动,不得发言和提问。

媒体记者经许可实施第一款第四项规定的行为,应当在指定的时间及区域进行,不得影响或干扰庭审活动。

第十八条 审判长或独任审判员主持庭审活动时,依照规定使用法槌。

第十九条 审判长或独任审判员对违反法庭纪律的人员应当予以警告;对不听警告的,予以训诫;对训诫无效的,责令其退出法庭;对拒不退出法庭的,指令司法警察将其强行带出法庭。

行为人违反本规则第十七条第一款第四项规定的,人民法院可以暂扣其使用的设备及存储介质,删除相关内容。

第二十条 行为人实施下列行为之一,危及法庭安全或扰乱法庭秩序的,根据相关法律规定,予以罚款、拘留;构成犯罪的,依法追究其刑事责任:

（一）非法携带枪支、弹药、管制刀具或者爆炸性、易燃性、放射性、毒害性、腐蚀性物品以及传染病病原体进入法庭；

（二）哄闹、冲击法庭；

（三）侮辱、诽谤、威胁、殴打司法工作人员或诉讼参与人；

（四）毁坏法庭设施，抢夺、损毁诉讼文书、证据；

（五）其他危害法庭安全或扰乱法庭秩序的行为。

第二十一条　司法警察依照审判长或独任审判员的指令维持法庭秩序。

出现危及法庭内人员人身安全或者严重扰乱法庭秩序等紧急情况时，司法警察可以直接采取必要的处置措施。

人民法院依法对违反法庭纪律的人采取的扣押物品、强行带出法庭以及罚款、拘留等强制措施，由司法警察执行。

第二十二条　人民检察院认为审判人员违反本规则的，可以在庭审活动结束后向人民法院提出处理建议。

诉讼参与人、旁听人员认为审判人员、书记员、司法警察违反本规则的，可以在庭审活动结束后向人民法院反映。

第二十三条　检察人员违反本规则的，人民法院可以向人民检察院通报情况并提出处理建议。

第二十四条　律师违反本规则的，人民法院可以向司法行政机关及律师协会通报情况并提出处理建议。

第二十五条　人民法院进行案件听证、国家赔偿案件质证、网络视频远程审理以及在法院以外的场所巡回审判等，参照适用本规则。

第二十六条　外国人、无国籍人旁听庭审活动，外国媒体记者报道庭审活动，应当遵守本规则。

第二十七条　本规则自 2016 年 5 月 1 日起施行；最高人民法院此前发布的司法解释及规范性文件与本规则不一致的，以本规则为准。

法 官 行 为 规 范

（最高人民法院 2005 年 11 月 4 日发布试行，2010 年 12 月 6 日修订后发布正式施行）

为大力弘扬"公正、廉洁、为民"的司法核心价值观，规范法官基本行为，树立良好的司法职业形象，根据《中华人民共和国法官法》和《中华人民共和国公务员法》等法律，制定本规范。

一般规定

第一条 忠诚坚定。坚持党的事业至上、人民利益至上、宪法法律至上，在思想上和行动上与党中央保持一致，不得有违背党和国家基本政策以及社会主义司法制度的言行。

第二条 公正司法。坚持以事实为根据、以法律为准绳，平等对待各方当事人，确保实体公正、程序公正和形象公正，努力实现办案法律效果和社会效果的有机统一，不得滥用职权、枉法裁判。

第三条 高效办案。树立效率意识，科学合理安排工作，在法定期限内及时履行职责，努力提高办案效率，不得无故拖延、贻误工作，浪费司法资源。

第四条 清正廉洁。遵守各项廉政规定，不得利用法官职务和身份谋取不正当利益，不得为当事人介绍代理人、辩护人以及中介机构，不得为律师、其他人员介绍案源或者给予其他不当协助。

第五条 一心为民。落实司法为民的各项规定和要求，做到听民声、察民情、知民意，坚持能动司法，树立服务意识，做好诉讼指导、风险提示、法律释明等便民服务，避免"冷硬横推"等不良作风。

第六条 严守纪律。遵守各项纪律规定，不得泄露在审判工作中获取的国家秘密、商业秘密、个人隐私等，不得过问、干预和影响他人正在审理的案件，不得随意发表有损生效裁判严肃性和权威性的言论。

第七条 敬业奉献。热爱人民司法事业，增强职业使命感和荣誉感，加强业务学习，提高司法能力，恪尽职守，任劳任怨，无私奉献，不得麻痹懈怠、玩忽职守。

第八条 加强修养。坚持学习，不断提高自身素质；遵守司法礼仪，执行着装规定，言语文明，举止得体，不得浓妆艳抹，不得佩带与法官身份不相称的饰物，不得参加有损司法职业形象的活动。

立　案

第九条 基本要求

（一）保障当事人依法行使诉权，特别关注妇女、儿童、老年人、残疾人等群体的诉讼需求；

（二）便利人民群众诉讼，减少当事人诉累；

（三）确保立案质量，提高立案效率。

第十条　当事人来法院起诉

（一）加强诉讼引导，提供诉讼指导材料；

（二）符合起诉条件的，在法定时间内及时立案；

（三）不符合起诉条件的，不予受理并告知理由，当事人坚持起诉的，裁定不予受理；

（四）已经立案的，不得强迫当事人撤诉；

（五）当事人自愿放弃起诉的，除法律另有规定外，应当准许。

第十一条　当事人口头起诉

（一）告知应当递交书面诉状；

（二）当事人不能书写诉状且委托他人代写有困难的，要求其明确诉讼请求、如实提供案件情况和联络方式，记入笔录并向其宣读，确认无误后交其签名或者捺印。

第十二条　当事人要求上门立案或者远程立案

（一）当事人因肢体残疾行动不便或者身患重病卧床不起等原因，确实无法到法院起诉且没有能力委托代理人的，可以根据实际情况上门接收起诉材料；

（二）当事人所在地离受案法院距离远且案件事实清楚、法律关系明确、争议不大的，可以通过网络或者邮寄的方式接收起诉材料；

（三）对不符合上述条件的当事人，应当告知其到法院起诉。

第十三条　当事人到人民法庭起诉

人民法庭有权受理的，应当接受起诉材料，不得要求当事人到所在基层人民法院立案庭起诉。

第十四条　案件不属于法院主管或者本院管辖

（一）告知当事人不属于法院主管或者本院没有管辖权的理由；

（二）根据案件实际情况，指明主管机关或者有管辖权的法院；

（三）当事人坚持起诉的，裁定不予受理，不得违反管辖规定受理案件。

第十五条　依法应当公诉的案件提起自诉

（一）应当在接受后移送主管机关处理，并且通知当事人；

（二）情况紧急的，应当先采取紧急措施，然后移送主管机关并告知当事人。

第十六条　诉状内容和形式不符合规定

（一）告知按照有关规定进行更正，做到一次讲清要求；

（二）不得因法定起诉要件以外的瑕疵拒绝立案。

第十七条　起诉材料中证据不足

原则上不能以支持诉讼请求的证据不充分为由拒绝立案。

第十八条 遇到疑难复杂情况，不能当场决定是否立案

（一）收下材料并出具收据，告知等待审查结果；

（二）及时审查并在法定期限内将结果通知当事人。

第十九条 发现涉及群体的、矛盾易激化的纠纷

及时向领导汇报并和有关部门联系，积极做好疏导工作，防止矛盾激化。

第二十条 当事人在立案后询问证据是否有效、能否胜诉等实体问题

（一）不得向其提供倾向性意见；

（二）告知此类问题只有经过审理才能确定，要相信法院会公正裁判。

第二十一条 当事人在立案后询问案件处理流程或时间

告知案件处理流程和法定期限，不得以与立案工作无关为由拒绝回答。

第二十二条 当事人预交诉讼费

（一）严格按规定确定数额，不得额外收取或者随意降低；

（二）需要到指定银行交费的，及时告知账号及地点；

（三）确需人民法庭自行收取的，应当按规定出具收据。

第二十三条 当事人未及时交纳诉讼费

（一）符合司法救助条件的，告知可以申请缓交或者减免诉讼费；

（二）不符合司法救助条件的，可以书面形式通知其在规定期限内交费，并告知无正当理由逾期不交诉讼费的，将按撤诉处理。

第二十四条 当事人申请诉前财产保全、证据保全等措施

（一）严格审查申请的条件和理由，及时依法作出裁定；

（二）裁定采取保全等措施的，及时依法执行；不符合申请条件的，耐心解释原因；

（三）不得滥用诉前财产保全、证据保全等措施。

第二十五条 当事人自行委托或者申请法院委托司法鉴定

（一）当事人协商一致自行委托的，应当认真审查鉴定情况，对程序合法、结论公正的鉴定意见应当采信；对不符合要求的鉴定意见可以要求重新鉴定，并说明理由。

（二）当事人申请法院委托的，应当及时作出是否准许的决定，并答复当事人；准许进行司法鉴定的，应当按照规定委托鉴定机构及时进行鉴定。

庭　审

第二十六条 基本要求

（一）规范庭审言行，树立良好形象；

（二）增强庭审驾驭能力,确保审判质量;

（三）严格遵循庭审程序,平等保护当事人诉讼权利;

（四）维护庭审秩序,保障审判活动顺利进行。

第二十七条　开庭前的准备

（一）在法定期限内及时通知诉讼各方开庭时间和地点。

（二）公开审理的,应当在法定期限内及时公告。

（三）当事人申请不公开审理的,应当及时审查,符合法定条件的,应当准许;不符合法定条件的,应当公开审理并解释理由。

（四）需要进行庭前证据交换的,应当及时提醒,并主动告知举证时限。

（五）当事人申请法院调取证据的,如确属当事人无法收集的证据,应当及时调查收集,不得拖延;证据调取不到的,应当主动告知原因;如属于当事人可以自行收集的证据,应当告知其自行收集。

（六）自觉遵守关于回避的法律规定和相关制度,对当事人提出的申请回避请求不予同意的,应当向当事人说明理由。

（七）审理当事人情绪激烈、矛盾容易激化的案件,应当在庭前做好工作预案,防止发生恶性事件。

第二十八条　原定开庭时间需要更改

（一）不得无故更改开庭时间;

（二）因特殊情况确需延期的,应当立即通知当事人及其他诉讼参与人;

（三）无法通知的,应当安排人员在原定庭审时间和地点向当事人及其他诉讼参与人解释。

第二十九条　出庭时注意事项

（一）准时出庭,不迟到,不早退,不缺席。

（二）在进入法庭前必须更换好法官服或者法袍,并保持整洁和庄重,严禁着便装出庭;合议庭成员出庭的着装应当保持统一。

（三）设立法官通道的,应当走法官通道。

（四）一般在当事人、代理人、辩护人、公诉人等入庭后进入法庭,但前述人员迟到、拒不到庭的除外。

（五）不得与诉讼各方随意打招呼,不得与一方有特别亲密的言行。

（六）严禁酒后出庭。

第三十条　庭审中的言行

（一）坐姿端正,杜绝各种不雅动作;

（二）集中精力,专注庭审,不做与庭审活动无关的事;

（三）不得在审判席上吸烟、闲聊或者打瞌睡，不得接打电话，不得随意离开审判席；

（四）平等对待与庭审活动有关的人员，不与诉讼中的任何一方有亲近的表示；

（五）礼貌示意当事人及其他诉讼参与人发言；

（六）不得用带有倾向性的语言进行提问，不得与当事人及其他诉讼参与人争吵；

（七）严格按照规定使用法槌，敲击法槌的轻重应当以旁听区能够听见为宜。

第三十一条 对诉讼各方陈述、辩论时间的分配与控制

（一）根据案情和审理需要，公平、合理地分配诉讼各方在庭审中的陈述及辩论时间；

（二）不得随意打断当事人、代理人、辩护人等的陈述；

（三）当事人、代理人、辩护人发表意见重复或与案件无关的，要适当提醒制止，不得以生硬言辞进行指责。

第三十二条 当事人使用方言或者少数民族语言

（一）诉讼一方只能讲方言的，应当准许；他方表示不通晓的，可以由懂方言的人用普通话进行复述，复述应当准确无误。

（二）使用少数民族语言陈述，他方表示不通晓的，应当为其配备翻译。

第三十三条 当事人情绪激动，在法庭上喊冤或者鸣不平

（一）重申当事人必须遵守法庭纪律，法庭将会依法给其陈述时间；

（二）当事人不听劝阻的，应当及时制止；

（三）制止无效的，依照有关规定作出适当处置。

第三十四条 诉讼各方发生争执或者进行人身攻击

（一）及时制止，并对各方进行批评教育，不得偏袒一方；

（二）告诫各方必须围绕案件依序陈述；

（三）对不听劝阻的，依照有关规定作出适当处置。

第三十五条 当事人在庭审笔录上签字

（一）应当告知当事人庭审笔录的法律效力，将庭审笔录交其阅读；无阅读能力的，应当向其宣读，确认无误后再签字、捺印。

（二）当事人指出记录有遗漏或者差错的，经核实后要当场补正并要求当事人在补正处签字、捺印；无遗漏或者差错不应当补正的，应当将其申请记录在案。

（三）未经当事人阅读核对，不得要求其签字、捺印。

（四）当事人放弃阅读核对的,应当要求其签字、捺印;当事人不阅读又不签字、捺印的,应当将情况记录在案。

第三十六条　宣判时注意事项

（一）宣告判决,一律公开进行;

（二）宣判时,合议庭成员或者独任法官应当起立,宣读裁判文书声音要洪亮、清晰、准确无误;

（三）当庭宣判的,应当宣告裁判事项,简要说明裁判理由并告知裁判文书送达的法定期限;

（四）定期宣判的,应当在宣判后立即送达裁判文书;

（五）宣判后,对诉讼各方不能赞赏或者指责,对诉讼各方提出的质疑,应当耐心做好解释工作。

第三十七条　案件不能在审限内结案

（一）需要延长审限的,按照规定履行审批手续;

（二）应当在审限届满或者转换程序前的合理时间内,及时将不能审结的原因告知当事人及其他诉讼参与人。

第三十八条　人民检察院提起抗诉

（一）依法立案并按照有关规定进行审理;

（二）应当为检察人员和辩护人、诉讼代理人查阅案卷、复印卷宗材料等提供必要的条件和方便。

诉讼调解

第三十九条　基本要求

（一）树立调解理念,增强调解意识,坚持"调解优先、调判结合",充分发挥调解在解决纠纷中的作用;

（二）切实遵循合法、自愿原则,防止不当调解、片面追求调解率;

（三）讲究方式方法,提高调解能力,努力实现案结事了。

第四十条　在调解过程中与当事人接触

（一）应当征询各方当事人的调解意愿;

（二）根据案件的具体情况,可以分别与各方当事人做调解工作;

（三）在与一方当事人接触时,应当保持公平,避免他方当事人对法官的中立性产生合理怀疑。

第四十一条　只有当事人的代理人参加调解

（一）认真审查代理人是否有特别授权,有特别授权的,可以由其直接参加调解；

（二）未经特别授权的，可以参与调解，达成调解协议的，应当由当事人签字或者盖章，也可以由当事人补办特别授权追认手续，必要时，可以要求当事人亲自参加调解。

第四十二条　一方当事人表示不愿意调解

（一）有调解可能的，应当采用多种方式，积极引导调解；

（二）当事人坚持不愿调解的，不得强迫调解。

第四十三条　调解协议损害他人利益

（一）告知参与调解的当事人应当对涉及他人权利、义务的约定进行修正；

（二）发现调解协议有损他人利益的，不得确认该调解协议内容的效力。

第四十四条　调解过程中当事人要求对责任问题表态

应当根据案件事实、法律规定以及调解的实际需要进行表态，注意方式方法，努力促成当事人达成调解协议。

第四十五条　当事人对调解方案有分歧

（一）继续做好协调工作，尽量缩小当事人之间的分歧，以便当事人重新选择，争取调解结案；

（二）分歧较大且确实难以调解的，应当及时依法裁判。

文书制作

第四十六条　基本要求

（一）严格遵守格式和规范，提高裁判文书制作能力，确保裁判文书质量，维护裁判文书的严肃性和权威性；

（二）普通程序案件的裁判文书应当内容全面、说理透彻、逻辑严密、用语规范、文字精炼；

（三）简易程序案件的裁判文书应当简练、准确、规范；

（四）组成合议庭审理的案件的裁判文书要反映多数人的意见。

第四十七条　裁判文书质量责任的承担

（一）案件承办法官或者独任法官对裁判文书质量负主要责任，其他合议庭成员对裁判文书负有次要责任；

（二）对裁判文书负责审核、签发的法官，应当做到严格审查、认真把关。

第四十八条　对审判程序及审判全过程的叙述

（一）准确叙述当事人的名称、案由、立案时间、开庭审理时间、诉讼参与人到庭等情况；

（二）简易程序转为普通程序的，应当写明转换程序的时间和理由；

（三）追加、变更当事人的，应当写明追加、变更的时间、理由等情况；

（四）应当如实叙述审理管辖异议、委托司法鉴定、评估、审计、延期审理等环节的流程等一些重要事项。

第四十九条　对诉讼各方诉状、答辩状的归纳

（一）简要、准确归纳诉讼各方的诉、辩主张；

（二）应当公平、合理分配篇幅。

第五十条　对当事人质证过程和争议焦点的叙述

（一）简述开庭前证据交换和庭审质证阶段各方当事人质证过程；

（二）准确概括各方当事人争议的焦点；

（三）案件事实、法律关系较复杂的，应当在准确归纳争议焦点的基础上分段、分节叙述。

第五十一条　普通程序案件的裁判文书对事实认定部分的叙述

（一）表述客观，逻辑严密，用词准确，避免使用明显的褒贬词汇；

（二）准确分析说明各方当事人提交证据采信与否的理由以及被采信的证据能够证明的事实；

（三）对证明责任、证据的证明力以及证明标准等问题应当进行合理解释。

第五十二条　对普通程序案件定性及审理结果的分析论证

（一）应当进行准确、客观、简练的说理，对答辩意见、辩护意见、代理意见等是否采纳要阐述理由；

（二）审理刑事案件，应当根据法律、司法解释的有关规定并结合案件具体事实作出有罪或者无罪的判决，确定有罪的，对法定、酌定的从重、从轻、减轻、免除处罚情节等进行分析认定；

（三）审理民事案件，应当根据法律、法规、司法解释的有关规定，结合个案具体情况，理清案件法律关系，对当事人之间的权利义务关系、责任承担及责任大小等进行详细的归纳评判；

（四）审理行政案件，应当根据法律、法规、司法解释的有关规定，结合案件事实，就行政机关及其工作人员所作的具体行政行为是否合法，原告的合法权益是否被侵害，与被诉具体行政行为之间是否存在因果关系等进行分析论证。

第五十三条　法律条文的引用

（一）在裁判理由部分应当引用法律条款原文，必须引用到法律的条、

款、项；

（二）说理中涉及多个争议问题的，应当一论一引；

（三）在判决主文理由部分最终援引法律依据时，只引用法律条款序号。

第五十四条 裁判文书宣告或者送达后发现文字差错

（一）对一般文字差错或者病句，应当及时向当事人说明情况并收回裁判文书，以校对章补正或者重新制作裁判文书；

（二）对重要文字差错或者病句，能立即收回的，当场及时收回并重新制作；无法立即收回的，应当制作裁定予以补正。

执　　行

第五十五条 基本要求

（一）依法及时有效执行，确保生效法律文书的严肃性和权威性，维护当事人的合法权益；

（二）坚持文明执行，严格依法采取执行措施，坚决避免不作为和乱作为；

（三）讲求方式方法，注重执行的法律效果和社会效果。

第五十六条 被执行人以特别授权为由要求执行人员找其代理人协商执行事宜

（一）应当从有利于执行考虑，决定是否与被执行人的代理人联系；

（二）确有必要与被执行人本人联系的，应当告知被执行人有义务配合法院执行工作，不得推托。

第五十七条 申请执行人来电或者来访查询案件执行情况

（一）认真做好记录，及时说明执行进展情况；

（二）申请执行人要求查阅有关案卷材料的，应当准许，但法律规定应予保密的除外。

第五十八条 有关当事人要求退还材料原件

应当在核对当事人提交的副本后将原件退还，并由该当事人签字或者盖章后归档备查。

第五十九条 被执行财产的查找

（一）申请执行人向法院提供被执行财产线索的，应当及时进行调查，依法采取相应的执行措施，并将有关情况告知申请执行人；

（二）应当积极依职权查找被执行人财产，并及时依法采取相应执行措施。

第六十条 执行当事人请求和解

（一）及时将和解请求向对方当事人转达，并以适当方式客观说明执行的

难度和风险,促成执行当事人达成和解;

(二)当事人拒绝和解的,应当继续依法执行;

(三)申请执行人和被执行人达成和解的,应当制作书面和解协议并归档,或者将口头达成的和解协议内容记入笔录,并由双方当事人签字或者盖章。

第六十一条　执行中的暂缓、中止、终结

(一)严格依照法定条件和程序采取暂缓、中止、终结执行措施;

(二)告知申请执行人暂缓、中止、终结执行所依据的事实和相关法律规定,并耐心做好解释工作;

(三)告知申请执行人暂缓、中止执行后恢复执行的条件和程序;

(四)暂缓、中止、终结执行确有错误的,应当及时依法纠正。

第六十二条　被执行人对受委托法院执行管辖提出异议

(一)审查案件是否符合委托执行条件,不符合条件的,及时向领导汇报,采取适当方式纠正;

(二)符合委托执行条件的,告知被执行人受委托法院受理执行的依据并依法执行。

第六十三条　案外人对执行提出异议

(一)要求案外人提供有关异议的证据材料,并及时进行审查;

(二)根据具体情况,可以对执行财产采取限制性措施,暂不处分;

(三)异议成立的,采取适当方式纠正;异议不成立的,依法予以驳回。

第六十四条　对被执行人财产采取查封、扣押、冻结、拍卖、变卖等措施

(一)严格依照规定办理手续,不得超标的、超金额查封、扣押、冻结被执行人财产;

(二)对采取措施的财产要认真制作清单,记录好种类、数量,并由当事人签字或者盖章予以确认;

(三)严格按照拍卖、变卖的有关规定,依法委托评估、拍卖机构,不得损害当事人合法利益。

第六十五条　执行款的收取

(一)执行款应当直接划入执行款专用账户;

(二)被执行人即时交付现金或者票据的,应当会同被执行人将现金或者票据交法院财务部门,并及时向被执行人出具收据;

(三)异地执行、搜查扣押、小额标的执行或者因情况紧急确需执行人员直接代收现金或者票据的,应当即时向交款人出具收据,并及时移交法院财

务部门；

（四）严禁违规向申请执行人和被执行人收取费用。

第六十六条 执行款的划付

（一）应当在规定期限内办理执行费用和执行款的结算手续，并及时通知申请执行人办理取款手续；

（二）需要延期划付的，应当在期限届满前书面说明原因，并报有关领导审查批准；

（三）申请执行人委托或者指定他人代为收款的，应当审查其委托手续是否齐全、有效，并要求收款人出具合法有效的收款凭证。

第六十七条 被执行人以生效法律文书在实体或者程序上存在错误而不履行

（一）生效法律文书确有错误的，告知当事人可以依法按照审判监督程序申请再审或者申请有关法院补正，并及时向领导报告；

（二）生效法律文书没有错误的，要及时做好解释工作并继续执行。

第六十八条 有关部门和人员不协助执行

（一）应当告知其相关法律规定，做好说服教育工作；

（二）仍拒不协助的，依法采取有关强制措施。

涉诉信访处理

第六十九条 基本要求

（一）高度重视并认真做好涉诉信访工作，切实保护信访人合法权益；

（二）及时处理信访事项，努力做到来访有接待、来信有着落、申诉有回复；

（三）依法文明接待，维护人民法院良好形象。

第七十条 对来信的处理

（一）及时审阅并按规定登记，不得私自扣押或者拖延不办；

（二）需要回复和退回有关材料的，应当及时回复、退回；

（三）需要向有关部门和下级法院转办的，应当及时转办。

第七十一条 对来访的接待

（一）及时接待，耐心听取来访人的意见并做好记录；

（二）能当场解答的，应当立即给予答复，不能当场解答的，收取材料并告知按约定期限等待处理结果。

第七十二条 来访人系老弱病残孕者

（一）优先接待；

（二）来访人申请救助的,可以根据情况帮助联系社会救助站;

（三）在接待时来访人出现意外情况的,应当立即采取适当救护措施。

第七十三条　集体来访

（一）向领导报告,及时安排接待并联系有关部门共同处理;

（二）视情况告知选派 1 至 5 名代表说明来访目的和理由;

（三）稳定来访人情绪,并做好劝导工作。

第七十四条　信访事项不属于法院职权范围

告知法院无权处理并解释原因,根据信访事项内容指明有权处理机关。

第七十五条　信访事项涉及国家秘密、商业秘密或者个人隐私

（一）妥善保管涉及秘密和个人隐私的材料;

（二）自觉遵守有关规定,不披露、不使用在信访工作中获得的国家秘密、商业秘密或者个人隐私。

第七十六条　信访人反映辖区法院裁判不公、执行不力、审判作风等问题

（一）认真记录信访人所反映的情况;

（二）对法院裁判不服的,告知其可以依法上诉、申诉或者申请再审;

（三）反映其他问题的,及时将材料转交法院有关部门处理。

第七十七条　信访人反复来信来访催促办理结果

（一）告知规定的办理期限,劝其耐心等待处理结果;

（二）情况紧急的,及时告知承办人或者承办部门;

（三）超过办理期限的,应当告知超期的理由。

第七十八条　信访人对处理结果不满,要求重新处理

（一）处理确实不当的,及时报告领导,按规定进行纠正;

（二）处理结果正确的,应当做好相关解释工作,详细说明处理程序和依据。

第七十九条　来访人表示不解决问题就要滞留法院或者采取其他极端方式

（一）及时进行规劝和教育,避免使用不当言行刺激来访人;

（二）立即向领导报告,积极采取适当措施,防止意外发生。

业外活动

第八十条　基本要求

（一）遵守社会公德,遵纪守法;

（二）加强修养,严格自律;

（三）约束业外言行,杜绝与法官形象不相称的、可能影响公正履行职责的不良嗜好和行为,自觉维护法官形象。

第八十一条　受邀请参加座谈、研讨活动

（一）对与案件有利害关系的机关、企事业单位、律师事务所、中介机构等的邀请应当谢绝;

（二）对与案件无利害关系的党、政、军机关,学术团体,群众组织的邀请,经向单位请示获准后方可参加。

第八十二条　受邀请参加各类社团组织或者联谊活动

（一）确需参加在各级民政部门登记注册的社团组织的,及时报告并由所在法院按照法官管理权限审批;

（二）不参加营利性社团组织;

（三）不接受有违清正廉洁要求的吃请、礼品和礼金。

第八十三条　从事写作、授课等活动

（一）在不影响审判工作的前提下,可以利用业余时间从事写作、授课等活动;

（二）在写作、授课过程中,应当避免对具体案件和有关当事人进行评论,不披露或者使用在工作中获得的国家秘密、商业秘密、个人隐私及其他非公开信息;

（三）对于参加司法职务外活动获得的合法报酬,应当依法纳税。

第八十四条　接受新闻媒体与法院工作有关的采访

（一）接受新闻媒体采访必须经组织安排或者批准;

（二）在接受采访时,不发表有损司法公正的言论,不对正在审理中的案件和有关当事人进行评论,不披露在工作中获得的国家秘密、商业秘密、个人隐私及其他非公开信息。

第八十五条　本人或者亲友与他人发生矛盾

（一）保持冷静、克制,通过正当、合法途径解决;

（二）不得利用法官身份寻求特殊照顾,不得妨碍有关部门对问题的解决。

第八十六条　本人及家庭成员遇到纠纷需通过诉讼方式解决

（一）对本人的案件或者以直系亲属代理人身份参加的案件,应当依照有关法律规定,平等地参与诉讼;

（二）在诉讼过程中不以法官身份获取特殊照顾，不利用职权收集所需证据；

（三）对非直系亲属的其他家庭成员的诉讼案件，一般应当让其自行委托诉讼代理人，法官本人不宜作为诉讼代理人参与诉讼。

第八十七条　出入社交场所注意事项

（一）参加社交活动要自觉维护法官形象；

（二）严禁乘警车、穿制服出入营业性娱乐场所。

第八十八条　家人或者朋友约请参与封建迷信活动

（一）不得参加邪教组织或者参与封建迷信活动；

（二）向家人和朋友宣传科学，引导他们相信科学、反对封建迷信；

（三）对利用封建迷信活动违法犯罪的，应当立即向有关组织和公安部门反映。

第八十九条　因私出国（境）探亲、旅游

（一）如实向组织申报所去的国家、地区及返回的时间，经组织同意后方可出行；

（二）准时返回工作岗位；

（三）遵守当地法律，尊重当地民风民俗和宗教习惯；

（四）注意个人形象，维护国家尊严。

监督和惩戒

第九十条　各级人民法院要严格要求并督促本院法官遵守本规范，具体由各级法院的政治部门和纪检监察部门负责。

第九十一条　上级人民法院指导、监督下级人民法院对本规范的贯彻执行，最高人民法院指导和监督地方各级人民法院对本规范的贯彻执行。

第九十二条　地方各级人民法院应当结合本院实际，研究制定具体的实施细则或实施办法，切实加强本规范的培训与考核。

第九十三条　各级人民法院广大法官要自觉遵守和执行本规范，对违反本规范的人员，情节较轻且没有危害后果的，进行诫勉谈话和批评教育；构成违纪的，根据人民法院有关纪律处分的规定进行处理；构成违法的，根据法律规定严肃处理。

附　　则

第九十四条　人民陪审员以及人民法院其他工作人员参照本规范执行，法官退休后应当参照本规范有关要求约束言行。

第九十五条　本规范由最高人民法院负责解释。

第九十六条　本规范自发布之日起施行,最高人民法院 2005 年 11 月 4 日发布的《法官行为规范(试行)》同时废止。

人民法院法槌使用规定(试行)

(2001 年 12 月 24 日由最高人民法院审判委员会第 1201 次会议通过)

为维护法庭秩序,保障审判活动的正常进行,现就人民法院法槌使用问题规定如下:

第一条　人民法院审判人员在审判法庭开庭审理案件时使用法槌。

适用普通程序审理案件时,由审判长使用法槌;适用简易程序审理案件时,由独任审判员使用法槌。

第二条　有下列情形之一的,应当使用法槌:

(一)宣布开庭、继续开庭;

(二)宣布休庭、闭庭;

(三)宣布判决、裁定。

第三条　有下列情形之一的,可以使用法槌:

(一)诉讼参与人、旁听人员违反《中华人民共和国人民法院法庭规则》,妨害审判活动,扰乱法庭秩序的;

(二)诉讼参与人的陈述与本案无关或者重复陈述的;

(三)审判长或者独任审判员认为有必要使用法槌的其他情形。

第四条　法槌应当放置在审判长或者独任审判员的法台前方。

第五条　审判长、独任审判员使用法槌的程序如下:

(一)宣布开庭、继续开庭时,先敲击法槌,后宣布开庭、继续开庭;

(二)宣布休庭、闭庭时,先宣布休庭、闭庭,后敲击法槌;

(三)宣布判决、裁定时,先宣布判决、裁定,后敲击法槌;

(四)其他情形使用法槌时,应当先敲击法槌,后对庭审进程作出指令。

审判长、独任审判员在使用法槌时,一般敲击一次。

第六条　诉讼参与人、旁听人员在听到槌声后,应当立即停止发言和违反法庭规则的行为;仍继续其行为的,审判长、独任审判员可以分别情形,依照《中华人民共和国人民法院法庭规则》的有关规定予以处理。

第七条　法槌由最高人民法院监制。

第八条　本规定(试行)自 2002 年 6 月 1 日起施行。

人民法院法官袍穿着规定

（2002 年 1 月 24 日由最高人民法院审判委员会第 1208 次会议通过）

为增强法官的职业责任感，进一步树立法官公正审判形象，现就法官袍穿着问题规定如下：

第一条　人民法院的法官配备法官袍。

第二条　法官在下列场合应当穿着法官袍：

（一）审判法庭开庭审判案件；

（二）出席法官任命或者授予法官等级仪式。

第三条　法官在下列场合可以穿着法官袍：

（一）出席重大外事活动；

（二）出席重大法律纪念、庆典活动。

第四条　法官在本规定第二条、第三条之外的其他场合，不得穿着法官袍，其他人员在任何场合不得穿着法官袍。

第五条　暂不具备条件的基层人民法院，开庭审判案件时可以不穿着法官袍，具体办法由各高级人民法院根据当地的具体情况制定。

第六条　法官袍应当妥善保管，保持整洁。

第七条　有关法官袍穿着规定与本规定不一致的，以本规定为准。

人民法院司法警察值庭规则

法发〔2003〕13 号

第一条　为保证人民法院审判工作的顺利进行，规范人民法院司法警察的值庭活动，根据《中华人民共和国刑事诉讼法》、《中华人民共和国民事诉讼法》、《中华人民共和国行政诉讼法》、《中华人民共和国人民法院法庭规则》和《人民法院司法警察暂行条例》的有关规定，制定本规则。

第二条　值庭是人民法院司法警察在法庭审判活动中，为维护法庭秩序，保证参与审判活动人员的安全，保证审判活动顺利进行所实施的职务行为。

第三条　值庭的司法警察在法庭审判活动中，根据审判长、独任审判员的指令，依法履行职责。

第四条　值庭前的准备工作由司法警察部门组织落实：

（一）根据庭审活动的时间、规模、类型、诉讼参与人的数量、场地条件等情况，选派司法警察值庭；

（二）制定实施方案和处置突发事件的应急措施；

（三）与相关部门联系，交换意见，明确任务。

第五条 司法警察值庭的职责：

（一）警卫法庭，维护法庭秩序；

（二）保障参与审判活动人员的安全；

（三）传唤证人、鉴定人；

（四）传递、展示证据；

（五）制止妨害审判活动的行为。

第六条 司法警察值庭时，应当按照规定着警服、佩戴警衔专用标志，警容严整。女司法警察不得浓妆、披发、戴饰物。

第七条 值庭的司法警察，应当依照《人民警察使用警械和武器条例》的规定，配备、使用警械和武器。

第八条 对旁听人员，值庭的司法警察应当进行安全检查。发现未成年人、精神病人、醉酒的人和其他不宜旁听的人员，应当阻止或者劝其退出审判法庭。

第九条 司法警察值庭时，应当站立于审判台侧面，背向审判台，面向旁听席。根据需要采取立正、跨立姿势或坐姿。法庭宣判时采取立正姿势；法庭调查开始后采取坐姿。值庭时间超过一小时可替换。出入法庭时应以齐步动作行进。

第十条 值庭的司法警察接取、传递、展示证据时，应注意安全。

第十一条 值庭的司法警察传唤证人时，应当打开通道门，引导证人到达指定位置。

第十二条 对旁听人员违反下列法庭纪律的，值庭的司法警察应当予以劝阻、制止：

（一）未经允许录音、摄影和录像；

（二）随意走动或擅自进入审判区；

（三）鼓掌、喧哗、哄闹；

（四）擅自发言、提问；

（五）吸烟或随地吐痰；

（六）使用通信工具；

（七）其他违反法庭纪律的行为。

第十三条　对下列行为,值庭的司法警察可以依法采取强制措施:

(一) 未经许可进入审判区,经劝阻、制止无效或者有违法犯罪嫌疑的;

(二) 严重违反法庭纪律,经劝阻、制止无效的;

(三) 哄闹、冲击法庭,侮辱、威胁、殴打参与审判活动人员等严重扰乱法庭秩序的。

第十四条　司法警察值庭时可以采取的强制措施包括:责令退出、强制带离、强行扣押、收缴、检查等。

第十五条　司法警察值庭时应提高警惕,防止当事人自伤、自杀、行凶、脱逃等行为的发生。遇有突发事件,应全力以赴,沉着应对,果断处置。

第十六条　司法警察值庭时,应当遵守法庭纪律,精神集中,举止端庄,行为文明,态度严肃。不得擅离岗位,不得让无关人员接触当事人,不得侮辱或变相体罚当事人以及实施其它妨害审判活动的行为。

第十七条　司法警察值庭时违反本规则的,依据《中华人民共和国人民警察法》处理。

第十八条　本规则自发布之日起实行。

律师执业行为规范(试行)

(2004 年 3 月 20 日第五届中华全国律师协会第九次常务理事会通过,自2004 年 3 月 20 日起施行)

第一章　总　　则

第一条　律师是依法取得执业资格和律师执业证书,为委托人提供法律服务的专业人员。律师的执业权利源于法律的规定和委托人的授权。律师执业应当遵循法律的规定和律师执业规范的要求,按照委托人授权的范围和权限,为委托人提供法律服务。

第二条　根据《中华人民共和国律师法》和中华全国律师协会《律师协会章程》制定《律师执业行为规范》(以下简称"规范")。

第三条　本规范是指导律师执业行为的准则,是评判律师执业行为是否符合律师职业要求的标准,是对违规律师、律师事务所进行处分的依据。

第四条　本规范适用于中华全国律师协会会员中的所有律师事务所和律师。

第五条　律师事务所、律师应以良好的职业道德修养,善意地理解、判断和执行本规范。

第二章　律师的职业道德

第一节　基本准则

第六条　律师必须忠实于宪法、法律。

第七条　律师必须诚实守信,勤勉尽责,依照事实和法律,维护委托人利益,维护法律尊严,维护社会公平、正义。

第八条　律师应当注重职业修养,珍视和维护律师职业声誉,以法律法规以及社会公认的道德规范约束自己的业内外言行,以影响、加强公众对于法律权威的信服与遵守。

第九条　律师必须保守国家机密、委托人的商业秘密及个人隐私。

第十条　律师应当努力钻研业务,不断提高执业水平。

第十一条　律师必须尊重同行,公平竞争,同业互助。

第十二条　律师应当关注、积极参加社会公益事业。

第十三条　律师必须遵守律师协会章程,履行会员义务。

第二节　执业职责

第十四条　律师不得在两个或两个以上律师事务所执业。同时在一个律师事务所和一个其他法律服务机构执业的视同在两个律师事务所执业。

因涉及专业领域问题而邀请另一律师事务所参与办理,且该律师所在的律师事务所与被邀请的律师事务所之间以书面形式约定法律后果由前者承担并告知委托人的,不违背上述的规定。

第十五条　律师提供法律服务时,应当进行独立的职业思考与判断,认真、负责。

第十六条　律师不得向委托人就某一案件的判决结果作出承诺。

律师在依据事实和法律对某一案件作出某种判断时,应向委托人表明作出的判断仅是个人意见。

第十七条　律师提供法律服务时,不仅应当考虑法律,还可以以适当方式考虑道德、经济、社会、政治以及其他与委托人的状况相关的因素。

第十八条　律师提供法律服务时,应当庄重、耐心、有礼貌地对待委托人、证人、司法人员和相关人员。

第十九条　律师在执业活动中不得从事,或者协助、诱使他人从事以下行为:

(一) 具有恶劣社会影响的行为;

(二) 欺骗、欺诈的行为;

（三）妨碍国家司法、行政机关依法行使权力的行为；

（四）明示或暗示具有某种能力，可能不恰当地影响国家司法、行政机关改变既定意见的行为；

（五）协助或怂恿司法、行政人员或仲裁人员进行违反法律的行为。

第二十条　律师不得私自接受委托承办法律事务，不得私自向委托人收取费用、额外报酬、财物或可能产生的其他利益。

第二十一条　曾任法官、检察官的律师，离任后未满两年，不得担任诉讼代理人或者辩护人。

第二十二条　律师事务所不得指派非律师人员以律师身份或以其他变相方式提供法律服务。律师事务所不得为本所非律师人员以律师身份或以其他变相方式提供法律服务提供任何便利。

第三章　执业前提

第二十三条　律师执业必须持有司法行政机关颁发的有效的律师执业证。律师执业证是律师执业的唯一凭证。

第二十四条　律师执业必须经过律师协会规定的岗前培训。

第二十五条　律师应按照当地律师协会的安排进行执业宣誓，执业宣誓誓词是本规范的组成部分，是律师承担职业责任的庄严承诺。

律师执业宣誓誓词：我志愿加入律师队伍，成为中华人民共和国律师和中华全国律师协会会员，忠实宪法、法律，严格执行《律师法》，遵守《律师协会章程》，履行律师义务，恪守律师职业道德，勤勉敬业，为维护法律的正确实施，捍卫法律的尊严而努力奋斗。

第四章　执业组织

第二十六条　律师事务所是律师的执业机构。

第二十七条　律师的执业活动必须接受律师事务所的管理、监督。

第二十八条　律师事务所应当建立健全人事、财务、业务、收费等内部管理制度。

第二十九条　律师事务所应当与所内执业律师、其他工作人员签订聘用合同，并按期如实交纳事务所律师、其他工作人员的失业保险金、养老保险金、医疗社保金、住房公积金等社会保障费用。

第三十条　律师事务所必须依法纳税。

第三十一条　律师事务所按照章程组织律师开展业务工作，学习法律和国家政策,总结、交流工作经验。

第三十二条　律师事务所不得投资兴办公司、直接参与商业性经营活动。

第三十三条　在本所律师受到停业处罚期间,不得允许或默许其以律师名义继续从事律师业务活动。

第三十四条　不得采取出具或者提供律师事务所介绍信、律师专用公文、收费凭据等方式,为尚未取得律师执业证书的人员或者其他律师事务所的律师从事违法执业提供便利。

第三十五条　不得向法官、检察官、仲裁员行贿。不得为承揽案件事前和事后给予有关人员任何物质的或非物质的利益。

第三十六条　不得拒绝或疏怠履行有关国家机关、律师协会指派承担的法律援助和其他公益法律服务的义务。

第三十七条　律师变更执业机构的,应当按规定办理转所手续。

第三十八条　转所后的律师,不得损害原所属律师事务所的利益,应当信守对其作出的保守商业秘密的承诺;不得为原所属律师事务所正在提供法律服务的委托人提供法律服务。

第三十九条　接受转所律师的律师事务所应当在接受转所律师时注意排除不正当竞争因素,不得要求、纵容或协助转所律师从事有损于原所属律师事务所利益的行为。

第四十条　律师在承办受托事务时,对出现的不可克服的困难和风险应当及时向律师事务所报告。

第四十一条　律师与委托人发生纠纷的,律师应当接受律师事务所的解决方案。

第四十二条　律师因执业过错给律师事务所造成损失的,律师事务所有权向律师追究。

第四十三条　律师对受其指派办理事务的辅助人员出现的错误,应当采取制止或者补救措施,并承担责任。

第四十四条　律师事务所有义务通过建立律师事务所的规章制度和有效的管理措施,规范自身执业行为并监督律师认真遵守律师执业行为规范。

第四十五条　律师事务所对本所律师执业行为负有监督的责任,对律师违规行为负有干预和补救的责任。

第四十六条　律师事务所有义务对律师以及实习律师、律师助理、法律实习生、行政人员等辅助人员在律师业务及职业道德方面给予指导和监督。

第五章　委托代理关系的建立

第四十七条　律师应当与委托人就委托事项的代理范围、代理内容、代理权限、代理费用、代理期限等进行讨论,经协商达成一致后,由律师事务所与委托人签署委托代理协议或者取得委托人的确认。

第四十八条　律师应当谨慎、诚实、客观地告知委托人拟委托事项可能出现的法律风险。

第一节　委托代理的基本要求

第四十九条　律师应当充分运用自己的专业知识,根据法律的规定完成委托事项,维护委托人的利益。

第五十条　律师有权根据法律的要求和道德的标准,选择实现委托人目的的方法。

第五十一条　律师应当严格按照法律规定的期间、时效以及与委托人约定的时间,办理委托事项。

第五十二条　律师应当建立律师业务档案,保存完整的业务工作记录。

第五十三条　律师应当谨慎保管委托人提供的证据和其它法律文件,保证其不遭灭失。

第五十四条　律师对委托人了解委托事项情况的要求,应当及时给予答复。

第五十五条　律师应当在授权范围内从事代理。如需特别授权,应事先取得委托人的书面确认。

第五十六条　律师事务所、律师及其辅助人员不得泄露委托人的商业秘密、隐私,以及通过办理委托人的法律事务所了解的委托人的其他信息。但是律师认为保密可能会导致无法及时阻止发生人身伤亡等严重犯罪及可能导致国家利益受到严重损害的除外。

第五十七条　律师可以公开委托人授权同意披露的信息。

第五十八条　律师在代理过程中可能无辜地被牵涉到委托人的犯罪行为时,律师可以为保护自己的合法权益而公开委托人的相关信息。

第五十九条　律师代理工作结束后,仍有保密义务。

第二节　接受委托的权限

第六十条　接受委托后,律师只能在委托权限内开展执业活动,不得擅自超越委托权限。

第六十一条　律师在进行受托的法律事务时,如发现委托人所授权限不能适应需要时,应及时告知委托人,在未经委托人同意或办理有关的授权委托手续之前,律师只能在授权范围内办理法律事务。

第六十二条 律师接受委托时必须与委托人明确规定包括程序法和实体法两方面的委托权限。委托权限不明确的,律师应主动提示。

第六十三条 律师在委托权限内完成了受托的法律事务,应及时告知委托人。律师与委托人明确解除委托关系后,律师不得再以被委托人的名义进行活动。

第六十四条 在未征得委托人同意的情况下,律师不得同时接受有利益冲突的他方当事人委托,为其办理法律事务。

第六十五条 律师接受委托后,无正当理由不得拒绝履行协议约定的职责,不得无故拒绝辩护或代理。

第三节 禁止虚假承诺

第六十六条 律师不得为建立委托代理关系而对委托人进行误导。

第六十七条 律师不得为谋取代理或辩护业务而向委托人作虚假承诺,接受委托后也不得违背事实和法律规定作出承诺。

第六十八条 律师在接受刑事辩护委托后,应当依据事实和法律提出无罪、罪轻或减轻、免除其刑事责任的辩护意见;刑事辩护证据不足以否认有罪指控,不得承诺经过辩护必然获得无罪的结果。

第六十九条 律师根据委托人提供的事实和证据,依据法律规定对案件进行分析后,应向委托人提出预见性、分析性的结论意见,但应当注意避免虚假承诺。

第七十条 律师依法辩护、代理案件提出的正确意见未被采纳或因枉法裁判,使律师的预先分析意见没有实现,不能认为律师的意见是虚假承诺。

第七十一条 委托人拟委托事项或者要求属于法律或者律师执业规范所禁止时,律师应当告知委托人,并提出修改建议或者予以拒绝。

第四节 禁止非法牟取委托人的利益

第七十二条 律师和律师事务所不得利用提供法律服务的便利,非法牟取委托人的利益。

第七十三条 除依照相关规定收取法律服务费用之外,律师不得与委托人争议的权益产生经济上的联系,不得与委托人约定胜诉后将争议标的物出售给自己,不得委托他人为自己或为自己的亲属收购、租赁委托人与他人发生争议的诉讼标的物。

第七十四条 律师不得向委托人索取财物,不得获得其他不利于委托人的经济利益。

　　第七十五条　非经委托人同意,律师不得运用来自于向委托人提供法律服务时所得到的信息牟取对委托人有损害的利益。

第五节　利益冲突和回避

　　第七十六条　利益冲突是指同一律师事务所代理的委托事项与该所其他委托事项的委托人之间有利益上的冲突,继续代理会直接影响到相关委托人的利益的情形。

　　第七十七条　在接受委托之前,律师及其所属律师事务所应当进行利益冲突查证。只有在委托人之间没有利益冲突的情况下才可以建立委托代理关系。

　　第七十八条　拟接受委托人委托的律师已经明知诉讼相对方或利益冲突方已委聘的律师是自己的近亲属或其他利害关系人的,应当予以回避,但双方委托人签发豁免函的除外。

　　第七十九条　律师在接受委托后知道诉讼相对方或利益冲突方委聘的律师是自己的近亲属或其他利害关系人,应及时将这种关系明确告诉委托人。委托人提出异议的,律师应当予以回避。

　　第八十条　律师在接受委托后知道诉讼相对方或利益冲突方已委聘同一律师事务所其他律师的,应由双方律师协商解除一方的委托关系,协商不成的,应与后签订委托合同的一方或尚没有支付律师费的一方解除委托关系。

　　第八十一条　曾经在前一法律事务中代理一方法律事务的律师,即使在解除或终止代理关系后,亦不能再接受与前任委托人具有利益冲突的相对方委托,办理相同法律事务,除非前任委托人做出书面同意。

　　第八十二条　曾经在前一法律事务中代理一方法律事务的律师,不得在以后相同或相似法律事务中运用来自该前一法律事务中不利前任委托人的相关信息,除非经该前任委托人许可,或有足够证据证明这些信息已为人所共知。

　　第八十三条　委托人拟聘请律师处理的法律事务,是该律师从事律师职业之前曾以政府官员或司法人员、仲裁人员身份经办过的事务,律师和其律师事务所应当回避。

第六节　保管委托人财产

　　第八十四条　律师应当妥善保管与委托事项有关的财物,不得挪用或者侵占。

　　第八十五条　律师事务所受委托保管委托人财物时,应将委托人财产与律师事务所的财产严格分离。委托人的资金应保存在律师事务所所在地信

— 203 —

用良好的金融机构的独立账号内,或保存在委托人指定的独立开设的银行账号内。委托人其他财物的保管方法应当经其书面认可。

第八十六条　委托人要求交还律师事务所受委托保管的委托人财物,律师事务所应向委托人索取书面的接收财物的证明,并将委托保管协议及委托人提交的接收财物证明一同存档。

第八十七条　律师事务所受委托保管委托人或第三人不断交付的资金或者其他财物时,律师应当及时书面告知委托人,即使委托人出具书面声明免除律师的及时告知义务,律师仍然应当定期向委托人发出保管财物清单。

第七节　转委托

第八十八条　未经委托人同意,律师不得将委托人委托的法律事务转委托他人办理。

第八十九条　律师在接受委托后出现突患疾病、工作调动等情况,需要更换律师的,应当及时告知委托人。委托人同意更换律师的,律师之间要及时移交材料,并通过律师事务所办理相关手续。

第九十条　非经委托人的同意,律师不能因为转委托而增加委托人的经济负担。

第六章　律师收费规范

第九十一条　律师费用的收取应当合理。

律师事务所和律师应当根据国家行政管理部门、律师协会制定的相关规定合理收费。

第九十二条　律师收费应当考虑以下合理因素:

(一)从事法律服务所需工作时间、难度、包含的新意和需要的技巧等;

(二)接受这一聘请会明显妨碍律师开展其他工作的风险;

(三)同一区域相似法律服务通常的收费数额;

(四)委托事项涉及的金额和预期的合理结果;

(五)由委托人提出的或由客观环境所施加的法律服务时间限制;

(六)律师的经验、声誉、专业水平和能力;

(七)费用标准及支付方式是否固定,是否附有条件;

(八)合理的成本。

第九十三条　律师收费方式依照国家规定或由律师事务所与委托人协商确定,可以采用计时收费、固定收费、按标的比例收费。在一个委托事项中可以同时使用前列几种方式,也可使用法律不禁止的其他方式。

第九十四条　采用计时收费的,律师应当根据委托人的要求提供工作记录清单。

第九十五条　律师事务所应当在委托代理合同中约定收费方式、标准、支付方法等收费事项。

第九十六条　以诉讼结果或其他法律服务结果作为律师收费依据的,该项收费的支付数额及支付方式应当以协议形式确定,应当明确计付收费的法律服务内容、计付费用的标准、方式,包括和解、调解或审判不同结果对计付费用的影响,以及诉讼中的必要开支是否已经包含于风险代理酬金中等。

第九十七条　律师和律师事务所不能以任何理由和方式向赡养费、扶养费、抚养费以及刑事案件中的委托人提出采用根据诉讼结果协议收取费用,但当事人提出的除外。

第九十八条　律师不得私自收案、收费。委托人所支付的费用应当直接交付律师所在的律师事务所,律师不得直接向委托人收取费用。委托人委托律师代交费用的,律师应将代收的费用及时交付律师事务所。

第九十九条　律师不得索要或获取除依照规定收取的法律服务费用之外的额外报酬或利益。

第一百条　律师事务所收取的法律服务费用,应当在计入会计账簿后才可以按规定项目和开支范围使用。

第一百零一条　律师事务所不得向委托人开具非正式的律师收费凭证。

第一百零二条　下列费用应当由委托人另行支付:

(一)司法、行政、仲裁、鉴定、公证等部门收取的费用;

(二)合理的通讯费、复印费、翻译费、交通费、食宿费等;

(三)经委托人同意的专家论证费;

(四)委托人同意支付的其他费用。

第一百零三条　律师对需要由委托人承担的律师费以外的费用,应本着节俭的原则合理使用。

第一百零四条　律师事务所因合理原因终止委托代理协议的,有权收取已完成部分的费用。

第一百零五条　委托人因合理原因终止委托代理协议的,律师事务所有权收取已完成部分的费用。

第一百零六条　委托人单方终止委托代理协议的,应按约定支付律师费。

第七章　委托代理关系的终止

第一百零七条　律师在办理委托事项过程中出现下列情况,律师事务所应终止其代理工作:

（一）与委托人协商终止;

（二）被取消或者中止执业资格;

（三）发现不可克服的利益冲突;

（四）律师的健康状况不适合继续代理;

（五）继续代理将违反法律或者律师执业规范。

第一百零八条　终止代理,律师事务所应当尽量不使委托人的合法利益受到影响。

第一百零九条　终止代理,律师应当尽可能提前向委托人发出通知。律师事务所在征得委托人同意后,可另行指定律师继续承办委托事项,否则应终止委托代理协议。

第一百一十条　出现下列情况时,律师可以拒绝辩护、代理:

（一）委托人利用律师提供的法律服务从事犯罪活动的;

（二）委托人坚持追求律师认为无法实现的或不合理的目标的;

（三）委托人在相当程度上没有履行委托合同义务,并且已经合理催告的;

（四）在事先无法预见的前提下,律师向委托人提供法律服务将会给律师带来不合理的费用负担,或给律师造成难以承受的、不合理的困难的;

（五）委托人提供的证据材料不具有客观真实性、关联性与合法性,或经司法机关审查认为存在伪证嫌疑的;

（六）其他合法的缘由。

第一百一十一条　律师在接受委托后发生可以拒绝辩护或代理的情况,应当向委托人说明理由,促使委托人接受律师的劝告,纠正导致律师拒绝辩护或代理的事由。

第一百一十二条　在解除委托关系前,律师必须采取合理可行的措施保护委托人利益,如及时通知委托人,使其有充分时间再委聘其他律师、收回文件的原件以及返还提前支付的费用等。

第一百一十三条　因拒绝辩护、代理而解除委托关系的,律师可以保留与委托人有关的法律事务文件的复印件。

第八章　执业推广

第一节　业务推广原则

第一百一十四条　律师和律师事务所推广律师业务,应当遵守平等、诚信原则,遵守律师职业道德和执业纪律,遵守法律服务市场及律师行业公认的行业准则,公平竞争,禁止行业不正当竞争行为。

第一百一十五条　律师和律师事务所应当通过努力提高自身综合素质、提高法律服务质量、加强自身业务竞争能力的途径,推广、开展律师业务。

第一百一十六条　律师和律师事务所不能向中介人或者推荐人以许诺兑现任何物质利益或者非物质利益的方式,获得有偿提供法律服务的机会。

第一百一十七条　律师可以通过简介等方式介绍自己的业务领域和专业特长。

第一百一十八条　律师可以发表学术论文、案例分析、专题解答、授课等,以普及法律并宣传自己的专业领域。

第一百一十九条　律师可以举办或者参加各种形式的专题、专业研讨会,以推荐自己的专业特长。

第一百二十条　律师可以以自己或者律师事务所的名义参加各种社会公益活动,参加各类依法成立的社团组织。

第一百二十一条　律师在执业推广中,不得提供虚假信息或者夸大自己的专业能力,不得明示或者暗示与司法、行政等关联机关的特殊关系,不得贬低同行的专业能力和水平,不得以提供或者承诺提供回扣等方式承揽业务,不得以明显低于同行业的收费水平竞争某项法律业务。

第二节　律师广告规范

第一百二十二条　律师广告是指律师和律师事务所为推广业务与获得委托,让公众知悉、了解律师个人和律师事务所法律服务业务而发布的信息及其行为过程。

第一百二十三条　律师广告应当遵守国家法律法规和本规范。坚持真实、严谨、适度原则。

第一百二十四条　律师广告应当具有可识别性,应当能够使社会公众辨明是律师广告。

第一百二十五条　律师广告可以以律师个人名义发布,也可以以律师事务所名义发布。以律师个人名义发布的律师广告应当注明律师个人所在的执业机构名称。

第一百二十六条 下列情况下,律师和律师事务所不得发布律师广告:

(一)没有通过年度年检注册的;

(二)正在接受暂停执业处分的;

(三)受到通报批评处分未满一年的。

第一百二十七条 律师个人广告的内容应当限于律师的姓名、肖像、年龄、性别、出生地、学历、学位、律师执业登记日期、所属律师事务所名称、在所属律师事务所的工作时间、收费标准、联系方法,以及依法能够向社会提供的法律服务业务范围。

第一百二十八条 律师事务所广告的内容应当限于律师事务所名称、办公地址、电话号码、传真号码、邮政编码、电子信箱、网址、所属律师协会、所辖执业律师及依法能够向社会提供的法律服务业务范围简介。

第一百二十九条 不得利用广告对律师个人、律师事务所作出容易引人误解或者虚假的宣传。

第一百三十条 律师和律师事务所发布的律师广告不得贬低其他律师或律师事务所及其服务。

第一百三十一条 律师和律师事务所不能以有悖于律师使命、有失律师形象的方式制作广告,不能采用一般商业广告的艺术夸张手段制作广告。

第一百三十二条 律师在执业广告中不得出现违反所属律师协会有关律师执业广告管理规定的行为。

第三节 律师宣传规范

第一百三十三条 律师宣传是指通过公众传媒以消息、特写、专访等形式对律师和律师事务所进行报道、介绍的信息发布行为。

第一百三十四条 律师和律师事务所不得自己进行或授意、允许他人以宣传的形式发布律师广告。

第一百三十五条 律师和律师事务所不能进行歪曲事实或法律实质,或可能会使公众产生对律师不合理期望的宣传。

第一百三十六条 律师和律师事务所可以宣传所从事的某一专业法律服务领域,但不能自我声明或暗示其被公认或证明为某一专业领域的专家。

第一百三十七条 律师和律师事务所不能进行律师之间或律师事务所之间的比较宣传。

第一百三十八条 通过公众传媒以回复信函、自问自答等形式进行法律咨询的行为,亦应当符合有关律师宣传的规定。

第九章　律师同行关系中的行为规范

第一节　尊重与合作

第一百三十九条　律师和律师事务所不得阻挠或者拒绝委托人再委托其他律师和律师事务所参与同一事由的法律服务。

第一百四十条　就同一事由提供法律服务的律师之间应明确分工,相互协作,意见不一致时应当及时通报委托人决定。

第一百四十一条　律师和律师事务所不得在公众场合及传媒上发表贬低、诋毁、损害同行声誉的言论。

第一百四十二条　在庭审或谈判过程中各方律师应互相尊重,不得使用挖苦、讽刺或者侮辱性的语言。

第二节　禁止不正当竞争

第一百四十三条　律师执业不正当竞争行为是指律师和律师事务所为了推广律师业务,违反自愿、平等、诚信原则和律师执业行为规范,违反法律服务市场及律师行业公认的行业准则,采用不正当手段与同行进行业务竞争,损害其他律师及律师事务所合法权益的行为。

第一百四十四条　律师和律师事务所在与委托人及其他人员接触中,不得采用下列不正当手段与同行进行业务竞争:

(一)故意诋毁、诽谤其他律师或律师事务所信誉、声誉;

(二)无正当理由,以在同行业收费水平以下收费为条件吸引客户,或采用承诺给予客户、中介人、推荐人回扣,馈赠金钱、财物方式争揽业务;

(三)故意在委托人与其代理律师之间制造纠纷;

(四)向委托人明示或暗示律师或律师事务所与司法机关、政府机关、社会团体及其工作人员具有特殊关系,排斥其他律师或律师事务所;

(五)就法律服务结果或司法诉讼的结果做出任何没有事实及法律根据的承诺;

(六)明示或暗示可以帮助委托人达到不正当目的,或以不正当的方式、手段达到委托人的目的。

第一百四十五条　律师或律师事务所在与行政机关或行业管理部门接触中,不得采用下列不正当手段与同行进行业务竞争:

(一)借助行政机关或行业管理部门的权力,或通过与某机关、某部门、某行业对某一类的法律服务事务进行垄断的方式争揽业务;

(二)没有法律依据地要求行政机关超越行政职权,限定委托人接受其指定的律师或律师事务所提供的法律服务,限制其他律师正当的业务竞争。

第一百四十六条 律师和律师事务所在与司法机关及司法人员接触中,不得采用下列不正当手段与同行进行业务竞争:

(一)利用律师兼有的其他身份影响所承办业务正常处理和审理;

(二)在司法机关内及附近200米范围内设立律师广告牌和其他宣传媒介;

(三)向司法机关和司法人员散发附带律师广告内容的物品。

第一百四十七条 依照有关规定取得从事特定范围法律服务的执业律师和律师事务所不得采取下列不正当竞争的行为:

(一)限制委托人接受经过法定机构认可的其他律师或律师事务所提供法律服务;

(二)强制委托人接受其提供的或者由其指定的其他律师提供的法律服务;

(三)对抵制上述行为的委托人拒绝、中断、拖延、削减必要的法律服务或者滥收费用。

第一百四十八条 律师和律师事务所相互之间不得采用下列手段排挤竞争对手的公平竞争,损害委托人的利益或者社会公共利益:

(一)串通抬高或者压低收费;

(二)为低价收费,不正当获取其他律师和律师事务所收费报价或者其他提供法律服务的条件;

(三)非法泄露收费报价或者其他提供法律服务的条件等暂未公开的信息,损害所属律师事务所合法权益。

第一百四十九条 律师和律师事务所不得擅自或非法使用社会特有名称或知名度较高的名称以及代表其名称的标志、图形文字、代号以混淆、误导委托人。

所称的社会特有名称或知名度较高的名称是指:

(一)有关政党、国家行政机关、行业协会名称;

(二)具有较高社会知名度的高等法学院校名称;

(三)为社会公众共知、具有较高知名度的非律师公众人物名称;

(四)知名律师以及律师事务所名称。

第一百五十条 律师和律师事务所不得伪造或者冒用法律服务质量名优标志、荣誉称号。使用已获得的律师以及律师事务所法律服务质量名优标志、荣誉称号的应当注明获得时间和期限。

第十章　律师在诉讼与仲裁中的行为规范

第一节　调查取证规范

第一百五十一条　律师不得伪造证据,不能为了诉讼意图或目的,非法改变证据的内容、形式或属性。

第一百五十二条　律师在收集证据过程中,应当以客观求实的态度对待证据材料,不得以自己对案件相关人员的好恶选择证据,不得以自己的主观想象去改变证据原有的形态及内容。

第一百五十三条　律师不得威胁、利诱他人提供虚假证据;不得利用他人的隐私及违法行为,胁迫他人提供与实际情况不符的证据材料;不得利用物质或各种非物质利益引诱他人提供虚假证据。

第一百五十四条　律师不得向司法机关和仲裁机构提交已明知是由他人提供的虚假证据。

第一百五十五条　律师在已了解事实真相的情况下,不得为获得支持委托人诉讼主张或否定对方诉讼主张的司法裁判和仲裁而暗示委托人或有关人员出具无事实依据的证据。

第一百五十六条　律师作为必要证人出庭作证的,不得再接受委托担任该案的辩护人或代理人出庭。

第二节　庭审仪表规范

第一百五十七条　律师担任辩护人、代理人参加法庭审理,必须按照规定穿着律师出庭服装,注重律师职业形象。

第一百五十八条　律师出庭服装应当保持洁净、平整、不破损。

第一百五十九条　在出庭时,男律师不留披肩长发,女律师不施浓妆,面容清洁,头发齐整,不佩戴过分醒目的饰物。

第三节　体态语态规范

第一百六十条　律师的庭审发言用词应当文明、得体,表达意见应当选用规范语言,尽可能使用普通话。不得使用黑话、脏话等不规范语言。

第一百六十一条　律师庭审发言时应当举止庄重大方,可以辅以必要的手势,避免过于强烈的形体动作。

第四节　谨慎司法评论

第一百六十二条　律师不得在公共场合或向传媒散布、提供与司法人员及仲裁人员的任职资格和品行有关的轻率言论。

第一百六十三条　在诉讼或仲裁案件终审前,承办律师不得通过传媒或在公开场合发布任何可能被合理地认为损害司法公正的言论。

第五节　尊重法庭与规范接触司法人员

第一百六十四条　律师应当遵守法庭、仲裁庭纪律，遵守出庭时间、举证时限、提交法律文书期限及其他程序性规定。

第一百六十五条　在开庭审理过程中，律师应当尊重法庭、仲裁庭，服从审判长、首席仲裁员主持，不能当庭评论（包括批评和颂扬）审判人员、仲裁人员言论。对于庭审中存在的问题，可以在休庭后向法官、仲裁员个人或其主管部门口头或书面提出。

第一百六十六条　律师在执业过程中，因对事实真假、证据真伪及法律适用是否正确而与诉讼相对方意见不一的，或为了向案件承办人提交新证据的，可以与案件承办人在司法机关内指定场所接触和交换意见。

第一百六十七条　律师不得以不正当动机与司法、仲裁人员接触。

第一百六十八条　律师不得向司法机关和仲裁机构人员馈赠财物，更不得以许诺回报或提供其他便利（包括物质利益和非物质形态的利益）等方式，与承办案件的司法或仲裁人员进行交易。

第十一章　律师与律师行业管理或行政管理机构关系中的行为规范

第一百六十九条　律师和律师事务所应当遵守司法行政管理机构制定的有关律师管理的规定、律师协会制定的律师行业规范和规则。律师和律师事务所享有律师协会章程规定的权利，承担律师协会章程规定的义务。

第一百七十条　律师和律师事务所应当办理入会登记手续和年度登记手续。

第一百七十一条　律师和律师事务所应当参加、完成律师协会组织的律师业务学习及考核。

第一百七十二条　律师和律师事务所参加国际性律师组织或者其他组织并成为会员的，应当提前报律师协会批准。律师以中国律师身份参加境外国际性组织的，应当报律师协会备案，在上述会议作交流发言的，其发言内容亦应当报律师协会备案。

第一百七十三条　律师和律师事务所因执业成为民事被告或被确定为犯罪嫌疑人或受到行政机关调查、处罚，应当向律师协会作出书面报告。

第一百七十四条　律师和律师事务所应当参加律师协会组织的律师业务研究活动，完成律师协会布置的业务研究任务，参加律师协会布置的公益活动。

第一百七十五条　律师和律师事务所应当妥善处理律师执业中发生的各类纠纷,自觉接受律师协会及其相关机构的调解处理。

第一百七十六条　律师和律师事务所应当认真履行律师协会就律师执业纠纷做出的裁决。

第一百七十七条　律师和律师事务所应当按时缴纳会费。

第十二章　执业处分

第一百七十八条　违反律师执业规范,情节显著轻微,且没有造成严重后果的,应当给予训诫处分。训诫处分做出后的两年内,该律师再次受到处分的,应考虑已受过训诫处分的情况。

第一百七十九条　违反律师执业规范,情节轻微,应当给予通报批评的处分。通报批评处分作出后的任何时候,该律师再次受到处分时,应考虑已受过通报批评处分的情况。

第一百八十条　违反律师执业规范,情节严重,给委托人或律师事务所造成一定损失的,应当给予公开谴责的处分。公开谴责处分作出后的任何时候,该律师再次受到处分时,应考虑已受过公开谴责处分的情况。

第一百八十一条　违反律师执业规范,情节特别严重,应当给予取消会员资格的处分。

第一百八十二条　对律师严重违反律师执业行为规范以及违法的行为可能由司法行政管理机关处罚或司法机关追究法律责任的,律师协会应作出提交相关机关处罚或追究法律责任的建议。

第一百八十三条　上列处分方式适用于律师事务所违反律师执业行为规范的处分。

第一百八十四条　律师违规执业处分的机构及程序由中华全国律师协会另行规定。

第十三章　附　　则

第一百八十五条　本规范经中华全国律师协会常务理事会通过试行,理事会通过后正式实施。

第一百八十六条　本规范以修正案的方式进行修改,修正案由常务理事会通过后试行,理事会通过后正式实施。

第一百八十七条　本规范由中华全国律师协会常务理事会负责解释。

第一百八十八条　公职律师、公司律师对本规范中对其适用的条款,应当尊重并遵守。

第一百八十九条 实习律师、律师助理参照本规范执行。

第一百九十条 本规范自 2004 年 3 月 20 日起试行。

律师出庭服装使用管理办法

（2002 年 3 月 30 日第四届全国律协常务理事会第十二次会议审议通过）

第一条 为了加强律师队伍的管理，规范律师出庭服装着装行为，增强律师执业责任感，根据《中华人民共和国律师法》相关规定，制定本办法。

第二条 律师担任辩护人、代理人参加法庭审理，必须穿着律师出庭服装。

第三条 律师出庭服装由律师袍和领巾组成。

第四条 律师出庭着装时，应遵守以下规定：

（一）律师出庭服装仅使用于法庭审理过程中，不得在其他任何时间、场合穿着。

（二）律师出庭统一着装时，应按照规定配套穿着：内着浅色衬衣，佩带领巾，外着律师袍，律师袍上佩带律师徽章；下着深色西装裤、深色皮鞋，女律师可着深色西装套裙。

（三）保持律师出庭服装的洁净、平整，服装不整洁或有破损的不得使用。

（四）律师穿着律师出庭服装时，应表现出严肃、庄重的精神风貌；律师出庭服装外不得穿着或佩带其他衣物或饰品。

第五条 律师出庭服装的式样、面料、颜色等由中华全国律师协会常务理事会审定。

第六条 中华全国律师协会负责统一制作律师出庭服装。

未经中华全国律师协会授权而制作律师出庭服装的行为均侵犯律师出庭服装的知识产权。

第七条 中华全国律师协会负责将律师出庭服装式样报最高人民法院、最高人民检察院备案。

第八条 各级律师协会对律师出庭服装的使用实行监督检查。

第九条 律师事务所负责本所律师出庭服装的管理。律师出庭服装的购置、更新或因遗失、严重坏损而需要重新购置的，由律师事务所向所在地地市级律师协会提出申请，省、自治区、直辖市律师协会汇总各地申请，统一向中华全国律师协会申请购置律师出庭服装。

第十条　中华全国律师协会每年6月1日至20日、12月1日至20日受理购置律师出庭服装的申请。

第十一条　律师出庭服装的费用由律师事务所承担。律师调离律师事务所时，需将律师出庭服装交还律师事务所。

第十二条　律师出庭服装不得转送、转借给非律师人员。如有遗失、损坏，要及时向所在地律师协会报告。

第十三条　对违反本办法的，参照中华全国律师协会《律师协会会员处分规则》，由律师协会予以训诫处分，情节严重者，予以通报批评。

第十四条　本办法自2003年1月1日起施行。

第十五条　本办法由全国律协常务理事会负责解释。

最高人民法院关于法庭的名称、审判活动区布置和国徽悬挂问题的通知

法发〔1993〕41号

各省、自治区、直辖市高级人民法院：

关于法庭的名称、审判活动区布置和国徽悬挂问题，已经最高人民法院审判委员会第597次会议讨论通过，现通知如下，望遵照执行。

一、法庭的名称

审判法庭是人民法院严格按照法律规定的诉讼程序依法开庭审理各类案件的法定场所。人民法院用于审判工作的整体建筑称为"审判法庭"，其中专门用于开庭审理案件的房间称"法庭"并冠于序数，为：第一法庭、第二法庭等。

人民法庭的房屋建筑中专门用于开庭审理案件的房间称为"法庭"。

二、审判活动区布置

法庭由审判活动区和旁听区组成，以审判活动区为主，保证审判活动能够依法顺利进行。

1. 人民法院开庭审理刑事案件时，其审判人员、公诉人员、辩护人员及被告人的位置安排，暂仍按最高人民法院、最高人民检察院"法（司）发〔1985〕11号"文件的规定执行。

2. 人民法院开庭审理民事、经济、海事、行政案件时，审判活动区按下列规定布置：

审判活动区正中前方设置法台，法台的面积应满足审判活动的需要，高

度为 20 厘米至 60 厘米。法台上设置法桌、法椅,为审判人员席位。审判长的座位在国徽下正中处,审判员或陪审员分坐两边。法桌、法椅的造型应庄重、大方,颜色应和法台及法庭内的总体色调相适应,力求严肃、庄重、和谐。

法台右前方为书记员座位,同法台成 45°角,书记员座位应比审判人员座位底 20 厘米至 40 厘米。

审判台左前方为证人、鉴定人位置,同法台成 45°角。

法台前方设原、被告及诉讼代理人座位,分两侧相对而坐,右边为原告座位,左边为被告座位,两者之间相隔不少于 100 厘米,若当事人及诉讼代理人较多,可前后设置两排座位;也可使双方当事人平行而坐,面向审判台,右边为原告座位,左边为被告座位,两者之间相隔不少于 50 厘米。

3. 有条件的地方,可以将书记员的座位设置在法台前面正中处,同法台成 90°角,紧靠法台,面向法台左面,其座位高度比审判人员座位低 20 厘米至 40 厘米。

三、国徽的悬挂

根据国徽法的规定,人民法院应当按下列规定悬挂国徽:

人民法院、人民法庭的法庭内法台后上方正中处悬挂国徽;与法院其他建筑相对独立的审判法庭正门上方正中处悬挂国徽;人民法院和人民法庭机关正门上方正中处悬挂国徽。

人民法院的审判委员会会议室内适当处悬挂国徽。

调解室、接待室内不悬挂国徽。

国徽直径的通用尺度为:

基层人民法院、人民法庭:60 厘米;

中级人民法院:60 厘米;

高级人民法院:80 厘米;

最高人民法院:100 厘米。

人民法院如遇特殊情况需悬挂非通用尺度国徽时,应按国徽法的规定上报批准。

互联网+教育+出版

立方书

教育信息化趋势下，课堂教学的创新催生教材的创新，互联网+教育的融合创新，教材呈现全新的表现形式——教材即课堂。

 轻松备课　 分享资源　 发送通知　 作业评测　 互动讨论

"一本书"带走"一个课堂"　教学改革从"扫一扫"开始

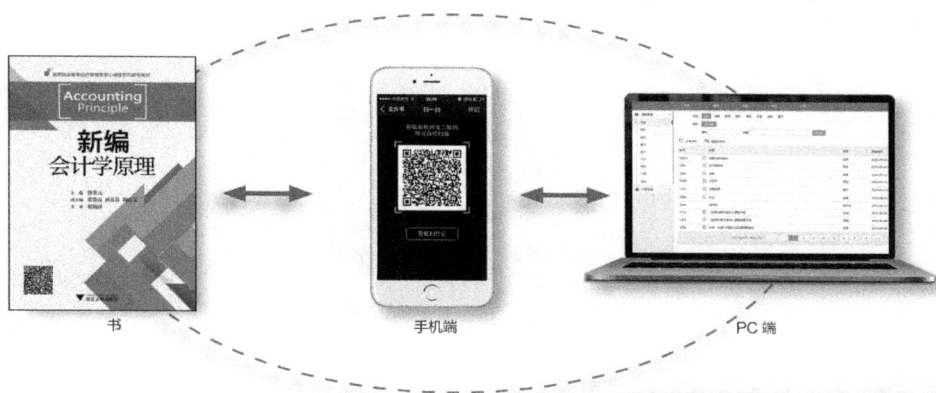

书　　　　　　　　　　　　手机端　　　　　　　　　PC端

打造中国大学课堂新模式

【创新的教学体验】

开课教师可免费申请"立方书"开课，利用本书配套的资源及自己上传的资源进行教学。

【方便的班级管理】

教师可以轻松创建、管理自己的课堂，后台控制简便，可视化操作，一体化管理。

【完善的教学功能】

课程模块、资源内容随心排列，备课、开课，管理学生、发送通知、分享资源、布置和批改作业、组织讨论答疑、开展教学互动。

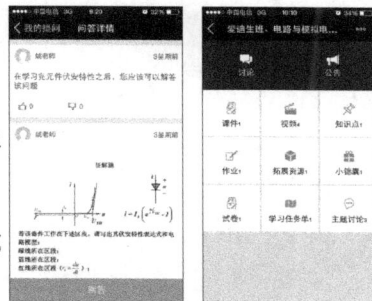

扫一扫 下载APP

教师开课流程

➡ 在APP内扫描封面二维码，申请资源

➡ 开通教师权限，登录网站

➡ 创建课堂，生成课堂二维码

➡ 学生扫码加入课堂，轻松上课

网站地址：www.lifangshu.com
技术支持：lifangshu2015@126.com；电话：0571-88273329